SCHRIFTENREIHE DES IFO-INSTITUTS FÜR WIRTSCHAFTSFORSCHUNG

Nr. 89

IFO-INSTITUT FÜR WIRTSCHAFTSFORSCHUNG

Konjunkturschwankungen in Bayern

Analyse für den Zeitraum 1960 – 1971 unter regionalen und sektoralen Aspekten

Von

Armin Gebhardt und Otfried Hatzold

DUNCKER & HUMBLOT / BERLIN - MÜNCHEN

Gedruckt 1976 bei Buchdruckerei A. Sayffaerth - E. L. Krohn, Berlin 61
Printed in Germany

ISBN 3 428 03660 3

Vorwort

Für die regionale Wirtschaftspolitik ist die Frage bedeutsam, ob und wie stark der Konjunkturverlauf in einzelnen Regionen vom Landes- oder Bundesdurchschnitt abweicht. Das Bayerische Staatsministerium für Wirtschaft und Verkehr hatte daher das Ifo-Institut für Wirtschaftsforschung beauftragt, die Konjunkturschwankungen in Bayern zu untersuchen.

Die Darstellung der Konjunkturverläufe baut auf den in der Industrie geleisteten Arbeiterstunden auf. Sie erstreckt sich auf das Land Bayern insgesamt, seine Regierungsbezirke sowie ausgewählte Teilgebiete des bayerischen Zonenrandgebietes. In der Annahme, daß mit abnehmender Größe einer Region struktur- und standortbedingte Eigenheiten an Gewicht gewinnen und so die Konjunkturentwicklung in einzelnen Gebieten unterschiedlich beeinflussen, erfolgte für ausgewählte räumliche Aggregate auch eine sektorale Analyse der geleisteten Arbeiterstunden. Sie diente dazu, die Ursachen für möglicherweise unterschiedliche Konjunkturverläufe zu erforschen. Schließlich wurde in dieser Absicht auch eine Reihe von Firmengesprächen geführt.

Die Untersuchung erstreckt sich auf den Zeitraum von 1960 bis 1971. Sie wurde in der Abteilung Industrie des Ifo-Instituts für Wirtschaftsforschung, die unter der Leitung des Vorstandsmitglieds Dr. Karl Heinrich Oppenländer steht, durchgeführt und Ende 1973 abgeschlossen.

Bei der Aufbereitung des umfangreichen statistischen Materials sowie der Zuordnung statistischer Daten zu bestimmten Regionen hat das Bayerische Statistische Landesamt wertvolle Unterstützung geleistet.

München, März 1976

Prof. Dr. *Karl M. Hettlage*
Präsident
des Ifo-Instituts für Wirtschaftsforschung, München

Inhaltsverzeichnis

Verzeichnis der Tabellen

Tabellen im Text

Tabellen im Anhang

Verzeichnis der Abbildungen

Verzeichnis der Übersichten

I. Problemstellung

1. Theoretische Ansätze

Wenngleich in der Konjunkturtheorie dem Phänomen eines regional unterschiedlichen Konjunkturverlaufs keine vorrangige Bedeutung beigemessen wird, so ist seine Existenz doch allgemein anerkannt. Dies gilt uneingeschränkt für das Regionalitätsproblem auf internationaler Ebene. Es ist klar, daß in den außenwirtschaftlich miteinander verflochtenen Volkswirtschaften konjunkturelle Schwankungen nicht im zeitlichen Gleichlauf und auch nicht mit gleicher Intensität auftreten. Über Ursachen und Folgewirkungen international unterschiedlicher Konjunkturschwankungen gibt es eine Fülle von theoretischen Abhandlungen. Nicht minder groß ist die Zahl empirischer Studien zu diesen Fragen. Sie haben den Vorzug, daß sie sich auf fundiertes Datenmaterial stützen können, weil die hier zu analysierenden Wirtschaftsvorgänge der einzelnen Regionen genau auf die durch die politischen Grenzen der nationalen Volkswirtschaften festgelegten Gebiete bezogen werden können und bei den statistischen Daten über diese Wirtschaftsvorgänge diese Gebietsgrenzen weitestgehend berücksichtigt sind.

Nicht ganz uneingeschränkt wird von der Konjunkturtheorie die Existenz regionaler Konjunkturunterschiede innerhalb nationaler Volkswirtschaften bejaht. Im Gegensatz zu den internationalen Konjunkturunterschieden ist hier die Zahl empirischer Studien spärlich, was sich insbesondere durch den Mangel an gegeigneten verfügbaren Indikatoren erklärt. So werden in vielen Fällen konjunkturstatistische Daten für Teilgebiete einer Volkswirtschaft überhaupt nicht erhoben. Auch fallen die politischen Grenzen von Landesteilen meist nicht mit wirtschaftlich relevanten Raumgrenzen zusammen, während sich die über die Verwaltungsgrenzen hinweg abspielenden Wirtschaftsabläufe einer statistischen Erfassung fast durchweg entziehen und so die Erstellung regionalstatistischer Daten erschweren, wenn nicht unmöglich machen.

Auf Grund fehlender Beurteilungskriterien ist die Frage, ob es beispielsweise in der US-amerikanischen Wirtschaft regionale Konjunkturzyklen gibt, mit „vielleicht" wahrscheinlich richtiger als mit einem klaren „ja" beantwortet. So sieht es jedenfalls Siegel[1], nach dessen

Ansicht manche zu diesem Thema vorliegende Arbeit in unzulänglicher Weise zu einer bejahenden Antwort gelangt sei; vor einer eindeutigen Antwort seien erst weitere Untersuchungen erforderlich. Seine eigene Arbeit schließt dabei der Autor von dieser Notwendigkeit nicht aus. Auch für die Bundesrepublik liegen empirische Untersuchungen vor, die innerhalb des Landes regional unterschiedliche Konjunkturschwankungen sowohl hinsichtlich zeitlicher Verschiebungen der Wendepunkte als auch des Ausmaßes der konjunkturellen Ausschläge bejahen[2]. Die Ergebnisse sind aber durchweg nicht sehr zuverlässig, nicht zuletzt wegen der begrenzten Aussagefähigkeit der regionalisierten Daten. Auch ist eine Wendepunktanalyse wegen der hohen zeitlichen Aggregation unmöglich. Einige Studien stützen sich vorwiegend oder ausschließlich auf Beschäftigten- oder Arbeitslosenzahlen[3], die sich aber wegen der nicht erfaßten Arbeitszeitschwankungen und Hortungstendenzen bzw. wegen des Auseinanderfallens des Ortes der Registrierung der Arbeitslosen und des Ortes ihrer vorausgegangenen Beschäftigung nur sehr bedingt für Aussagen über regionale Konjunkturunterschiede eignen.

2. Regionaler Vergleich der Konjunkturentwicklung in Bayern

Die Arbeitslosigkeit in Bayern lag im Rezessionsjahr 1967 mit 2,9 % der Erwerbstätigen um 0,8 Prozentpunkte höher als im Bundesdurchschnitt (2,1 %). In den Arbeitsamtsbezirken der Oberpfalz wurde damals mit durchschnittlich 11,4 % (März 1967) eine über zweieinhalbmal so hohe Arbeitslosigkeit registriert wie im bayerischen Durchschnitt. Damit stellt sich die Frage, ob generell Bayern oder einzelne bayerische Gebiete einen andersartigen Konjunkturverlauf aufweisen als das gesamte Bundesgebiet, etwa durch zeitlich anders gelagerte Wendepunkte oder durch andere, möglicherweise stärkere Konjunkturausschläge. Es wäre denkbar, daß der hohe Anteil strukturschwacher Gebiete, insbesondere entlang der in Bayern 775 km langen Grenze zur DDR und zur CSSR, eine im Vergleich zum Bundesdurchschnitt ungünstigere Kon-

[1] Richard A. Siegel, Do Regional Business Cycles Exist? in: Western Economic Journal, Vol. 5, 1966, S. 44.

[2] Vgl. hierzu insbesondere H. H. Bergschmidt, Zur Messung und Erklärung von regionalen Wachstumsunterschieden in der Bundesrepublik, in: Jahrbücher für Nationalökonomie und Statistik, Bd. 174 (1962), S. 513 ff. — H. Gerfin, Gesamtwirtschaftliches Wachstum und regionale Entwicklung, in: Kyklos, Bd. 17 (1964), S. 581 ff. — Horst Siebert, Regionales Wirtschaftswachstum und interregionale Mobilität, Tübingen 1970.

[3] Z. B. Kurt Gerlach und Peter Liepmann, Konjunkturelle Aspekte und Industrialisierung peripherer Zonen — dargestellt am Beispiel des ostbayerischen Bezirks Oberpfalz, in: Jahrbbücher für Nationalökonomie und Statistik, Bd. 187, Heft 1 (1972), S. 1 ff.

junkturentwicklung verursacht. Dann aber wäre eine antizyklische Konjunkturpolitik effektiver, wenn sie bestehenden regionalen Unterschieden Rechnung tragen würde.

Im Rahmen einer Basisuntersuchung war deshalb zunächst zu ermitteln, ob in der Vergangenheit signifikante Unterschiede im Konjunkturverlauf zwischen dem Bundesgebiet und Bayern sowie Teilgebieten Bayerns bestanden haben. Es sollte damit die der vorliegenden Untersuchung zugrundeliegende Arbeitshypothese von bestehenden regionalen Konjunkturunterschieden insbesondere in den Gebieten der Gemeinschaftsaufgabe „Verbesserung der regionalen Wirtschaftsstruktur" und hier wieder besonders im Zonenrandgebiet getestet werden. Die für die einzelnen Regionen festgestellten Konjunkturverläufe waren zu analysieren hinsichtlich

— der zeitlichen Lage der oberen und unteren Wendepunkte

— der Stärke der Ausschläge.

Nach Möglichkeit waren ferner die Abweichungen vom Trend zu quantifizieren.

Nach Wunsch des Auftraggebers sollten die vergleichenden Konjunkturanalysen für folgende Gebiete getrennt durchgeführt werden:

— Bayern insgesamt

— Bayerische Regierungsbezirke

— Bayerisches Zonenrandgebiet

— Bayerisches Aktionsgebiet insgesamt.

Nach Möglichkeit waren außerdem folgende Untergliederungen vorzunehmen:

— Einzelne Aktionsräume

— Zonenrandgebiet, unterteilt nach Regierungsbezirken

— Zonenrandgebiet, unterteilt nach Aktionsräumen

— Zonenrandgebiet, unterteilt nach Regierungsbezirken und Aktionsräumen

— Aktionsgebiet, unterteilt nach Regierungsbezirken

— Einzelne Aktionsräume, unterteilt nach Regierungsbezirken und Zonenrandgebiet.

II. Durchführung der Untersuchung

1. Auswahl der Variablen

Das verhältnismäßig anspruchsvolle Ziel der Untersuchung und die möglicherweise weitreichenden Konsequenzen ihrer Ergebnisse ließen bisher bekanntgewordene Ansätze zur empirischen Verfolgung der vorliegenden Fragestellungen als unzureichend erscheinen. Deshalb stand von Anfang an fest, daß auf vorhandene methodische Erfahrungen nicht zurückgegriffen werden konnte. Dies gilt gleichermaßen für die Problematik der als konjunkturelle Indikatoren verwendeten regionalstatistischen Daten wie auch für die notwendigen konjunkturellen Schwankungsvergleiche bestimmter Gebiete, die nahegelegt haben, den Konjunkturverlauf einer bestimmten Region während eines mehrere Konjunkturzyklen umfassenden Zeitraums möglichst in einer einzigen Maßzahl ausdrücken.

Die vom Auftraggeber gewünschte regionale Gliederung der angestrebten Aussagen machte es erforderlich, die verwendeten statistischen Daten auf Kreisebene als kleinster regionaler Einheit verfügbar zu haben und von hier aus zu aggregieren. Damit schieden die meisten der üblicherweise für konjunkturelle Analysen verwendeten Indikatoren wie Produktions-, Auftrags- oder Geldmarktdaten für die vorliegende Untersuchung aus. Sie sind auf Kreisebene nicht verfügbar. Zur Wahl standen, jeweils für die Industriebetriebe des Landkreises: Umsatz, gezahlte Lohnsumme, Zahl der Beschäftigten sowie Zahl der geleisteten Arbeiterstunden. Von diesen Daten erschienen die geleisteten Arbeiterstunden am ehesten die tatsächliche Produktionsleistung widerzuspiegeln, die ihrerseits häufig zur Abgrenzung von Konjunkturphasen dient. Die vorliegenden Untersuchungen wurden deshalb überwiegend auf Statistiken über die geleisteten Arbeiterstunden in der Industrie gestützt.

2. Darstellung von Konjunkturverläufen

Entsprechend dem Projektantrag begannen die Arbeiten mit der Aufbereitung der in der Industrie monatlich geleisteten Arbeiterstunden auf Landkreisebene von 1960 bis 1971. Dieser Zeitraum umfaßte drei vollständige Konjunkturzyklen und schloß Auswirkungen der

1972 wirksam gewordenen Gebietsreform aus. Die Daten wurden in der vorgegebenen regionalen Abgrenzung maschinell zu aussagefähigen Indikatoren verarbeitet und in Form von Indexreihen mit Basis Jahresdurchschnitt 1960 = 100 dargestellt. Da bei den einzelnen Aggregaten der Trend der Arbeiterstunden im Untersuchungszeitraum eine unterschiedliche Richtung hatte, genügte für die vorgesehenen Vergleiche die üblicherweise für Konjunkturdiagnosen herangezogene saisonbereinigte Reihe nicht. Es mußte eine Methode und ein Rechenprogramm zur Trendbereinigung der saisonbereinigten Reihen entwickelt werden, um die Konjunktur als Abweichung in Prozent vom Trendwert darstellen zu können. Nach dem gleichen Verfahren wurden auch die Indexreihen der industriellen Nettoproduktion für das Bundesgebiet sowie für das Land Bayern trendbereinigt, um durch einen Vergleich mit den Arbeiterstunden deren Eignung als Konjunkturindikator überprüfen zu können.

Zur Beantwortung der Frage, ob die unterschiedliche Trendrichtung der Arbeiterstunden auf Expansionsunterschieden oder auf einer unterschiedlichen Einsparung von Arbeitskräften beruht, wurde für die regionalen Aggregate das Umsatzwachstum in der Zeit von 1960 bis 1970 ermittelt.

Aus maximalen positiven und negativen Trendabweichungen der einzelnen Konjunkturzyklen wurden schließlich durchschnittliche Konjunkturausschläge berechnet, um die konjunkturellen Ausschläge der einzelnen regionalen Aggregate vergleichbar zu machen. Darüber hinaus wurde nicht nur für die Industrie insgesamt, sondern auch für fünf ausgewählte Branchen, nämlich Säge-, Hobel-, Holzimprägnier- und Furnierwerke, Maschinenbau, elektrotechnische Industrie, Textilindustrie sowie Glasindustrie, anhand der Produktionsindices, jeweils für das Bundesgebiet und für Bayern, die Konjunkturkomponente durch Saison- und Trendausschaltung ermittelt.

3. Auswertung des Ifo-Konjunkturtests

Versuchsweise erfolgte zusätzlich die Auswertung eines Teiles der von bayerischen Firmen zum Ifo-Konjunkturtest abgegebenen Meldungen über die Variablen

— Beurteilung der Geschäftslage
— Beurteilung der Geschäftserwartungen
— Veränderung des Auftragseingangs gegenüber dem Vormonat
— Veränderung der Produktion gegenüber dem Vormonat.

Diese Aufbereitung diente zur Ergänzung des aus den amtlichen Daten gewonnenen Bildes über den Konjunkturverlauf. Vor allem aber erschien im Hinblick auf die in Aussicht genommene Einrichtung einer laufenden Konjunkturbeobachtung in Bayern ein Vergleich mit der Entwicklung der anhand des Ifo-Konjunkturtests ermittelten Konjunkturindikatoren zweckmäßig. Eine Vollaufbereitung dieser Daten wäre jedoch mit unverhältnismäßig hohen Kosten verbunden gewesen. Deshalb wurde die Aufbereitung beschränkt auf die Jahre 1966 bis 1971 sowie auf Produktgruppen, für die wenigstens zehn in Bayern befindliche Firmen melden.

Von diesem Vorgehen konnten zwar keine repräsentativen Ergebnisse erwartet werden, wohl aber zusätzliche Aufschlüsse für etwaige Unterschiede im Konjunkturverlauf der bayerischen und der bundesdeutschen Industrie.

Bei den Antworten zur Beurteilung der Geschäftslage und zur Beurteilung der Geschäftserwartungen wurden Zeitreihen aus den Salden der Prozentsätze der positiven und negativen Firmenmeldungen (die entsprechend der Firmengröße gewichtet sind) gebildet. Die Meldungen über Auftragseingang und Produktion wurden durch Kumulierung der Salden aus positiven und negativen Tendenzangaben (in Prozent aller gewichteten Firmenmeldungen) zu Zeitreihen verarbeitet.

4. Eingrenzung des Untersuchungsfeldes

Im Verlauf der Arbeit zeigte sich rasch, daß die Ergebnisse, ohne die Ausgangshypothese zu widerlegen, in vielerlei Hinsicht anders ausfielen als erwartet. Die zeitliche Lage der konjunkturellen Wendepunkte etwa stimmt bei Bayern insgesamt sowie bei den größeren räumlichen Aggregaten gesamtes bayerisches Aktionsgebiet, bayerisches Zonenrandgebiet und Regierungsbezirke völlig mit der des Bundesgebietes überein. Auch die durchschnittlichen konjunkturellen positiven und negativen Ausschläge haben in den genannten Räumen ein etwa gleiches Ausmaß wie im Bundesdurchschnitt. Die ursprüngliche Absicht, die Ursachen der sich ergebenden regionalen Konjunkturunterschiede durch eine schriftliche Befragung der bayerischen Industriefirmen zu ergründen, wurde daraufhin aufgegeben. Da jedoch gleichzeitig deutlich wurde, daß die erwähnte Einheitlichkeit im Konjunkturverlauf bei größeren räumlichen Aggregaten zahlreiche bemerkenswerte Unterschiede bei kleineren Aggregaten überdeckt, schien es sinnvoll, die Analyse auf ausgewählte Gebiete zu konzentrieren. Dieses Vorgehen war um so mehr gerechtfertigt, als es möglich erschien, daß die genannten regionalen Unterschiede im Ausmaß der Konjunkturschwankungen teilweise oder vielleicht sogar vorwiegend mit unterschiedlichen Branchenstrukturen in den einzelnen Gebieten zusammenhängen. Damit war die Notwendigkeit einer zusätzlichen Sektorenanalyse gegeben.

5. Sektorenanalyse anhand der geleisteten Arbeiterstunden

Es erfolgte zunächst die Ermittlung der durchschnittlichen Konjunkturschwankungen bei 19 bayerischen Industriegruppen in der Zeit von 1960 bis 1971 anhand der jährlich geleisteten Arbeiterstunden

— auf Landesebene Bayern

— auf Regierungsbezirksebene

— in sechs ausgewählten Teilgebieten bayerischer Aktionsräume.

Das Kriterium für die Auswahl der Industriegruppen war eine Zahl von mindestens hundert bayerischen Betrieben, weil nur dann eine genügende Wahrscheinlichkeit bestand, daß auch in den zu untersuchenden kleinen Gebietsaggregaten noch mehr als zwei Betriebe anzutreffen waren, der Erhalt der erforderlichen Daten also nicht an der statistischen Geheimhaltung scheiterte. Die Kriterien für die Auswahl der Gebiete waren besonders starke Abweichungen von den landesdurchschnittlichen Konjunkturschwankungen.

In einem weiteren Arbeitsgang wurde ein Konjunkturphasenvergleich durchgeführt, d. h. es wurde die Veränderung der jährlich geleisteten Arbeiterstunden in den ausgewählten räumlichen Aggregaten und Industriegruppen in Konjunkturaufschwungs- und Konjunkturabschwungsphasen festgestellt.

6. Firmengespräche

In der Überzeugung, daß zu regionalen Unterschieden in den Konjunkturschwankungen einzelbetriebliche Gegebenheiten beitragen, fanden Gespräche bei Firmen und Industrie- und Handelskammern statt. Es wurden ca. 30 Interviews durchgeführt. Hierzu wurde ein Erhebungsleitfaden erstellt, um eine Vergleichbarkeit der Interviewergebnisse zu gewährleisten. Dieser Leitfaden beinhaltete insbesondere folgende Fragenkomplexe:

— Konjunkturverlauf für das Unternehmen
(Entwicklung der geleisteten Arbeiterstunden, des Auftragseingangs, der Preis- und Lohnänderungen, der Fluktuation, von Kurzarbeit und Überstunden)

— aus der Produktionsstruktur resultierende Einflüsse
(Fabrikationsprogramm, Wachstumsintensität der wichtigsten Produktgruppen, Änderungen des Produktionsprogramms)

— aus der Absatzstruktur resultierende Einflüsse
(gebietsmäßige Aufgliederung des Absatzes, Abnehmergruppen nach regionaler und Größengliederung, Einfluß von Lagerdispositionen)

— Verhaltensweisen des Unternehmens bei unterschiedlichen konjunkturellen Situationen
(Anpassung der Produktion an sich ändernde Nachfrageverhältnisse, Absatzpolitik, produktivitätssteigernde Maßnahmen)

— unternehmensspezifische Probleme hinsichtlich geographischer Lage und Kapitalausstattung.

III. Die Konjunkturentwicklung in Bayern

1. Die Untersuchungsmethode

a) Ausgangsdaten

Es erschien zweckmäßig, die Untersuchung auf Daten zu stützen, die für die Gebietseinheit eines Landkreises verfügbar sind. Dafür sprach einmal, daß auf Kreisebene industriestatistische Daten von der amtlichen Statistik erhoben werden. Zum anderen stellen alle in die Untersuchung einbezogenen bayerischen Teilgebiete eine Summe aus Landkreisen dar, so daß die Gebietsgrenzen jeweils mit Kreisgrenzen identisch sind. Von den auf Kreisebene verfügbaren Daten über Umsatz, Beschäftigte, gezahlte Lohnsumme und geleistete Arbeiterstunden waren letztere am besten für die beabsichtigten Analysen geeignet. Gegen die Verwendung von Umsatzdaten sprach, daß die Umsätze eines bestimmten Gebietes nicht unbedingt ein Spiegelbild der Produktion dieses Gebietes, also des eigentlichen konjunkturellen Gradmessers, sind (Handelsumsätze von Industriefirmen!). Beschäftigtenzahlen und Löhne sind für diesen Untersuchungszweck ebenfalls unzulänglich, weil bei gleichen Beschäftigtenzahlen Produktionsschwankungen allein durch Arbeitszeitschwankungen hervorgerufen werden können und Lohnzahlungen, z. B. bei Krankheit, nicht immer der Arbeitszeit entsprechen. Arbeitszeitschwankungen werden aber in den geleisteten Arbeiterstunden erfaßt, weshalb die Untersuchungen vor allem auf diese Daten gestützt wurden[1].

[1] Bei den geleisteten Arbeiterstunden handelt es sich um alle von den Arbeitern, einschließlich der gewerblichen Lehrlinge, tatsächlich geleisteten (nicht die bezahlten) Stunden. Erhebungseinheit hierfür ist der industrielle Betrieb als örtliche Einheit, im Unterschied zum Unternehmen, das aus mehreren Betrieben bestehen kann. Als örtliche Einheit gilt die Gesamtheit der auf einem räumlich zusammenhängenden Grundstück liegenden Teile eines industriellen Betriebes, unabhängig davon, ob die Erzeugung in den fachlichen Bereich nur eines oder mehrerer Industriezweige fällt. Die in einem Betrieb geleisteten Arbeiterstunden werden jeweils unter dem Industriezweig nachgewiesen, bei dem der Schwerpunkt des Betriebs — gemessen an der Zahl der Beschäftigten — liegt. Insgesamt erstreckt sich die Erhebung der geleisteten Arbeiterstunden im Rahmen der monatlichen Industrieberichterstattung auf die Betriebe mit im allgemeinen 10 und mehr Beschäftigten. Dieser ausgewählte Berichtskreis weist mit etwa 97 % der Beschäftigten und des Umsatzes eine sehr hohe Repräsentation der Industrie in Bayern auf.

Für die Verwendung der Arbeiterstunden als Indikator war von einem gewissen Nachteil, daß sich die Zahl der Arbeiterstunden bei der Übernahme von Arbeitern ins Angestelltenverhältnis oder umgekehrt und damit auch ihr versicherungsrechtlicher Status ändert, der in Zweifelsfällen darüber entscheidet, ob ein Erwerbstätiger im Rahmen der Industrieberichterstattung als Angestellter oder Arbeiter geführt wird. Arbeiter sind alle zur Arbeiterrentenversicherung Pflichtigen, also Facharbeiter, angelernte Arbeiter, Hilfsarbeiter, ferner Umschuler und gewerbliche Lehrlinge. Ein Mangel ist auch, daß in den für die einzelnen Industriezweige ausgewiesenen Arbeiterstunden — bedingt durch die Darstellung nach dem Hauptbeteiligtenprinzip[2] — teilweise fachfremde, also einer anderen Branche zugehörige Arbeiterstunden enthalten sind. Schließlich ist zu berücksichtigen, daß auch die tariflichen Arbeitszeitverkürzungen den Verlauf der geleisteten Arbeiterstunden beeinflussen. Da die genannten Faktoren jedoch kaum jemals sprunghaft auftreten und auch nicht von großem Gewicht sein dürften, kann man annehmen, daß die Entwicklung der geleisteten Arbeiterstunden ein verläßliches Bild über den industriellen Beschäftigungsverlauf gibt, die beabsichtigten konjunkturellen Analysen also nicht beeinträchtigt werden. Außerdem sind die erwähnten Einflüsse wohl kaum mit konjunkturbedingten Schwankungen der geleisteten Arbeiterstunden korreliert. Nur dies allein aber könnte Verzerrungen in den Indikatoren hervorrufen, die Fehlinterpretationen möglich erscheinen ließen.

Die Daten werden vom Statistischen Landesamt getrennt für die einzelnen Industriegruppen monatlich erhoben. Veröffentlicht werden sie jedoch nur in aggregierter Form[3], und zwar

monatlich

— für die Gesamtindustrie der Landkreise und kreisfreien Städte

— für die Gesamtindustrie der Regierungsbezirke

— für die bayerische Gesamtindustrie

jährlich

— für Industriegruppen und Industriehauptgruppen der bayerischen Betriebe, also ohne regionale Gliederung

— für die Gesamtindustrie in regionaler Gliederung wie bei den Monatsdaten (Landkreise).

---

[2] Bei der Darstellung nach *hauptbeteiligten* Industriegruppen bzw. -zweigen werden alle Angaben eines Betriebes (örtliche Einheit) unter der Industriegruppe, bzw. dem Industriezweig nachgewiesen, bei der bzw. bei dem der Schwerpunkt des Betriebes — gemessen an der Zahl der Beschäftigten — liegt.

[3] Vgl. Berichte des Bayerischen Statistischen Landesamtes.

In den Daten für die Gesamtindustrie sind nicht enthalten Bergbau und Energiewirtschaft, die Bauwirtschaft sowie Molkereien und Käsereien; sie liegen in dieser Form auch für das gesamte Bundesgebiet vor. Für Industriegruppen werden die Daten nur veröffentlicht, wenn das Aggregat wenigstens drei meldende Firmen umfaßt.

Aus der amtlichen Statistik wurden neben den geleisteten Arbeiterstunden noch folgende Daten für die Untersuchung herangezogen:

- Indices der industriellen Nettoproduktion für das Bundesgebiet und das Land Bayern
  - für die Industrie insgesamt (ohne Bau, Bergbau und Energie)
  - für ausgewählte Industriegruppen
- Jahresumsatzdaten der Gesamtindustrie der Landkreise und kreisfreien Städte.

b) Regionale Gliederung

Die Untersuchung orientiert sich an den vor der Gemeindegebietsreform am 1. Juli 1972 bestehenden Landkreisgrenzen und an der im Rahmen der Gemeinschaftsaufgabe „Verbesserung der regionalen Wirtschaftsstruktur“ vorgenommenen Abgrenzung der Fördergebiete. Danach waren im Untersuchungszeitraum folgende bayerische Teilgebiete zu unterscheiden:

a) Sieben Regierungsbezirke.

b) 191 Landkreise und kreisfreie Städte (im folgenden einheitlich als Kreise bezeichnet).

c) Das Zonenrandgebiet[4], bestehend aus einem 40 km breiten Streifen entlang der Grenze zur DDR und CSSR. Es umfaßt diejenigen Stadt- und Landkreise, die vor dem Inkrafttreten der Gebietsreform mit mehr als 50 % ihrer Fläche oder Bevölkerung nicht weiter als 40 km vom nächsten Punkt der Grenze zur DDR und CSSR entfernt waren; durch die Gebietsreform hat diese Abgrenzung keine Änderung erfahren.

d) Sieben Aktionsräume, jeweils gebildet aus einer Anzahl von Kreisen, auf die bestimmte Kriterien strukturschwacher Gebiete zutreffen[5].

e) Kombinationen aus den Kriterien a, c und d.

---

[4] Vgl. Bayerisches Staatsministerium für Wirtschaft und Verkehr, WV-Hefte 72/I, Grenzlandpolitik in Bayern, S. 9.

[5] Diese Kriterien sind: Negativer Wanderungssaldo in den Jahren 1961 bis 1967, Bevölkerungsdichte am 30. Juni 1968 104 Einwohner oder weniger pro qkm, Industriebesatz am 30. Juni 1968 75,8 Industriebeschäftigte oder weniger pro 1000 Einwohner, Realsteuerkraft 1967 113,93 DM oder weniger pro Einwohner, Bruttoinlandsprodukt 1968 5970 DM oder weniger pro Kopf der Wirtschaftsbevölkerung. Mindestens drei dieser Kriterien müssen auf einen Landkreis zutreffen, damit dieser zum Aktionsgebiet zählt. Dieses ist nicht

Diese Untergliederung machte es erforderlich, die Regionaldaten für bestimmte kleinste Gebietsaggregate zu erstellen, für die es hinsichtlich Regierungsbezirk, Nummer des Aktionsraumes sowie Zonenrandgebiet keinerlei Überschneidungen mehr gab. Die Gesamtsumme dieser kleinsten Aggregate ergibt das gesamte bayerische Gebiet der Gemeinschaftsaufgabe „Verbesserung der regionalen Wirtschaftsstruktur"; dieses ist identisch mit der Summe der sieben Aktionsräume. Innerhalb dieses Aktionsgebietes konnten sämtliche, oben erwähnten Untergliederungen durch Addition der kleinsten Gebietsaggregate ermittelt werden. Dies gilt auch für das gesamte Zonenrandgebiet, da es vollständig innerhalb des Aktionsgebietes liegt. Lediglich die Regierungsbezirke wurden getrennt als Summe der in ihnen liegenden kleinsten Aggregate und der übrigen, ihnen zugehörigen Landkreise ermittelt. Da die Daten für Regierungsbezirke veröffentlicht sind, konnten die zunächst manuell gewonnenen und dann maschinell aufbereiteten Daten anhand der Summe für Regierungsbezirke durch Vergleich mit den publizierten Daten auf ihre Richtigkeit überprüft werden.

In den Abbildungen „Regionale Aktionsräume in Bayern" (Abb. 1)[6] und „Untergliederung der bayerischen Aktionsräume" (Abb. 2) sind in die Gebietskarte Bayerns jeweils alle Landkreise mit ihren Hauptorten eingezeichnet. In Abbildung 1, die die sieben bayerischen Aktionsräume in ihrer gebietlichen Abgrenzung zeigt, ist auch die Grenze des Zonenrandgebietes eingezogen. Abbildung 2 enthält die gebildeten kleinsten Gebietsaggregate (insgesamt 15); sie sind mit Großbuchstaben gekennzeichnet. Die Fläche der sechs für die Intensivuntersuchung ausgewählten kleinsten Aggregate ist schraffiert worden.

In einer im Anhang befindlichen Übersicht ist die kreismäßige Zusammensetzung der gebildeten 15 kleinsten Aggregate dargestellt; ferner ist dort die Ableitung der größeren räumlichen Aggregate vermerkt.

c) Untersuchungszeitraum

Die Länge des Untersuchungszeitraums mußte so gewählt werden, daß mehrere Konjunkturzyklen erfaßt werden. Dies wurde durch die Wahl der Jahre 1960 bis 1971 erreicht. In dieser Zeit haben keine Gebietsveränderungen oder Veränderungen in der Erhebung der statistischen Daten stattgefunden, so daß die benutzten Daten voll vergleichbar sind.

---

identisch mit Bundesausbaugebieten, aber alle Landkreise, die zum Bundesausbaugebiet zählen, liegen auch im Aktionsgebiet.

[6] Vgl. Abbildungen im Anhang II.

Wie Abbildung 3 zeigt, fielen in den Untersuchungszeitraum drei unterschiedlich stark ausgeprägte Abschwungsphasen. Die Wendepunkte der einzelnen Konjunkturphasen ergeben sich aus den Produktionsdaten nach der von der Deutschen Bundesbank vorgenommenen Saison- und Trendbereinigung wie folgt:

— Aufschwungsphase bis Januar 1961

— Abschwungsphase bis März 1963

— Aufschwungsphase bis März 1965

— Abschwungsphase bis Mai 1967

— Aufschwungsphase bis Anfang 1970

— Abschwungsphase bis Anfang 1972.

Während die einzelnen Konjunkturphasen meist etwa zwei Jahre dauerten, folgte der besonders kräftigen Rezession im Jahre 1967 ein fast drei Jahre anhaltender Aufschwung.

d) *Methodische Probleme*

Der im Rahmen dieser Untersuchung notwendige Vergleich von Wendepunkten verschiedener Konjunkturzyklen hat die Verwendung monatlicher Daten notwendig gemacht. Diese eignen sich in der ursprünglich erhobenen Form in der Regel nicht für konjunkturelle Analysen, weil ihre Entwicklung neben dem langfristigen Trend und den konjunkturellen Einflüssen auch zufällige Schwankungen, vor allem aber jahreszeitlich bedingte Bewegungen enthält. Insbesondere die saisonalen Einflüsse sind für konjunkturelle Aussagen störend, Schwankungen also, die weitgehend gleichartig zu bestimmten Zeiten im Jahresablauf auftreten. Deshalb werden Diagnosen des Konjunkturverlaufs üblicherweise anhand saisonbereinigter Daten erstellt. Bei diesen sind die kalendermonatlich anfallenden Ursprungswerte von der von Monat zu Monat unterschiedlichen Zahl der Arbeitstage sowie von den zu bestimmten Zeiten des Jahres gleichartig auftretenden Schwankungen bereinigt. Das Ifo-Institut hat hierfür in einer Arbeitsgemeinschaft mit anderen Wirtschaftsforschungsinstituten ein eigenes Saisonbereinigungsverfahren mit einem entsprechenden EDV-Programm entwickelt[7], das auf die in dieser Untersuchung verwendeten Daten in vollem Umfang angewandt werden konnte.

Die Zahl der monatlichen Arbeitstage wurde für die bayerischen Daten aus den veröffentlichten Indices der kalendermonatlichen und der arbeitstäglichen Industrieproduktion Bayerns ermittelt. Die Division beider Indices ergab eine Indexzahl, deren langjähriger Jahres-

[7] Vgl. G. Goldrian: Eine neue Version des ASA-II-Verfahrens zur Saisonbereinigung wirtschaftlicher Zeitreihen, in: Wirtschaftskonjunktur, Jg. 1973, H. 4, S. 26.

durchschnitt 100 beträgt und die angibt, in welchem Ausmaß die Zahl der Arbeitstage eines Monats von diesem Durchschnitt abweicht. Als Ergebnis der Saisonbereinigung werden aus den ursprünglichen Werten einer monatlichen Zeitreihe[8] der längerfristige Trend sowie die saisonbereinigten Reihenwerte, die aus den Trendwerten und den irregulären, also unsystematischen Schwankungen der Ursprungswerte bestehen, berechnet. Zusammen mit den Ursprungswerten können beide Ergebniswerte mittels Computer graphisch dargestellt werden.

Nach diesem Verfahren der Reihenzerlegung kann der Trendwert als die den Konjunkturverlauf widerspiegelnde Schwankung um die langfristige Grundtendenz der Reihe betrachtet werden[9]. Die Konjunkturschwankung selbst kann isoliert nach einer zusätzlichen Trendbereinigung dargestellt werden. Hierbei wird die langfristige Grundtendenz ausgeschaltet, die Reihe also so dargestellt, wie wenn es außer der zyklischen Konjunkturschwankung im Zeitablauf keine Veränderung der Reihenwerte gäbe. Dieses Verfahren war für die vorliegende Untersuchung um so notwendiger, als regional unterschiedene Reihen zu vergleichen sind, die teilweise neben unterschiedlicher Steigung bei gleicher Trendrichtung auch unterschiedliche Trendrichtungen aufweisen. Als Methode der Trendbereinigung wurde ein der durchschnittlichen Länge der Konjunkturzyklen entsprechender gleitender 61-Monatsdurchschnitt gewählt. Das entsprechende Computer-Programm lieferte im Ergebnis ein Reihe, die einzelne Monatswerte in Prozent der (positiven oder negativen) Abweichung der geglätteten saisonbereinigten Reihe vom zugehörigen Trendwert darstellt.

Während der Vergleich der zeitlichen Lage der konjunkturellen Wendepunkte anhand dieser Konjunkturkurven keine Schwierigkeiten bot und zuverlässig aus den maximalen positiven bzw. negativen Konjunkturausschlägen abgeleitet werden konnte, war der Vergleich der Konjunkturausschläge hinsichtlich ihres Ausmaßes methodisch ungelöst und problematisch. Jedenfalls gab es keinerlei Gesichtspunkte dafür, daß sich eine bestimmte Maßzahl eindeutig am besten für diese Vergleiche eignen würde. In Frage kam insbesondere ein getrennter Vergleich einzelner Konjunkturzyklen oder die Bildung von Durchschnittswerten für die drei Zyklen des Untersuchungszeitraums, der getrennte Vergleich der positiven und negativen maximalen Aus-

---

[8] Soweit die Ausgangsdaten nicht schon als Indices wie z. B. im Produktionsindex vorlagen, wurden die absoluten Ursprungswerte in Indexzahlen auf der Basis 1960 = 100 umgerechnet und so weiterverarbeitet.

[9] Bei der aktuellen Konjunkturdiagnose allerdings werden die konjunkturellen Aussagen auf die saisonbereinigten Reihenwerte gestützt. Es wird auch die irreguläre Komponente berücksichtigt, weil die Trendberechnung am Reihenende auf Schätzungen basieren muß, also mit besonderen Unsicherheiten belastet ist, und weil sich die irreguläre Komponente erst im Vergleich mit benachbarten Reihenwerten als solche erkennen läßt.

schläge[10] oder des absoluten Abstandes zwischen jeweils aufeinanderfolgenden oberen und unteren Wendepunkten der Konjunkturkurve, schließlich statt der Berücksichtigung der maximalen Trendabweichungen (in den Wendepunkten!) eine Einbeziehung aller Trendabweichungen. Alle genannten Wege wurden beschritten und unter verschiedenen Aspekten auf ihre Brauchbarkeit geprüft. Dabei hat sich das umfangreiche Experimentieren insbesondere dadurch gelohnt, daß verschiedene Verfahren weitgehend zu gleichartigen Ergebnissen führten und so die getroffenen Aussagen eine gewisse Verläßlichkeit bieten. Das ist um so bemerkenswerter, als die Eigenart dieser Analysen eine Anwendung mathematisch-statistischer Prüfverfahren zur Absicherung festgestellter Unterschiede gegen Zufallseinflüsse weitgehend ausschloß[11].

Überlegungen wurden auch zur Frage angestellt, ob man die Konjunkturkurve für die Bundesrepublik, mit den Regionalkurven verglichen werden sollen, in irgendeiner Weise standardisieren und die Werte der übrigen Kurven darauf beziehen könnte. Dies scheiterte aber an dem Problem, daß es sich jeweils um positive und negative Abweichungen von einer definierten Null-Linie handelt, was eine Indexbildung auf der Basis des definierten Standards — Voraussetzung für eine derartige Relationenbildung — aus methodischen Gründen ausschloß.

Nachdem ein befriedigender Weg gefunden war, quantitative Aussagen über die Konjunkturausschläge verschiedener Regionen anhand der Wendepunkte der Monatsdaten zu machen, wurde versucht herauszufinden, ob diese Resultate auch anhand der Jahreswerte der gleichen Daten hätten erzielt werden können. Diese Frage ergab sich aus der Notwendigkeit, die Analyse festgestellter Unterschiede auf Produkt- bzw. Industriegruppen auszudehnen. Damit sollte geprüft werden, ob regionale Konjunkturunterschiede der Gesamtindustrie durch unterschiedliche Branchenstrukturen erklärt werden können, oder ob auch gleichartige Branchen regional unterschiedlich konjunkturanfällig sind. Auf Kreisbasis sind die Arbeiterstunden aber getrennt nach Produktgruppen der Öffentlichkeit aus Geheimhaltungsgründen

---

10 Nach der Trendbereinigung der saisonbereinigten Reihenwerte ist die Summe aller positiven und negativen prozentualen Trendabweichungen gleich Null. Das bedeutet aber nicht, daß die maximalen positiven und negativen Konjunkturausschläge je Zyklus oder im Durchschnitt des Beobachtungszeitraums gleich sein müssen, da einem kurzzeitigen hohen Ausschlag in die eine Richtung ein geringerer, aber länger andauernder Ausschlag in die andere Richtung gegenüberstehen kann.

11 Dies gilt zumindest für die auf maximale Konjunkturausschläge gestützten Aussagen, die im Untersuchungszeitraum nur dreimal in jeder Richtung auftreten und angesichts dieser kleinen Zahl kein mathematisch verwertbares Verteilungsgesetz erkennen lassen.

— wie schon erwähnt — nicht zugänglich. Sie mußten im Bayerischen Statistischen Landesamt gesondert zu den benötigten Kreis-Aggregaten zusammengefaßt werden, ein Arbeitsaufwand, der sich für Jahresdaten bei einer begrenzten Auswahl von Gebieten und Produktgruppen noch vertreten ließ. Es hat sich gezeigt, daß eine Quantifizierung von Konjunkturschwankungen auch anhand von Jahresdaten zu brauchbaren Ergebnissen führt.

Nach positiven Ergebnissen von Versuchsrechnungen wurde für die Analyse der Jahresdaten analog der Trendausschaltung bei den Monatswerten folgendes Verfahren gewählt: Aus den Ursprungswerten der je Jahr und Produktgruppe geleisteten Arbeiterstunden wurden Jahresveränderungsraten gebildet, aus diesen ein ungewogenes arithmetisches Mittel als Schätzwert für den Trend. Sodann wurde die Differenz gebildet aus diesem Mittelwert und den jährlichen Veränderungsraten, die als Hilfsgröße für die je Jahr aufgetretenen konjunkturbedingten Abweichungen vom Trend angesehen werden konnten. Allerdings muß hier ausdrücklich betont werden, daß für diese Abweichungen auch andere als konjunkturelle Einflüsse wirksam sein konnten, z. B. ein sich im Verlauf des Untersuchungszeitraums stark ändernder Trend. Die Brauchbarkeit des Verfahrens war deshalb nicht für alle Reihen gegeben, konnte aber anhand verschiedener Kriterien überprüft werden (z. B. sprunghafte Änderung der Arbeiterstunden, was auf Betriebsgründungen oder -stillegungen schließen ließ, oder gleichartiges Vorzeichen der Veränderungsraten über mehr als die halbe Länge eines Konjunkturzyklus, also mehr als drei Jahre). Angesichts der Grobheit dieser Vorgehensweise war es schließlich ein konsequenter Schritt, positive und negative Konjunkturausschläge nicht getrennt zu betrachten, sondern die absoluten Abweichungen durch die Wurzel aus ihrem Quadratsummenmittelwert zu charakterisieren[12].

---

[12] Bezeichnet man die Jahresveränderungsrate mit X_i, so ergibt sich der Schätzwert für die Veränderungsrate des Trends als arithmetisches Mittel:

$$\bar{X} = \frac{\sum X_i}{n},$$

wobei n die Anzahl der Jahreswerte je Reihe darstellt. Setzt man nun als konjunkturelle Abweichung je Jahr Y_i, so ist

$$Y_i = X_i - \bar{X}.$$

Die Maßzahl Z zur Charakterisierung der Konjunkturausschläge ergibt sich dann als

$$Z = \sqrt{\frac{\sum Y_i^2}{n}}.$$

e) Zur Darstellung der den Konjunkturverlauf kennzeichnenden Reihen

Für konjunkturelle Analysen leistet die graphische Darstellung von Zeitreihen bzw. deren konjunkturelle, also trend- und saisonbereinigte Komponenten gute Dienste. Dieses Verfahren steht deshalb im Mittelpunkt bei der Präsentation der Ergebnisse dieser Untersuchung. Die Abbildungen wurden durch tabellarisch dargestellte Ergebnisse nur dort ergänzt, wo die genauen Ergebnisdaten eine Rolle spielen oder aus sonstigen Gründen zusätzliche Informationen gewonnen werden können[13].

Da die Konjunkturkomponente der hauptsächlich verwendeten Reihen — also Produktions- und Arbeiterstundendaten — in Prozentwerten der zugehörigen Trendwerte dargestellt ist, können alle regional unterschiedenen Reihen hinsichtlich ihrer zyklischen Entwicklung unmittelbar miteinander verglichen werden. Sie haben also unabhängig von der Höhe der absoluten Ausgangswerte wie auch unabhängig von Richtung und Steigung des Trends einen einheitlichen Maßstab. Die zu vergleichenden Reihen würden deshalb am besten in ein und demselben Schaubild dargestellt, wobei allerdings die Übersichtlichkeit bei der Abbildung von mehr als zwei Reihen in einer Zeichnung rasch verloren ginge.

Da für die vorliegende Untersuchung eine Vielzahl von Reihen in unterschiedlichen Kombinationen einander gegenüberzustellen war, wurden die mittels Computer erstellten Graphiken auf Transparentpapier übertragen, mit denen beliebig viele Reihen durch einfaches Übereinanderlegen verglichen werden konnten. Für eine Präsentation in diesem Bericht eignet sich dieses Verfahren jedoch nicht, weil die Zeichnungen nur als lose Blätter beliebig kombinierbar sind. Andererseits hätte die Wiedergabe aller durchgeführten Vergleiche einen unverhältnismäßig hohen Reproduktionsaufwand bedeutet. Deshalb wurde folgender Weg gewählt. Die Kurven wurden grundsätzlich einzeln auf Normalpapier reproduziert. Als Standardkurve wurde die Konjunkturkurve für die bayerische Industrie anhand der Arbeiterstunden zusätzlich lose auf Transparentpapier beigefügt. Damit kann sowohl der Quervergleich zu den Produktionsdaten wie auch zu anderen Gebietsaggregaten — Bundesgebiet oder einzelne Landesteile — durch Übereinanderlegen hergestellt werden.

Soweit Quervergleiche unabhängig vom Landesdurchschnitt anzustellen waren, wurden die wichtigsten ebenfalls in Graphiken wiedergegeben, indem beide Kurven in einer Abbildung dargestellt sind. Anhand dieser Kurvenvergleiche können sowohl die Zeiten der Wende-

---

[13] Vgl. Tabellen 1* bis 10* im Anhang I.

punkte wie auch die Amplituden der konjunkturellen Ausschläge analysiert werden.

Darüber hinaus wurden zur Darstellung von Unterschieden im Ausmaß der Konjunkturschwankungen durchschnittliche Maßzahlen errechnet. Für deren Darstellung eignet sich besonders das Säulendiagramm, aus dem die Unterschiede für regional differenzierte Werte aus der unterschiedlichen Länge der nebeneinander stehenden Säulen unmittelbar ersichtlich sind.

2. Die konjunkturellen Wendepunkte

a) Die Arbeiterstunden als Konjunkturindikator

Bevor Aussagen über die Wendepunkte im Konjunkturverlauf in verschiedenen bayerischen Gebieten anhand der verwendeten Arbeiterstunden getroffen werden konnten, mußten diese zunächst darauf überprüft werden, ob und wie gut sie sich als Konjunkturindikator eignen. Als Gradmesser hierfür konnten die amtlichen Indices der industriellen Nettoproduktion herangezogen werden. Deren Verlauf wird üblicherweise zur Abgrenzung von konjunkturellen Aufschwungs- und Abschwungsphasen verwendet[14], so daß ein Vergleich der nach den gleichen Methoden ermittelten Konjunkturkomponente der Industrieproduktion und der geleisteten Arbeiterstunden in der Industrie ein Urteil darüber erlaubt, ob letztere für konjunkturelle Diagnosen geeignet erscheinen. Dieser Vergleich kann sowohl für das gesamte Bundesgebiet als auch für das Land Bayern angestellt werden. Für beide Gebiete stehen beide Indikatoren zur Verfügung. In Abbildung 4 sind für das Bundesgebiet beide Reihen dargestellt.

Bevor der Verlauf beider Kurven interpretiert wird, ist zunächst eine Bemerkung zu den Wendepunkten der Produktionskurve zu machen. Ein Vergleich mit der aus den gleichen Daten von der Deutschen Bundesbank berechneten Konjunkturkomponente läßt erkennen, daß beide Kurven nicht zu völlig gleichen Aussagen führen. Die Erklärung dafür liegt darin, daß für die Trendschätzung und die Saisonbereinigung unterschiedliche statistische Methoden angewandt werden. Wie die Tabelle 1 zeigt, differieren die Wendepunkte unsystematisch meist um ein bis zwei Monate. Lediglich beim letzten darstellbaren Wendepunkt ergibt sich eine Differenz von fünf Monaten, was auf die allen Verfahren anhaftende Unsicherheit an den Reihenenden zurückzuführen ist, weil hier der Trend durch Extrapolation geschätzt

[14] Vgl. die Konjunkturphasen nach den Daten der Deutschen Bundesbank, die in Abbildung 3 wiedergegeben sind.

Tabelle 1

Konjunkturelle Wendepunkte der Industrieproduktion

Konjunkturphase	Wendepunkte nach Berechnung der Deutschen Bundesbank		Wendepunkte nach Berechnung des Ifo-Instituts	
Aufschwung	Januar	1961	März	1961
Abschwung	März	1963	Februar	1963
Aufschwung	März	1965	Januar	1965
Abschwung	Mai	1967	April	1967
Aufschwung	März	1970	November	1969

Quelle: Abbildung 3 und 4.

werden muß[15]. Daraus ist zu folgern, daß Wendepunkte der konjunkturellen Richtung aus methodischen Gründen niemals auf den Monat genau festgelegt werden können und deshalb Differenzen von wenigen Monaten als unbedeutend gelten müssen.

Unter dem Aspekt dieser Einschränkung ist der Kurvenverlauf der Industrieproduktion in Abbildung 4 als nahezu deckungsgleich mit der Kurve der Arbeiterstunden zu bezeichnen. Alle Wendepunkte liegen so dicht beisammen, daß feststellbare Unterschiede innerhalb der methodisch bedingten Indifferenzintervalle liegen. Allenfalls ließe sich der regelmäßig später liegende obere Wendepunkt der Arbeiterstunden gegenüber der Produktion damit erklären, daß bei einer Konjunkturüberhitzung die Produktionsleistung bei noch unverminderter Arbeitsleistung bereits zurückgeht, während die Unternehmer die Arbeitsleistung, etwa durch den Abbau von Überstunden, erst anpassen, wenn sich die Notwendigkeit zu Produktionseinschränkungen als nachhaltig erweist. In Abbildung 5 ist neben der Industrieproduktion des Bundesgebietes diejenige Bayerns dargestellt. Legt man auf diese Abbildung die Kurve der Arbeiterstunden in der bayerischen Industrie (Abbildung 6 auf Transparentpapier), so ergibt sich ebenfalls eine fast völlig deckungsgleiche Lage der Wendepunkte.

Angesichts dieses Gleichlaufs der Konjunkturkurven von Produktion und geleisteten Arbeiterstunden ist zu folgern, daß letztere sich gut für konjunkturelle Diagnosen eignen und mit diesen Daten die beabsichtigten Regionalanalysen durchführbar sind. Ergänzend sei hier

15 Vgl. hierzu die Anmerkung 4 in Abbildung 3.

bemerkt, daß auch das Ausmaß der konjunkturellen Ausschläge bei Produktions- und Arbeiterstundendaten sehr ähnlich ist. Ein kaum nennenswertes Zurückbleiben der Kurve der Arbeiterstunden gegenüber der Produktionskurve an beiden unteren Wendepunkten dürfte durch die bekannte Tatsache verursacht sein, daß wertvolle Arbeitskräfte selbst bei Auftragsmangel nach Möglichkeit weiterbeschäftigt werden, um sie nicht zu verlieren.

b) Wendepunkte der großen Aggregate

Auf Wunsch des Auftraggebers sollten neben Bayern insgesamt die einzelnen Regierungsbezirke, das Gebiet der Gemeinschaftsaufgabe „Verbesserung der regionalen Wirtschaftsstruktur" sowie das Zonenrandgebiet auf etwaige Konjunkturunterschiede überprüft werden. Für Bayern insgesamt kann dies anhand der Produktionsindices geschehen. Deshalb sind in Abbildung 5 die entsprechenden Daten für das Bundesgebiet und Bayern eingetragen. Die Zeichnung erlaubt den eindeutigen Schluß, daß zwischen dem Konjunkturverlauf des gesamten Bundesgebietes und demjenigen Bayerns, zumindest in bezug auf die Wendepunkte der Konjunkturphasen, keinerlei Unterschied erkennbar ist. Diese Aussage wird bestätigt, wenn man die Standardkurve Bayerns (Abbildung 6) auf Abbildung 4 legt: Der völlige Gleichlauf zwischen den Arbeiterstunden Bayerns und denjenigen des Bundesgebietes ist offensichtlich. Dieses Ergebnis rechtfertigt die gewählte Vorgehensweise, die Aussagen über Teilgebiete Bayerns anhand der bayerischen Standardkurve zu treffen; etwaige Unterschiede gegenüber dem bayerischen Landesdurchschnitt gelten dann im gleichen Maße gegenüber dem Bundesdurchschnitt.

In den Abbildungen 7-13 sind die Konjunkturkurven der bayerischen Regierungsbezirke wiedergegeben. Bei keiner Kurve zeigt sich in der zeitlichen Lage der Wendepunkte ein nennenswerter Unterschied zur Kurve Gesamtbayerns. Auffallenderweise liegen die Maxima und Minima der Kurven sogar wesentlich näher beisammen — in der Mehrzahl der Fälle im gleichen Monat —, als allein aus methodischen Gründen als Abweichungen zu erwarten und als unbedeutend zu beurteilen wäre. Die gleiche Aussage gilt für die Gebietsaggregate gesamtes bayerisches Aktionsgebiet sowie bayerisches Zonenrandgebiet (Abbildungen 14 und 15)[16].

[16] Nach den gleichen Gesichtspunkten überprüft wurde auch das nordostbayerische Förderungsgebiet, das aus folgenden Kreisen besteht: Oberfränkisches Zonenrandgebiet ohne Bamberg Stadt und Land sowie Staffelstein, oberpfälzisches Zonenrandgebiet ohne Kemnath und Nabburg, zuzüglich der Kreise Amberg Stadt und Land. Da dieses Gebiet weder hinsichtlich der Wendepunkte noch der konjunkturellen Ausschläge vom bayerischen Durchschnitt abweicht, wurde es im weiteren Verlauf der Untersuchung nicht gesondert berücksichtigt.

c) *Wendepunkte der kleinen Aggregate*

Differenziert man das bayerische Aktionsgebiet nach Aktionsräumen, nach Regierungsbezirken oder nach beiden Kriterien, so liegen die Wendepunkte nicht immer so dicht beim bayerischen Durchschnitt wie bei den größeren Aggregaten, aber nur höchst selten wird der Abstand von drei Monaten überschritten. In diesen Fällen handelt es sich nicht um einen systematischen Vor- oder Nachlauf, sondern meist nur um einmalige Abweichungen im Untersuchungszeitraum. Deshalb wurde darauf verzichtet, sämtliche durchgerechneten Gebietskombinationen hier darzustellen. Vielmehr beschränken sich die ausgewählten Abbildungen auf diejenigen Gebiete, die hinsichtlich der konjunkturellen Wendepunkte erwähnenswert erscheinen oder unter dem Aspekt der konjunkturellen Ausschäge eine besondere Rolle spielen.

Abbildung 16 gibt die Konjunkturentwicklung des niederbayerischen Zonenrandgebietes wieder. Sie ist die einzige von allen erstellten Konjunkturkurven, in der die oberen Wendepunkte öfter als einmal um mehr als drei Monate vom bayerischen Durchschnitt differieren. So liegt die Konjunkturspitze des Jahres 1966 in diesem Gebiet um sechs, die des Jahres 1970 um zwölf Monate früher als im bayerischen Durchschnitt. Im ersten Konjunkturzyklus des Untersuchungszeitraums sind die Schwankungen in diesem Gebiet sehr unregelmäßig ausgefallen, so daß hier eine entsprechende Entwicklung nicht bestätigt, aber auch nicht widerlegt ist. Hingegen liegen die unteren Wendepunkte auch in diesem Gebiet wie im Landesdurchschnitt.

In Abbildung 17 ist das zum Aktionsraum 1 gehörige Zonenrandgebiet dargestellt, das sich vom niederbayerischen Zonenrandgebiet durch die Hinzufügung des südlichen oberpfälzischen Zonenrandgebietes unterscheidet. Die Verschiebung der letzten beiden oberen Wendepunkte zeigt sich auch noch für dieses erweiterte Gebiet, aber bereits in abgeschwächter Form. Die Ursache dafür liegt im völligen Gleichlauf des südlichen oberpfälzischen Zonenrandgebietes mit der Konjunkturentwicklung der gesamten bayerischen Industrie: In Abbildung 18 stimmen die maximalen Konjunkturausschläge in beiden Richtungen zeitlich mit denen des bayerischen Durchschnitts überein. Dies gilt auch für das restliche, zum Aktionsraum 5 gehörige oberpfälzische Zonenrandgebiet (Abbildung 19), deshalb auch für das gesamte oberpfälzische Zonenrandgebiet (Abbildung 20), ferner für das oberfränkische (Abbildung 21) und unterfränkische Zonenrandgebiet (Abbildung 22). So erklärt sich, daß der Konjunkturverlauf im gesamten bayerischen Zonenrandgebiet hinsichtlich der Wendepunkte identisch ist mit dem Landesdurchschnitt, da die im niederbayerischen Zonenrandgebiet feststellbare Abweichung im Zonenrandgebiet insgesamt nicht mehr durchschlägt.

Bemerkenswert erscheint, daß die konjunkturellen Wendepunkte in Teilgbieten Bayerns auch dann mit dem Landesdurchschnitt übereinstimmen, wenn die Amplituden der konjunkturellen Ausschläge verschieden sind. Ein Vergleich der bayerischen Standardkurve mit den übrigen Abbildungen zeigt, daß die konjunkturellen Schwankungen wiederholt stärker oder schwächer als in Bayern insgesamt ausfallen, während die Wendepunkte auch hier übereinstimmen. Als ein besonders deutliches Beispiel dieser Art kann der Konjunkturverlauf im oberbayerischen Teil von Aktionsraum 4 gelten, das in Abbildung 23 dargestellt ist.

d) *Schlußfolgerung*

Die zeitliche Lage der konjunkturellen Wendepunkte stimmt im Untersuchungszeitraum bei Bayern insgesamt sowie bei den großen Aggregaten gesamtes bayerisches Aktionsgebiet, bayerisches Zonenrandgebiet und Regierungsbezirke völlig mit der des Bundesgebietes überein. Soweit sich bei kleineren Aggregaten vereinzelt Abweichungen ergeben, sind sie nicht systematisch im Sinne eines einheitlichen Vor- oder Nachlaufs gegenüber dem Bundes- oder Landesdurchschnitt und übertreffen kaum einmal den Abstand von drei Monaten.

3. Die wirtschaftliche Entwicklung in den untersuchten Gebieten

a) *Unterschiedliche Trendrichtungen*

Die geleisteten Arbeiterstunden, auf die sich die vorliegende Untersuchung überwiegend stützt, weisen bei verschiedenen Gebieten recht unterschiedliche Trendrichtungen auf. Vor Aussagen über die Intensität konjunktureller Schwankungen erscheinen daher einige Bemerkungen über die Trendrichtung angebracht, da nicht auszuschließen ist, daß ein Zusammenhang besteht zwischen dieser Trendrichtung und dem konjunkturellen Verhalten der Zeitreihe, also Schwankungen um eine im Zeitablauf sinkende Trendvariable andersartig erfolgen als solche um eine gleichbleibende oder zunehmende Trendvariable bei sonst gleichen Voraussetzungen.

In den Abbildungen 24-27 sind für ausgewählte Gebiete die saisonbereinigten Reihen der in Indices auf der Basis 1960 = 100 umgerechneten geleisteten Arbeiterstunden dargestellt. Sie enthalten neben der Ursprungsreihe und der eigentlichen saisonbereinigten Reihe (gestrichelte Kurve als Trend plus irreguläre Komponente) die aus der zyklischen Komponente und dem langfristigen Trend bestehende Reihe. Diese läßt erkennen, daß die Zahl der geleisteten Arbeiterstunden im Untersuchungszeitraum im Bundesgebiet zurückgegangen ist, in Bayern etwa stagnierte, in Oberfranken stark sank, im südlichen oberpfälzischen Zonenrandgebiet aber stark zunahm[17]. Während der Rückgang der Zahl der Arbeiterstunden angesichts der im Untersuchungszeitraum stark gestiegenen Industrieproduktion eindeutig auf den Produktivitätsanstieg und die damit verbundenen Arbeitszeitverkürzungen zurückzuführen ist, kann es für die vom Bundesdurchschnitt abweichenden Trendrichtungen zwei Möglichkeiten geben: Entweder ist in solchen Gebieten eine überdurchschnittliche Ausweitung der industriellen Arbeitsplätze erfolgt (z. B. durch Industrieneuansiedlungen) oder die Produktivität ist nicht oder unterdurchschnittlich gestiegen, so daß tarifliche Arbeitszeitverkürzungen nur durch zusätzliche Arbeitskräfte ausgeglichen werden konnten.

In Tabelle 1* sind für die einzelnen Gebietsaggregate die Veränderungsraten der Arbeiterstunden, des Umsatzes sowie des Umsatzes je Arbeiterstunde im Jahre 1970 gegenüber 1960 dargestellt[18]. In dieser Zeit sind die Arbeiterstunden im Bundesgebiet um 9 % zurückgegangen, in Bayern um 6 %. Im bayerischen Aktionsgebiet nahmen sie um 3 % zu, im bayerischen Zonenrandgebiet um 5 % ab. Wie unterschiedlich die Entwicklung in Teilgebieten verlief, zeigen z. B. die Gebiete oberpfälzisches Zonenrandgebiet in Aktionsraum 1 mit einer Zunahme um 42 %, oberfränkisches Zonenrandgebiet mit einer Abnahme um 16 % und der oberbayerische Teil von Aktionsraum 6 mit einer Abnahme um 26 %. Ein eindeutiger Zusammenhang zwischen der Umsatzentwicklung und der Veränderung der Arbeiterstunden ließ sich nicht feststellen, was die erheblichen Schwankungen im Wachstum des Umsatzes je Arbeiterstunde anzeigen. So hat z. B. der Umsatz im gesamten Aktionsgebiet mit 131 % bei einer Zunahme der Arbeiterstunden um 3 % etwa im gleichen Maße zugenommen wie der Umsatz in Bayern insgesamt mit 134 % bei einem Rückgang der Arbeiterstunden um 6 %.

b) Intensität der Konjunkturschwankungen

Die für die Untersuchung der konjunkturellen Wendepunkte verwendeten Abbildungen der trendbereinigten Konjunkturkomponente erlauben auch Aussagen über Unterschiede im Ausmaß der Konjunkturschwankungen. So zeigt Abbildung 4, daß die Konjunkturschwankungen der Arbeiterstunden im gesamten Bundesgebiet ein ziemlich gleiches Ausmaß haben wie die Schwankungen der Industrieproduktion. Allenfalls sind letztere als geringfügig größer zu bezeichnen. Die

---

[17] Die Zeichnungen haben jeweils unterschiedlichen Maßstab, eignen sich also nicht für quantitative Quervergleiche.

[18] Die mit * gekennzeichneten Tabellen finden sich im Anhang dieses Bandes.

gleiche Aussage gilt für den Vergleich der Arbeiterstunden und der Industrieproduktion in Bayern (Abbildung 5 kombiniert mit Abbildung 6).

Anhand der Produktionsdaten der Abbildung 5 läßt sich sagen, daß das Ausmaß der Konjunkturschwankungen in Bayern nicht oder jedenfalls nicht nennenswert größer ist als im Bundesdurchschnitt. Ein Vergleich der Arbeiterstunden Bayerns mit denen des Bundesgebietes führt zum gleichen Ergebnis. Kombiniert man die bayerische Kurve mit der des bayerischen Aktionsgebietes oder des bayerischen Zonenrandgebietes (Abbildungen 14 und 15), so ist ebenfalls kein nennenswerter Unterschied in den Amplituden der konjunkturellen Ausschläge zu erkennen.

Hingegen zeigen sich bereits spürbare Unterschiede bei den Regierungsbezirken (Abbildungen 7—13). Während die Amplituden für Oberbayern, die Oberpfalz und Mittelfranken dem bayerischen Durchschnitt entsprechen, sind sie bei Niederbayern und Unterfranken größer, bei Oberfranken und Schwaben geringer als im Landesdurchschnitt. Deutlicher werden solche Unterschiede bei kleineren Gebietseinheiten, wo insbesondere eng benachbarte Gebiete starke Unterschiede aufweisen. So zeigen die Abbildungen 16—23, daß Schwankungsunterschiede sowohl innerhalb des Zonenrandgebietes (Abbildungen 16—22) als auch innerhalb eines Regierungsbezirks (Abbildungen 18 und 19) oder eines Aktionsraums (Abbildungen 16 und 18) auftreten. Daß sie nicht auf das Zonenrandgebiet konzentriert sind, zeigt Abbildung 23, die für den oberbayerischen Teil von Aktionsraum 4 besonders starke Schwankungen erkennen läßt.

Diese Schwankungsunterschiede, die anhand der graphischen Darstellung als weitgehend gleichartig in allen Konjunkturzyklen erkennbar sind, machten es notwendig, sie zu quantifizieren, um einerseits die Aussagen über vorliegende Unterschiede zu präzisieren, vor allem aber eine Grundlage für eine Ursachenanalyse zu schaffen. Als zweckmäßiger Maßstab bot sich das arithmetische Mittel aus den maximalen Abweichungen der Konjunkturkomponente vom Trendwert an. Dieses konnte für die positiven und negativen Abweichungen getrennt berechnet, aber auch zu einem absoluten Schwankungsmaßstab addiert werden. Dabei wurde für den zum Zeitpunkt der Untersuchungen noch nicht erkennbaren unteren Wendepunkt des letzten Konjunkturzyklus ersatzweise der tiefste Wert des Jahres 1971 eingesetzt. Dieses Vorgehen erschien insofern gerechtfertigt, als offensichtlich die methodisch bedingte Unsicherheit am Reihenende bei allen Reihen gleichartig wirkt: Die Konjunkturkomponente ist im Vergleich zur tatsächlichen Entwicklung im Jahre 1971 zu tief abgefallen. Angesichts der Einheitlichkeit aller verglichenen Kurven werden die Schlußfolgerungen aus den dadurch bedingten, etwas überhöhten Schwankungswerten nicht beeinträchtigt.

In den Abbildungen 28—34 sind die durchschnittlichen maximalen positiven und negativen Trendabweichungen für verschiedene Gebietskombinationen dargestellt. Es zeigt sich, daß die negativen Ausschläge in Bayern etwas geringer sind als im Bundesdurchschnitt, im allgemeinen aber bei Konjunkturschwankungen, die vom Landesdurchschnitt abweichen, beide Richtungen gleichmaßen betroffen sind. Die Ausschläge liegen in Oberbayern, Niederbayern, in der Oberpfalz und in Unterfranken geringfügig über dem Landesdurchschnitt, entsprechen diesem in Mittelfranken und liegen in Oberfranken sowie in noch stärkerem Maße in Schwaben unter diesem Durchschnitt. Überdurchschnittlich schwankt die Konjunktur in den Aktionsräumen 1, 3, 4, 5 und 7, unterdurchschnittlich in den Aktionsräumen 2 und 6. Besonders starke Konjunkturschwankungen zeigen sich für das Zonenrandgebiet in den Aktionsräumen 1 und 3, das schwäbische Gebiet von Aktionsraum 6 und das oberbayerische Gebiet von Aktionsraum 4. Bei letzterem sind die durchschnittlichen konjunkturellen Ausschläge mehr als doppelt so groß wie im bayerischen Durchschnitt und dreimal so groß wie im schwäbischen Teil des gleichen Aktionsraums. Im oberpfälzischen Teil von Aktionsraum 1 schwankt die Konjunktur doppelt so stark wie im Zonenrandgebiet von Aktionsraum 5, obwohl beide Teilgebiete oberpfälzisches Zonenrandgebiet sind. Die gleiche Aussage gilt auch für das unterfränkische im Vergleich zum oberfränkischen Zonenrandgebiet. Abbildung 34 zeigt für ausgewählte Gebiete, daß diese Ergebnisse kaum durch einmalige Sondereinflüsse verursacht sein dürften, da die Unterschiede in den drei untersuchten Konjunkturzyklen gleichartig auftreten.

Diese Ergebnisse liefern Anhaltspunkte dafür, daß Unterschiede im Ausmaß konjunktureller Schwankungen nicht mit politischen Kriterien der Gebietsabgrenzung wie Regierungsbezirke, Aktionsräume oder Zonenrandgebiet zusammenhängen. Vielmehr lassen die Ergebnisse vermuten, daß die genannten regionalen Konjunkturunterschiede teilweise oder vielleicht sogar überwiegend auf unterschiedliche Branchenstrukturen und eine unterschiedliche Konjunkturanfälligkeit der einzelnen Industriebranchen zurückzuführen sind. Deshalb wurden versuchsweise die im folgenden Abschnitt beschriebenen Rechnungen durchgeführt.

c) Branchenspezifische Konjunkturverläufe

Da monatliche Daten der geleisteten Arbeiterstunden für einzelne Industriegruppen auf Kreisbasis nur mit einem unverhältnismäßig hohen Arbeitsaufwand verfügbar gemacht werden könnten, wurden zunächst für einige ausgewählte Branchen Bayerns anhand der amtlichen Produktionsindices die Konjunkturkomponenten ermittelt und mit dem entsprechenden Kurvenverlauf für das gesamte Bundesgebiet verglichen (Abbildungen 35 bis 39). Es zeigte sich, daß alle ausgewählten fünf Branchen — Säge-, Hobel-, Holzimprägnier- und Furnierwerke, Maschinenbau, elektrotechnische Industrie, Textilindustrie sowie Glasindustrie — in Bayern stärkere Konjunkturausschläge aufweisen als im Bundesdurchschnitt. Da andererseits die Konjunkturschwankungen der gesamten bayerischen Industrie nicht stärker sind als diejenigen der Gesamtindustrie in der Bundesrepublik, muß es Branchen geben, die in Bayern unterdurchschnittliche Konjunkturschwankungen aufweisen. Aus diesem Grund erschien es sinnvoll und zweckmäßig, die regional differenzierte Konjunkturanalyse auf einzelne Industriegruppen auszudehnen.

Zu erwähnen ist hier noch, daß die anhand des Ifo-Konjunkturtests durchgeführte Auswertung der in Bayern zu ausgewählten Branchen meldenden Firmen bei den untersuchten Variablen (vgl. Abschnitt II.3.) durchweg stärkere Konjunkturschwankungen ergab als anhand der gleichen Branchenauswahl für das gesamte Bundesgebiet. Dies kann daran liegen, daß die meldenden bayerischen Firmen für das genannte bayerische Gebiet nicht repräsentativ sind, ein Problem, das vor dieser Untersuchung nicht relevant war, weil der Konjunkturtest bislang ausschließlich für Diagnosezwecke des gesamten Bundesgebietes ausgelegt ist. Nicht auszuschließen ist aber auch, daß diese Unterschiede die anhand der Produktionsindices ermittelten stärkeren Konjunkturschwankungen einiger Branchen in Bayern widerspiegeln.

IV. Analyse der Entwicklung der geleisteten Arbeiterstunden in regionaler und sektoraler Differenzierung

1. Auswahl der zu untersuchenden Gebiete und Industriegruppen

a) Gebiete

Die Gegenüberstellung von Konjunkturbewegungen innerhalb größerer räumlicher Aggregate anhand der geleisteten Arbeiterstunden hat gezeigt, daß bezüglich der Dauer der einzelnen Wachstumszyklen keine nennenswerten Unterschiede auftreten und auch keine Phasenverschiebungen im Konjunkturverlauf zu beobachten sind. Die Industrie Bayerns, auch die der einzelnen bayerischen Regierungsbezirke, bewegt sich im konjunkturellen Gleichschritt mit der Industrie im Bundesdurchschnitt. Eine nach kleineren räumlichen Aggregaten und gleichzeitig nach Branchen vorgenommene Differenzierung des Konjunkturgeschehens dürfte jedoch Unterschiede gegenüber dem Durchschnitt des gesamten Wirtschaftsraumes zutagetreten lassen, Unterschiede sowohl bezüglich der zeitlichen Reaktion auf Konjunkturimpulse als auch in bezug auf die Intensität der Konjunkturschwankungen. Dies verbindet sich mit der Annahme, daß mit abnehmender Größe einer Region struktur- und standortbedingte Eigenheiten an Gewicht gewinnen und so die Konjunkturentwicklung in einzelnen Gebieten unterschiedlich beeinflussen.

In der Annahme, daß der Konjunkturverlauf besonders in schwach strukturierten, marktfernen Regionen sowie in industriellen Problemgebieten vom allgemeinen Konjunkturbild abweicht, wurde die Entwicklung der geleisteten Arbeiterstunden in sechs Regionen Bayerns untersucht und mit der landesdurchschnittlichen Entwicklung verglichen.

Im einzelnen wurden Kreisaggregate ausgewählt, die in der Übersicht im Anhang mit den Buchstaben K, A, B, C, M, E gekennzeichnet sind. Es sind dies Gebiete, die geschlossen zum Programmgebiet der Gemeinschaftsaufgabe „Verbesserung der regionalen Wirtschaftsstruktur“ gehören. Überwiegend handelt es sich um Bundesausbaugebiete. Die Gebiete B und C, Gebiet K (mit Ausnahme von Ingolstadt Stadt und Land) sowie Gebiet A (mit Ausnahme der Landkreise Dingolfing und Kelheim) zählen zum Bundesausbaugebiet. Dagegen rechnen von Gebiet M lediglich der Landkreis Kemnath sowie vom Gebiet E die Kreise Staffelstein und Stadtsteinach zum Bundesausbaugebiet.

b) Industriegruppen

Es wurden Industriegruppen ausgewählt, die in Bayern ausreichend repräsentiert sind. Dies wurde als gegeben angenommen, wenn die einzelnen Branchen jeweils wenigstens mit hundert Betrieben mit 10 und mehr Beschäftigten in Bayern vertreten waren; es war damit die Chance gegeben, daß — wenigstens bei einer relativ gleichmäßigen regionalen Verteilung der Betriebe — jeweils mehrere Firmen der einzelnen Branchen in den ausgewählten Gebieten anzutreffen waren.

Folgende 19 Industriegruppen bzw. -zweige wurden für die Analyse der Entwicklung der Zahl der jährlich geleisteten Arbeiterstunden ausgewählt (in Klammern: Systematik-Nummer des Warenverzeichnisses für die Industriestatistik):

— Industrie der Steine und Erden (2500)
— Maschinenbau (3200)
— Straßenfahrzeugbau (3300)
— Elektrotechnische Industrie (3600)
— Feinmechanische und optische sowie Uhrenindustrie (3700)
— Eisen-, Blech- und Metallwarenindustrie (3800)
— Spielwarenindustrie (3930)
— Chemische Industrie (4000)
— Feinkeramische Industrie (5100)
— Glasindustrie (5200)
— Säge-, Hobel-, Holzimprägnier- und Furnierwerke (5310)
— Holzverarbeitende Industrie (5400)
— Papier- und pappeverarbeitenden Industrie (5600)
— Druckerei- und Vervielfältigungsindustrie (5700)
— Kunststoffverarbeitende Industrie (5800)
— Lederverarbeitende und Schuhindustrie (6200)
— Textilindustrie (6300))
— Bekleidungsindustrie (6400)
— Brauerei (6871)

2. Verwendung von Jahresdaten als Indikatoren konjunktureller Schwankungen

Wie bereits erwähnt, sind die monatlichen Daten für Industriegruppen auf Kreisebene nicht veröffentlicht und können wegen der häufig auftretenden Besetzung mit weniger als drei meldenden Industriebetrieben aus Geheimhaltungsgründen nur vom Statistischen Landesamt selbst zu Gebietsaggregaten verarbeitet werden. Dies hätte bei der Verwendung von Monatsdaten (144 Werte im Untersuchungszeitraum) selbst bei einer begrenzten Auswahl von Industriegruppen und Gebietsaggregaten einen kaum vertretbaren Arbeitsaufwand bedeutet. Deshalb wurde geprüft, ob es möglich ist, näherungsweise auch mit Jahresdaten zu Aussagen über branchenspezifische regionale Konjunkturunterschiede zu gelangen.

Die Ergebnisse dieser Analyse, die für Regierungsbezirke durchgeführt wurden, zeigt Abbildung 40. Hier sind den für die bisherigen Aussagen verwendeten durchschnittlichen maximalen positiven und negativen Trendabweichungen der monatlichen Arbeiterstunden anhand von Jahresveränderungsraten ermittelte Schwankungsindikatoren gegenübergestellt. Im oberen Teil des Bildes sind die positiven und negativen konjunkturellen Ausschläge, gemessen als Differenz zwischen der Veränderungsrate eines Jahres und der durchschnittlichen Jahresveränderungsrate im Untersuchungszeitraum, zusammengefaßt dargestellt. Die abgebildeten Werte wurden wie die Streuung von Reihenwerten um ihren Mittelwert errechnet (vgl. hierzu die methodischen Erläuterungen in Abschnitt III. 1. d), was als brauchbares Maß zur Charakterisierung von jährlichen Schwankungen um einen Trendwert zu verwenden ist.

Der Vergleich dieser Indikatoren anhand von Jahresdaten mit den anhand von Monatswerten ermittelten Schwankungsindikatoren läßt erkennen, daß für die Regierungsbezirke die gleichen Ergebnisse erzielt werden: Nach beiden Verfahren sind die Konjunkturschwankungen in Niederbayern, in der Oberpfalz und in Unterfranken stärker, in Oberfranken und Schwaben geringer als im bayerischen Durchschnitt.

Im unteren Teil des Bildes sind die aus Jahresdaten gewonnenen Konjunkturindikatoren ebenso wie diejenigen auf Monatsdatenbasis nach positiven und negativen Trendabweichungen dargestellt. Hier wurden Durchschnitte aus den positiven und negativen Abweichungen von der durchschnittlichen Jahresveränderungsrate gebildet. Es zeigt sich, daß auch dieses Verfahren zu ähnlichen Ergebnissen führt. Deshalb erscheint die gewählte Vorgehensweise, die zusätzlichen Analysen auf einen der mittleren quadratischen Abweichung entsprechenden einheitlichen Schwankungsindikator zu stützen, nicht nur wegen der einfacheren Handhabung, sondern auch vom empirischen Ergebnis her gerechtfertigt.

Die Verwendung von Jahresdaten für konjunkturelle Aussagen erscheint auch insofern vertretbar, als die Analyse der Wendepunkte anhand der Monatsdaten eine gute Übereinstimmung auch bei kleineren Gebietsaggregaten gezeigt hat. Andererseits darf nicht übersehen werden, daß die gewählte Berechnungsweise in Fällen mit starken Trendveränderungen im Untersuchungszeitraum zu unbrauchbaren Ergebnissen führen kann, weil die konjunkturbedingten Abweichungen zwischen einzelnen Jahresveränderungsraten und der durchschnittlichen Veränderungsrate dann durch andere Einflüsse, insbesondere die unterschiedliche Trendrichtung, überlagert sein können. Dieser Vorbehalt gilt generell für die nachstehenden, durchwegs auf Jahresdaten gestützten Analysen.

3. Analyse der Konjunkturschwankungen

a) Ergebnisse für den gesamten Beobachtungszeitraum

Ein erster Überblick zeigt, daß es sich bei den Branchen mit stärkeren Konjunkturschwankungen in erster Linie um Bereiche der Investitionsgüterindustrie handelt (vgl. Tabelle 2*). Ordnet man die Branchen nach der Stärke der jeweils ermittelten durchschnittlichen Konjunkturschwankung, so befinden sich sämtliche in die Auswahl genommenen fünf Investitionsgüterbranchen (Elektrotechnische Industrie, Straßenfahrzeugbau, Eisen-, Blech- und Metallwarenindustrie, feinmechanische und optische sowie Uhrenindustrie, Maschinenbau) unter den ersten sechs Branchen, die im Zeitraum 1960/71 konjunkturstabiler als die übrigen, im wesentlichen mehr konsumorientierten Industriebereiche waren. Diese Beobachtung stimmt mit der in der Konjunkturforschung gewonnenen Erfahrung überein, daß die Nachfrage nach Investitionsgütern stärkeren Konjunkturschwankungen unterliegt als das Bruttosozialprodukt oder der private Konsum. Die Entwicklung der Investitionstätigkeit weist je nach Investitionsklima stärkere zeitliche Ballungen auf, da die Unternehmer einerseits im Vertrauen auf das Anhalten eines Konjunkturaufschwungs zunehmend investieren, in Erwartung einer Konjunkturdämpfung geplante Investitionsvorhaben oftmals zurückstellen, was dazu führt, daß der befürchtete Umschwung früher eintritt und stärker ausgeprägt ist als es ohne Konjunkturpessimismus der Fall gewesen wäre. Demgegenüber zeigt sich der private Konsum gegenüber wechselnden Konjunkturverläufen resistenter. Erklärbar ist dies dadurch, daß das verfügbare Einkommen sowie die Einkommensverteilung kurzfristig nur geringen Änderungen unterliegt und auch die

Verbrauchsgewohnheiten und damit die Ausgabenstruktur der privaten Haushalte keine raschen Änderungen zeigen. So weisen die schwerpunktmäßig dem Verbrauchsgütersektor zugehörenden Branchen im allgemeinen und im Durchschnitt gesehen vergleichsweise geringe Konjunkturschwankungen auf, vor allem wenn sie dazu nicht stark von der Auslandsnachfrage beeinflußt sind, also eine niedrige Exportquote aufweisen. Bei der Beurteilung von Konjunkturschwankungen innerhalb eines Gebietes ist demnach zunächst vor allem die strukturelle Zusammensetzung seiner Industrie zu beachten. Das Konjunkturbild ist jeweils anders geartet, je nachdem, ob mehr dem Investitionsgüterbereich oder mehr dem Verbrauchsgütersektor zugehörende Branchen vorherrschen, da in beiden Fällen unterschiedliche Faktoren die Nachfrageentwicklung bestimmen.

Mit zunehmender räumlicher Disaggregierung zeigen sich in der Regel stärkere Konjunkturschwankungen in den einzelnen Branchen. Dies zeigt sich bereits, wenn man den Konjunkturverlauf einer Branche nicht im bayerischen Landesdurchschnitt, sondern auf Regierungsbezirksebene verfolgt. Wie Tabelle 2* zeigt, weist fast jede Branche in den einzelnen Regierungsbezirken stärkere Konjunkturschwankungen als im Landesdurchschnitt auf. Tendenzmäßig verstärkt sich diese Beobachtung in den einzelnen für die Untersuchung ausgewählten Regionen.

Um zu zeigen, welche größenordnungsmäßige Bedeutung den in die Untersuchung genommenen sechs Gebieten überhaupt zukommt, sei auf Tabelle 3* hingewiesen, die angibt, wie hoch der Anteil der geleisteten Arbeiterstunden der einzelnen Branchen in den betreffenden Regionen an der Gesamtzahl der Arbeiterstunden der jeweiligen Branchen in Bayern ist. Die ausgewählten Branchen sind in den einzelnen zu untersuchenden Gebieten oftmals nur schwach repräsentiert. Relativ häufig kommt es vor, daß eine der ausgewählten Branchen in einem oder mehreren der sechs Gebiete nicht einmal mit einem Prozent am gesamten des auf Bayern entfallenden Arbeitsvolumens der betreffenden Branche beteiligt ist. Lediglich Region E weist einen solchen räumlichen Umfang auf, daß damit im allgemeinen auch eine größere Zahl von Betrieben in den jeweiligen Branchen erfaßt werden. Gemessen an den geleisteten Arbeiterstunden ist beispielsweise die vorwiegend in Oberfranken ansässige feinkeramische Industrie durch die Region E zu über 50 %, die Textilindustrie zu einem Drittel erfaßt. Bei weiteren Branchen (z. B. holzverarbeitende Industrie, Spielwarenindustrie, lederverarbeitende und Schuhindustrie) spielt sich die Produktionstätigkeit zu einem erheblichen Maße im Gebiet E ab. In der Region M ragen nur zwei Branchen mit einem hohen Anteil am gesamten bayerischen Arbeitsvolumen der betreffenden Industriegruppe heraus: die Glasindustrie (34 %) und die feinkeramische Industrie (24 %). In Region B weist die Glasindustrie und im Gebiet K der Straßenfahrzeugbau ein relativ hohes Arbeitsvolumen aus.

Vergleicht man nun die für die sechs ausgewählten Gebiete ermittelten Konjunkturschwankungen bei den einzelnen Industriegruppen untereinander, so fällt auf, daß die meisten hier beobachteten Branchen im oberfränkischen Zonenrandgebiet (Gebiet E) vergleichsweise geringe Schwankungen aufweisen (vgl. Tabelle 4*). Besonders stark sind demgegenüber die Konjunkturausschläge der meisten Branchen im Gebiet C. Vergleicht man andererseits die in den beiden unterschiedlich großen Regionen jeweils verschieden stark vertretenen Branchen (vgl. Tabelle 3* mit Tabelle 4*), so zeigt sich wenigstens tendenzmäßig, daß die durchschnittlichen Konjunkturausschläge um so stärker sind, je geringer der Besatz einer Branche in dem betreffenden Gebiet ist[1]. Wenn also in der einen Region hohen Strukturanteilen einzelner Branchen vergleichsweise geringe Konjunkturausschläge entsprechen, in einer anderen dagegen niedrige Branchenstrukturanteile mit relativ hohen Konjunkturausschlägen korrespondieren, so müssen als Erklärung hierfür zunächst nicht ökonomische, sondern wahrscheinlichkeitstheoretische Überlegungen herangezogen werden. Die zwischen den einzelnen Regionen ermittelten unterschiedlichen Konjunkturausschläge sind wenigstens z. T. damit zu erklären, daß in den jeweiligen ausgewählten Gebieten, allein von der zahlenmäßigen Besetzung her gesehen, unterschiedlich große Firmenberichtskreise innerhalb einer Branche miteinander verglichen werden. Der Versuch, die Region E — sowohl an Fläche wie auch an Branchenbesatz die größte unter allen ausgewählten Regionen — in weitere Teilregionen aufzugliedern, würde zweifellos ergeben, daß die Konjunkturausschläge in den einzelnen Teilgebieten stärker sind als im Durchschnitt der Region E. Dieser formalstatistische Gesichtspunkt soll berücksichtigt werden, bevor ökonomische Fakten als mögliche Erklärungsursachen für regional unterschiedliche Konjunkturverläufe untersucht werden. Daß jedoch die beobachteten Konjunkturunterschiede sich nicht nur als ein statistisches Problem stellen, sondern auch auf andere Ursachen zurückzuführen sind, wird aber dadurch deutlich, daß es beispielsweise auch Branchen, insbesondere aus dem Verbrauchssektor gibt, die — obwohl in einer Region schwach vertreten — keine starken Konjunkturausschläge, jedenfalls geringere Konjunkturschwankungen als beispielsweise Investitionsgüterbranchen aufweisen.

[1] Die Branchenstrukturen für Bayern und die Regierungsbezirke zeigt Tabelle 5*.

b) *Ergebnisse für die einzelnen Konjunkturphasen*

α) Festlegung der Konjunkturphasen

Die bisherige Betrachtung konzentrierte sich vor allem auf das Ausmaß der durchschnittlichen Schwankung der wirtschaftlichen Entwicklung. Das hierzu gebildete Streuungsmaß ließ jedoch nicht erkennen, wie ausgeprägt die Veränderung der geleisteten Arbeiterstunden in den einzelnen konjunkturellen Aufschwungs- und Abschwungsphasen war, und in welcher Relation die einzelnen Branchen diesbezüglich zueinander standen. Um dies festzustellen, wird in diesem Abschnitt ein Vergleich der Veränderung der geleisteten Arbeiterstunden in den 19 Branchen getrennt nach den sechs Gebieten während verschiedener Konjunkturphasen durchgeführt.

Gemäß den von der Deutschen Bundesbank erstellten Indikatoren der Industriekonjunktur war die Zahl der Industriebeschäftigten in den Zeiträumen von

1961 bis 1963
1965 bis 1967
1969 bis 1971

überwiegend rückläufig und von

1963 bis 1965
1967 bis 1969

durch eine Zunahme gekennzeichnet. Die ersten drei Zeitspannen decken sich weitgehend mit konjunkturellen Abschwungsphasen, bei den zwei letzten Zeiträumen handelt es sich im wesentlichen um konjunkturelle Aufschwungsphasen. Der Verlauf der Beschäftigtenentwicklung in der Industrie der BRD korrespondiert mit der Entwicklung der Zahl der geleisteten Arbeiterstunden in der bayerischen Industrie: Die Jahre 1961, 1965 und 1970 waren Beschäftigungshöhepunkte, in den Jahren 1963, 1967 und 1971 erreichte die Beschäftigung jeweils einen Tiefpunkt.

β) Berechnung der regionalen Branchenabweichungen vom Landesdurchschnitt

Um den Verlauf des Arbeitsvolumens in den ausgewählten Gebieten während der einzelnen Konjunkturphasen zu verfolgen, wurden für die einzelnen Branchen die Veränderungsraten der geleisteten Arbeiterstunden sowohl für die konjunkturellen Aufschwungs- wie auch für die Abschwungsphasen ermittelt und jeweils zu den im Landesdurchschnitt sich ergebenden Veränderungen in Beziehung gesetzt. Positive Differenzen zeigen hierbei an, daß die Entwicklung bei einer Branche im kleineren räumlichen Aggregat günstiger als im Landesdurchschnitt war, während umgekehrt negative Differenzen angeben, daß während einer bestimmten konjunkturellen Phase die Entwicklung in den Teilregionen ungünstiger als auf Landesebene verlief. In den Fällen, in denen die Branchenentwicklung in den Teilgebieten günstiger als im Landesdurchschnitt verlief, war dies in dreierlei Weise möglich:

— die Zahl der geleisteten Arbeiterstunden nahm in der einzelnen Region stärker als im Landesdurchschnitt zu,

— die Zahl der geleisteten Arbeiterstunden nahm im Landesdurchschnitt ab, in der einzelnen Region jedoch zu,

— die Zahl der geleisteten Arbeiterstunden nahm im Landesdurchschnitt stärker als in der einzelnen Region ab.

In den Fällen, in denen der Konjunkturverlauf der einzelnen Branchen in den Teilgebieten ungünstiger als im Landesdurchschnitt war, ergaben sich ebenfalls drei Möglichkeiten:

— die Zahl der geleisteten Arbeiterstunden nahm in der einzelnen Region weniger stark als im Landesdurchschnitt zu,

— die Zahl der geleisteten Arbeiterstunden erhöhte sich im Landesdurchschnitt, nahm im einzelnen Gebiet jedoch ab,

— die Zahl der geleisteten Arbeiterstunden verringerte sich in der einzelnen Region stärker als im Landesdurchschnitt.

Das Vorgehen war im einzelnen wie folgt:

Stufe 1: Es wurden die Veränderungsraten der geleisteten Arbeiterstunden für jede der 19 Branchen in den Aufschwungsphasen 1963/65 und 1967/69 sowie für die Abschwungsphasen 1961/63, 1965/67, 1969/71 berechnet. Diese Berechnung wurde für jedes der sechs Gebiete durchgeführt. Für jede Phase ergaben sich analog der Zahl der Branchen 19 Veränderungsraten, also für jedes Gebiet 38 Werte für die Aufschwungsphasen und 57 Werte für die Abschwungsphasen. Die Veränderungsraten wurden daraufhin nach günstigen und ungünstigen Fällen unterschieden und deren Anteile ermittelt, d. h. es wurden die im Vergleich zum jeweiligen Branchendurchschnitt auf Landesebene über- und unterdurchschnittlichen Veränderungsraten in jedem Gebiet einander gegenübergestellt.

Stufe 2: Die in Stufe 1 ermittelten Anteile fielen in den sechs Gebieten zum Teil recht unterschiedlich aus. Mittels mathematisch-statistischer Verfahren wurde geprüft, ob diese Unterschiede als signifikant gelten können.

Stufe 3: In einem nächsten Schritt wurde ermittelt, mit welchem Anteil jede der 19 Branchen an der Veränderung der Zahl der geleisteten Arbeiterstunden in jedem der ausgewählten Gebiete beteiligt war. Es erfolgt hierbei wiederum eine Zweiteilung der Branchen in solche, die in den jeweiligen Phasen eine im Vergleich zur landesdurchschnittlichen Branchenentwicklung günstigere Entwicklung zeigten, und in solche, deren Entwicklung ungünstiger verlief. Zu berücksichtigen ist hierbei, daß die aus dem allgemeinen Industriekonjunkturverlauf abgeleiteten Zweijahres-Aufschwungsphasen und -Abschwungsphasen sich nicht immer mit den einzelnen Branchenkonjunkturen decken. Bei konjunkturreagiblen Branchen, der Eisen-, Blech- und Metallwarenindustrie oder der Textil- und Bekleidungsindustrie etwa ist ein gewisser Konjunkturvorlauf zu beobachten, während in anderen Sektoren — beispielsweise bei den Brauereien — eine ziemlich konjunkturunabhängige Entwicklung des Arbeitsvolumens festzustellen ist. Schließlich ist zu berücksichtigen, daß während der jeweils in Zweijahresabschnitte eingeteilten Zeitspanne von 1961 bis 1971 Arbeitszeitverkürzungen stattgefunden haben, die je nach Änderung des Manteltarifvertrags in der einen Branche früher, in der anderen später verwirklicht wurden. Dieser Einfluß konnte nicht eliminiert werden.

Für die einzelnen Konjunkturphasen wurde die absolute Veränderung der geleisteten Arbeiterstunden je Branche aufsummiert, und zwar getrennt nach Branchen, die in den einzelnen Regionen einen im Vergleich zum Landesdurchschnitt günstigeren oder ungünstigeren Beschäftigungsverlauf nahmen. Die jeweiligen Summen bildeten die Bezugsbasis für die Ermittlung der Branchenanteile. Bei der branchenmäßigen Aufschlüsselung der Zunahme der geleisteten Arbeiterstunden treten in einigen Branchen negative Prozentanteile auf. Hier hat die Zahl der geleisteten Arbeiterstunden in der Region weniger stark als im Landesdurchschnitt abgenommen. Die Entwicklung gegenüber dem Branchendurchschnitt auf Landesebene während der betreffenden Zeit verlief also relativ günstiger. Gleiches gilt mutatis mutandis für die Aufschlüsselung der Abnahme der geleisteten Arbeiterstunden.

γ) Ergebnisse der Berechnungen

In den Gebieten A, B, C und M verlief bei der Mehrzahl der Branchen in den Konjunkturaufschwungsphasen die Beschäftigungsentwicklung günstiger als im Landesdurchschnitt. In etwa zwei Drittel sämtlicher Fälle zeigte hier die Zahl der geleisteten Arbeiterstunden eine im Vergleich zum Landesdurchschnitt relativ günstige Entwicklung (vgl. Tabelle 2). Bei den genannten Gebieten handelt es sich um niederbayerisches und oberpfälzisches Gebiet, das auch heute noch zu den schwach besiedelten und weitgehend agrarisch strukturierten Teilen Bayerns mit einem vergleichsweise niedrigen Industrialisierungsgrad zählt. In Phasen allgemeiner wirtschaftlicher Prosperität sind die Bedingungen für eine Expansion in solchen Regionen — falls der Arbeitsmarkt noch über

Tabelle 2

Anteil der Branchen, bei denen die Zahl der geleisteten Arbeiterstunden sich im Konjunkturaufschwung günstiger/ungünstiger als im Landesdurchschnitt entwickelte

(in %)

Ausmaß der Veränderung der geleisteten Arbeiterstunden	Gebiet K	A	B	C	M	E
Im Vergleich zum Landesdurchschnitt günstige Entwicklung						
(1) Arbeiterstunden haben stärker als im Landesdurchschnitt zugenommen	44	60	56	42	42	30
(2) Arbeiterstunden haben im Landesdurchschnitt abgenommen, in der Region jedoch zugenommen	3	5	8	10	15	8
(3) Arbeiterstunden haben im Landesdurchschnitt stärker als in der Region abgenommen	6	8	8	7	3	5
Zwischensumme I	(53)	(73)	(72)	(59)	(60)	(43)
Im Vergleich zum Landesdurchschnitt ungünstige Entwicklung						
(4) Arbeiterstunden haben in der Region weniger stark als im Landesdurchschnitt zugenommen	12	11	8	7	15	23
(5) Arbeiterstunden haben im Landesdurchschnitt zugenommen, in der Region jedoch abgenommen	20	5	14	24	19	21
(6) Arbeiterstunden haben in der Region stärker als im Landesdurchschnitt abgenommen	15	11	6	10	6	13
Zwischensumme II	(47)	(27)	(28)	(41)	(40)	(57)
Insgesamt	100	100	100	100	100	100

Reserven verfügt — meist günstiger als in industrieverdichteten Zonen. Deutlich wird dies, wenn man die Entwicklung im oberfränkischen Zonenrandgebiet, einem traditionellen Industriegebiet, gegenüberstellt. Dort halten sich die Branchen, in denen die Zunahme der geleisteten Arbeiterstunden im Konjunkturaufschwung günstiger oder ungünstiger als im Landesdurchschnitt war, zahlenmäßig in etwa die Waage; das deckt sich mit der bereits getroffenen Feststellung, daß die Entwicklung im Gebiet E — im Durchschnitt gesehen — nur wenig vom bayerischen Landesdurchschnitt abweicht.

Im Durchschnitt der betrachteten Regionen dominieren jene Branchen, bei denen die geleisteten Arbeiterstunden stärker als im Landesdurchschnitt zugenommen haben. Im allgemeinen liegen hierbei Investitionsgüterbereiche stärker als andere Branchen über der landesdurchschnittlichen Entwicklung. Zu beachten ist jedoch, daß es keineswegs jeweils die gleichen Branchen sind, die in allen ausgewählten Regionen eine überdurchschnittliche Entwicklung aufweisen; es ist durchaus nicht selten, daß eine Branche, z. B. die elektrotechnische Industrie, in vier Regionen eine überdurchschnittliche Beschäftigungszunahme zeigt, in den restlichen zwei Gebieten jedoch gleichzeitig einen der allgemeinen konjunkturellen Entwicklung entgegengesetzten Verlauf. Von einigen Sondereinflüssen abgesehen, handelt es sich hier meist um Industrien, die in der Bundesrepublik langfristig ein unterdurchschnittliches Wachstum haben und/oder unter besonderen Strukturproblemen leiden (z. B. Sägeindustrie[2], lederverarbeitende und Schuhindustrie, Textilindustrie). Im wesentlichen trifft dies auch auf die Branchen in Zeile 6 der Tabelle 2 zu; es handelt sich hier sogar meist um die gleichen Industriezweige wie in Zeile 5. Während nämlich in dem der Rezession 1966/67 folgenden Aufschwung selbst wachstumsschwache oder schrumpfende Branchen eine in der Zunahme der Arbeiterstunden sich niederschlagende Produktionssteigerung erlebten, war dies in dem schwächer ausgeprägten Konjunkturaufschwung 1963/65 nicht der Fall. Im Durchschnitt der bayerischen Industrie nahm während dieser Zeit die Zahl der geleisteten Arbeiterstunden nur um 1,5 % zu; eine Reihe von Branchen hatte demgegenüber bei den Arbeiterstunden eine negative Entwicklung zu verzeichnen, wobei die betreffenden Branchen in den untersuchten Regionen dann zum Teil noch schlechter als im Landesdurchschnitt abschnitten.

Anders verhält sich in den hier betrachteten Regionen die Entwicklung vieler Branchen jedoch im Konjunkturabschwung; die vielfach als selbstverständlich geltende Feststellung, daß in diesen Regionen angesiedelte Branchen bei einem konjunkturellen Rückgang stärkere Einbußen hinnehmen müßten, kann in dieser allgemeinen Form nicht auf-

[2] Kurzbezeichnung für Säge-, Hobel-, Holzimprägnier- und Furnierwerke.

Tabelle 3

Anteil der Branchen, bei denen die Zahl der geleisteten Arbeiterstunden sich im Konjunkturabschwung günstiger/ungünstiger als im Landesdurchschnitt entwickelte

(in %)

Ausmaß der Veränderung der geleisteten Arbeiterstunden	Gebiet K	A	B	C	M	E
Im Vergleich zum Landesdurchschnitt günstige Entwicklung						
(1) Arbeiterstunden haben stärker als im Landesdurchschnitt zugenommen	8	7	11	11	12	7
(2) Arbeiterstunden haben im Landesdurchschnitt abgenommen, in der Region jedoch zugenommen	29	28	24	25	33	12
(3) Arbeiterstunden haben im Landesdurchschnitt stärker als in der Region abgenommen	20	23	18	21	20	32
Zwischensumme I	(57)	(58)	(53)	(57)	(65)	(51)
Im Vergleich zum Landesdurchschnitt ungünstige Entwicklung						
(4) Arbeiterstunden haben in der Region weniger stark als im Landesdurchschnitt zugenommen	2	7	2	—	2	4
(5) Arbeiterstunden haben im Landesdurchschnitt zugenommen, in der Region jedoch abgenommen	4	4	7	7	2	7
(6) Arbeiterstunden haben in der Region stärker als im Landesdurchschnitt abgenommen	37	31	38	36	31	38
Zwischensumme II	(43)	(42)	(47)	(43)	(35)	(49)
Insgesamt	100	100	100	100	100	100

rechterhalten werden. Die in Tabelle 3 dargestellten Ergebnisse, die die Entwicklung der geleisteten Arbeiterstunden in den ausgewählten Gebieten in der jeweiligen Relation zur landesdurchschnittlichen während konjunktureller Abschwungsphasen zeigt, stützen eine solche Behauptung nicht.

Die Zahl der Fälle, in denen Branchen in den ausgewählten Gebieten während Konjunkturabschwungsphasen schlechter als auf Landesebene abgeschnitten haben, bewegte sich im Durchschnitt in etwa um ein Drittel (vgl. Zeile 6 in Tabelle 3). Mindestens ebenso häufig sind aber Fälle, in denen einzelne Branchen in den betreffenden Regionen in Zeiten konjunkturellen Abschwungs eine im Vergeich zum Landesdurchschnitt günstigere Entwicklung aufweisen (vgl. Zeile 2 und 3 in Tabelle 3).

Die in den Tabellen 2 und 3 ausgewiesenen Ergebnisse weisen in den ausgewählten Regionen also eine im konjunkturellen Auf- und Abschwung jeweils unterschiedliche Abweichung vom branchenmäßigen Verlauf der Beschäftigungsentwicklung im Landesdurchschnitt auf; im Aufschwung überwiegt die Zahl solcher Branchen, bei denen die Beschäftigungsentwicklung günstiger als im Landesdurchschnitt verläuft, während im Abschwung ein solches Überwiegen — sei es in positiver oder negativer Richtung — nicht beobachtet werden kann.

Der Unterschied zwischen der Zahl der Fälle, bei denen die Entwicklung der geleisteten Arbeiterstunden im Konjunkturaufschwung in den sechs Regionen günstiger als im bayerischen Durchschnitt verlief, und jener Zahl von Fällen, die eine unterdurchschnittliche Entwicklung aufwiesen, ist mit hoher Wahrscheinlichkeit (über 90 %) signifikant. Die Differenzen zwischen günstigen und ungünstigen Fällen sind also nicht auf Zufallseinflüsse zurückzuführen. Innerhalb der einzelnen Gebiete gilt dies im besonderen für die Regionen A und B, niederbayerische Gebiete also, wo der hohe Anteil von Branchen, die im Konjunkturaufschwung eine überdurchschnittliche Entwicklung aufwiesen, statistisch gesichert nicht zufallsbedingt zustandegekommen ist. Hier wirkt sich deutlich der bislang schwache Industriebesatz, d. h. der im Vergleich zu anderen Gebieten bestehende „industrielle Nachholbedarf" aus, der bei entsprechenden Anstrengungen in Phasen wirtschaftlicher Prosperität eben rascher aufgeholt werden kann als in Zeiten konjunkturellen Abschwungs.

Auch in den Jahren des Abschwungs überwiegen die Fälle, bei denen die Zahl der geleisteten Arbeiterstunden sich günstiger oder weniger ungünstig als im Landesdurchschnitt entwickelt hat, doch ist insgesamt gesehen, d. h. wenn man sämtliche Gebiete zusammen betrachtet, diesmal kein signifikanter Unterschied zu den theoretisch erwarteten Häufigkeiten festzustellen. Betrachtet man jedoch die einzelnen Gebiete für sich, bildet die Region M eine Ausnahme: In einer den Zufall ausschließenden Weise läßt hier der größere Teil der Fälle eine im Vergleich zum Landesdurchschnitt günstigere Entwicklung erkennen. Es handelt sich hierbei in erster Linie um die Investitionsgüterbranchen elektrotechnische Industrie, feinmechanische und optische sowie Uhrenindustrie und die Eisen-, Blech- und Metallwarenindustrie; aber auch die strukturschwachen und vergleichsweise arbeitsintensiven Industriebereiche der feinkeramischen Industrie sowie der lederverarbeitenden und Schuhindustrie zählen dazu. Sämtlichen der genannten Branchen ist gemeinsam, daß sie in jeder der drei konjunkturellen Abschwächungsphasen beschäftigungsmäßig günstiger als der Landesdurchschnitt der jeweiligen Branche lagen.

Stellt man die einzelnen Phasen der Konjunkturaufschwünge insgesamt den entsprechend zusammengefaßten Jahren gegenüber, in denen die Konjunktur rückläufig war, liegt der Schluß nahe, daß die Industrie im Zonenrand- und den übrigen Fördergebieten allmählich den Rückstand gegenüber dem Landesdurchschnitt abbauen könnte: Im Konjunkturaufschwung scheinen die randnahen Gebiete mehr zu gewinnen als sie im Abschwung wieder verlieren.

Tabelle 4

Anteil von Industriegruppen, die im Konjunkturaufschwung eine im Vergleich zum Landesdurchschnitt günstigere/ungünstigere Entwicklung genommen haben[a)]

(in %)

Gebiet	Günstigere Entwicklung		Ungünstigere Entwicklung		Insgesamt
K	72	(53)	28	(47)	100
A	69	(73)	31	(27)	100
B	77	(72)	23	(28)	100
C	54	(59)	46	(41)	100
M	48	(60)	52	(40)	100
E	45	(43)	55	(57)	100
Insgesamt	55	(60)	45	(40)	100

a) Anteile in Klammern stellen ungewichtete Werte dar.

Tabelle 5

Anteil von Industriegruppen, die im Konjunkturabschwung eine im Vergleich zum Landesdurchschnitt günstigere/ungünstigere Entwicklung genommen haben[a]

(in %)

Gebiet	Günstigere Entwicklung		Ungünstigere Entwicklung		Insgesamt
K	52	(57)	48	(43)	100
A	45	(58)	55	(42)	100
B	53	(53)	47	(47)	100
C	61	(57)	39	(43)	100
M	63	(65)	37	(35)	100
E	43	(51)	57	(49)	100
Insgesamt	48	(57)	52	(43)	100

a) Anteile in Klammern stellen ungewichtete Werte dar.

Eine Modifizierung dieser Aussage ist jedoch notwendig. Die einzelnen Branchen wurden bisher als gleichgewichtig behandelt; es blieb also unberücksichtigt, welchen Strukturanteil die ausgewählten Industriezweige in den jeweiligen Regionen hatten. So ist es beispielsweise möglich, daß eine stark überdurchschnittliche Zunahme der geleisteten Arbeiterstunden in mehreren schwach vertretenen Branchen allein durch eine geringfügige Abnahme der Arbeiterstunden in einer einzigen, jedoch absolut stark dominierenden Branche mehr als ausgeglichen wird. Um diesem Tatbestand Rechnung zu tragen, wurden die Fälle mit der Zahl der geleisteten Arbeiterstunden gewichtet. Der Unterschied in der Häufigkeit von Branchen, die im Konjunkturaufschwung eine überdurchschnittliche Zunahme der geleisteten Arbeiterstunden aufweisen, und jenen, bei denen das Gegenteil zutrifft, tritt bei dieser Betrachtungsweise weniger stark zutage. Die Einzelheiten sind aus Tabelle 4 zu ersehen.

Bei der Betrachtung der Entwicklung im Konjunkturabschwung ergibt sich ein anderes Bild. Hier ist sowohl in der gewichteten als auch in der ungewichteten Betrachtungsweise kein signifikanter Unterschied zwischen der Zahl der Branchen, die sich im Konjunkturabschwung günstiger, und jener Zahl von Branchen, die sich ungünstiger als im Landesdurchschnitt entwickelt haben, festzustellen. Hier sind Einzelheiten aus Tabelle 5 zu ersehen.

Auch bei gewichteter Betrachtung bleibt demnach die Aussage gültig, daß die randnahen Gebiete im Konjunkturaufschwung mehr gewinnen als sie im Abschwung wieder verlieren. Ausnahme bilden allein die Regionen A und E, die — gewichtet betrachtet — im Konjunkturabschwung im Verhältnis zum Landesdurchschnitt eine besonders ungünstige Entwicklung aufweisen.

In Stufe 3 der Berechnungen (vgl. Kapitel IV. 3. b) β) wurde ermittelt, mit welchem Anteil jede der 19 ausgewählten Branchen an der Veränderung der Zahl der geleisteten Arbeiterstunden in jedem der ausgewählten sechs Gebiete beteiligt war. Die zahlenmäßigen Ergebnisse finden sich in den Tabellen 6* bis 10*. Diese Daten werden im folgenden kurz kommentiert. Als Gliederungsgesichtspunkte bietet sich die Kombination der Konjunkturphasen mit den Branchenentwicklungen im Vergleich zum Landesdurchschnitt an. Daraus ergeben sich folgende vier Möglichkeiten:

a) Konjunkturaufschwungsphase; Branchenentwicklung günstiger als im Landesdurchschnitt

b) Konjunkturaufschwungsphase; Branchenentwicklung ungünstiger als im Landesdurchschnitt

c) Konjunkturabschwungsphase; Branchenentwicklung günstiger als im Landesdurchschnitt

d) Konjunkturabschwungsphase; Branchenentwicklung ungünstiger als im Landesdurchschnitt.

Zunächst werden die Konjunkturaufschwungsphasen gebietsweise abgehandelt:

a) Konjunkturaufschwungsphase; Branchenentwicklung günstiger als im Landesdurchschnitt.

Gebiet K: Der Hauptanteil der Beschäftigungszunahme entfiel hier jeweils auf den Straßenfahrzeugbau, der in dieser Region in der Zeit 1961/71 stark expandierte und seinen Anteil an der Zahl der insgesamt geleisteten Arbeiterstunden von 32,6 % (1961) auf 50,6 (1971) erhöhte. Darüber hinaus leisteten der Maschinenbau sowie die elektrotechnische Industrie in den beiden konjunkturellen Aufschwungsphasen 1963/65 und 1967/69 noch einen größeren Beitrag zur Zunahme des Beschäftigungsvolumens. Im wesentlichen waren es also Investitionsgüterbranchen, auf denen die Expansion beruhte.

Gebiet A: Hier verteilte sich die Zunahme der geleisteten Arbeiterstunden auf mehrere Branchen. Den Schwerpunkt der Zunahme bildete die elektrotechnische Industrie; auch der Maschinenbau trug nicht unwesentlich zur Beschäftigungszunahme bei. Berücksichtigt man, daß in der Periode 1963/65 auch der Straßenfahrzeugbau einen erheblichen Beschäftigungsbeitrag leistete, so spielte in dieser Region der Investitionsgütersektor ebenfalls die dominierende Rolle bei der Zunahme des Arbeitsvolumens.

Gebiet B: Der Beitrag an der Beschäftigungszunahme war hier seitens des Maschinenbaus und der elektrotechnischen Industrie höher als es dem jeweiligen Strukturanteil dieser Branchen in dieser Region entsprach; auf beide zusammen entfielen etwa 40 % der Beschäftigungszunahme. Jedoch auch die Textil- und Bekleidungsindustrie beeinflußte in dieser Region nicht unwesentlich die Zunahme des Arbeitsvolumens.

Gebiet C: Die Zunahme der geleisteten Arbeiterstunden verteilte sich zum weit überwiegenden Teil auf die elektrotechnische, die Eisen-, Blech- und Metallwarenindustrie sowie die Bekleidungsindustrie.

Gebiet M: Investitionsgüterbranchen sind in dieser Region kaum vertreten. Allgemein war hier die Zunahme der geleisteten Arbeiterstunden geringer als in den anderen Gebieten. Sie konzentrierte sich auf verbrauchsnahe Bereiche, insbesondere auf die Kunststoffverarbeitung und die Bekleidungsindustrie; daneben trug, bedingt durch die Inbetriebnahme eines neuen Werkes innerhalb des Flachglassektors, speziell die Glasindustrie im Zeitraum 1967/69 erheblich zur Zunahme der geleisteten Arbeiterstunden bei.

Gebiet E: In dieser Region nahm das Arbeitsvolumen während der Aufschwungsphase 1963/65 geringfügig ab. Die vor allem in der Eisen-, Blech- und Metallwarenindustrie erfolgte Zunahme der Arbeiterstunden wurde durch eine Abnahme in der lederverarbeitenden und Schuhindustrie sowie der Textilindustrie überkompensiert. Die kräftige Ausweitung der Beschäftigung im Zeitraum 1967/69 wurde von der elektrotechnischen Industrie, der Eisen-, Blech- und Metallwarenindustrie, der holzverarbeitenden Industrie und nicht zuletzt der Kunststoffverarbeitung getragen. Was die letztgenannte Branche betrifft, so ist die dort festgestellte weit überdurchschnittliche Zunahme des Arbeitsvolumens auf die Expansion eines Großunternehmens zurückzuführen.

b) Konjunkturaufschwungsphase; Branchenentwicklung ungünstiger als im Landesdurchschnitt.

Gebiet K: Der Rückgang der geleisteten Arbeiterstunden in dieser Region basiert im Zeitraum 1963/65 auf einer Abnahme des Arbeitsvolumens im Bereich der Sägeindustrie sowie der Textil- und Bekleidungsindustrie. Im Zeitraum 1967/69 wurde die Verringerung des Arbeitsvolumens in erster Linie von der Industrie der Steine und Erden, der Eisen-, Blech- und Metallwarenindustrie und der Sägeindustrie verursacht.

Gebiet A: Der im Zeitraum 1963/65 geringe Rückgang des Arbeitsvolumens erklärt sich hauptsächlich durch eine Abnahme in der Sägeindustrie und der Glasindustrie und einer Zunahme in der Textilindustrie, wo die Entwicklung nur relativ ungünstiger war, d. h. die Arbeiterstunden haben dort weniger stark als auf Landesebene zugenommen. Dagegen war die Abnahme der Arbeiterstunden im Zeitraum 1967/69 fast ausschließlich auf den Sektor Steine und Erden zurückzuführen.

Gebiet B: Die Abnahme der Arbeiterstunden verteilte sich hier im Zeitraum 1963/65 auf die Holzverarbeitung sowie die lederverarbeitende und Schuhindustrie. In der Aufschwungsphase 1967/69 erfolgte vor allem ein Rückgang des Arbeitsvolumens in der Glasindustrie, die mit ihrem Hohlglasbereich in dieser Region einige Bedeutung hat.

Gebiet C: Während beider Konjunkturaufschwünge waren in erster Linie die Glasindustrie und die Textilindustrie die neuralgischen Branchen, die sich ungünstiger als im Landesdurchschnitt entwickelten.

Gebiet M: Die Zahl der geleisteten Arbeiterstunden ging leicht zurück, verursacht vor allem durch die feinkeramische Industrie. Diese ist hier stark vertreten, verliert jedoch auf Grund der im Porzellansektor bestehenden Strukturkrise ständig an Bedeutung. Zum Rückgang des Arbeitsvolumens im Zeitraum 1967/69 hat auch die elektrotechnische Industrie, bedingt durch einen Sondereinfluß, erheblich beigetragen. Insgesamt wäre der Rückgang an geleisteten Arbeiterstunden noch stärker gewesen, wenn nicht in den Branchen Maschinenbau, Textil- und Bekleidungsindustrie eine Erhöhung stattgefunden hätte, die allerdings hinter dem Landesdurchschnitt zurückblieb.

Gebiet E: Die Arbeiterstundenzahl hat hier auch bei den Branchen, die sich ungünstiger als im Landesdurchschnitt entwickelten, zugenommen. Zurückzuführen ist dies auf den Maschinenbau sowie insbesondere die Textil- und Bekleidungsindustrie.

c) Konjunkturabschwungsphase; Branchenentwicklung günstiger als im Branchendurchschnitt.

Gebiet K: Die Zunahme der Arbeiterstunden in den Zeiträumen 1961/71 wurde fast ausschließlich vom Fahrzeugbau getragen; die Abnahme in der Rezessionsphase 1965/67 ging hauptsächlich auf den Maschinenbau zurück.

Gebiet A: Der Beschäftigungszuwachs entfiel hier im wesentlichen auf die elektrotechnische Industrie (Zeitraum 1961/63) und den Maschinenbau (Zeitraum 1969/71). Die Abnahme der geleisteten Arbeiterstunden um 7,1 % im Zeitraum 1965/67 beruhte dagegen im wesentlichen auf der Entwicklung im Bereich Steine und Erden und in der lederverarbeitenden und Schuhindustrie.

Gebiet B: Zum Zuwachs an Arbeiterstunden hat die kunststoffverarbeitende Industrie in den Phasen 1961/63 und 1969/71 jeweils mit rund einem Fünftel beigetragen; ferner gehörten die Textil- und Bekleidungsindustrie (Zeitraum 1961/63) sowie die elektrotechnische Industrie und die feinmechanische und optische sowie Uhrenindustrie zu jenen Branchen, die einen Anstieg der geleisteten Arbeiterstunden zu verzeichnen hatten. In der besonders stark ausgeprägten Konjunkturabschwungsphase 1965/67 waren es die Bekleidungsindustrie und die Glasindustrie, die den Arbeiterstundenrückgang in erster Linie verursacht haben.

Gebiet C: Zu den Branchen, die während des Konjunkturabschwungs noch einen relativ beachtlichen Zuwachs bei den Arbeiterstunden verzeichnen konnten, zählten hier im Zeitraum 1961/63 der Maschinenbau, die kunststoffverarbeitende Industrie und die Bekleidungsindustrie. Die selbst in der Rezessionsphase 1965/67 zu beobachtende Erhöhung der geleisteten Arbeiterstunden in dieser Region spielte sich fast ausschließlich in der Eisen-, Blech- und Metallwarenindustrie ab.

Gebiet M: Die eingetretene Erhöhung der Arbeiterstunden um 6,2 % im Zeitraum 1961/63 kam im wesentlichen durch einen positiven Beitrag der elektrotechnischen Industrie und der Bekleidungsindustrie zustande, die den Rückgang des Arbeitsvolumens in der feinkeramischen Industrie überkompensierten. Im Zeitraum 1969/71 fällt der hohe Anteil der Industrie der Steine und Erden am Zuwachs des Arbeitsvolumens auf.

Gebiet E: Der während aller Konjunkturabschwungsphasen zu beobachtende Rückgang der geleisteten Arbeiterstunden entfiel hier im Zeitraum

1961/63 in erster Linie auf die elektrotechnische Industrie, im Zeitraum 1965/67 auf die feinkeramische und Bekleidungsindustrie und im Zeitraum 1969/71 ebenfalls auf die Bekleidungsindustrie, ferner auf die elektrotechnische Industrie sowie auf den Maschinenbau.

d) Konjunkturabschwungsphase; Branchenentwicklung ungünstiger als im Landesdurchschnitt.

Gebiet K: Die Abnahme der geleisteten Arbeiterstunden wurde größtenteils durch die unterdurchschnittliche Entwicklung von Investitionsgüterbranchen (Maschinenbau, Straßenfahrzeugbau, elektrotechnische Industrie) verursacht.

Gebiet A: Die Verringerung des Arbeitsvolumens um 4,5 % im Zeitraum 1961/63 ging in erster Linie auf Einbußen im Sektor Steine und Erden zurück; im Zeitraum 1965/67 verteilte sie sich jedoch auf mehrere Branchen, darunter insbesondere den Straßenfahrzeugbau, die elektrotechnische Industrie, die chemische Industrie und die Bekleidungsindustrie. Im Zeitraum 1969/71 war in erster Linie der Maschinenbau für den Rückgang der geleisteten Arbeiterstunden verantwortlich.

Gebiet B: In allen drei Abschwungsphasen leistete der Maschinenbau einen wesentlichen Beitrag zur Verringerung des Arbeitsvolumens. In den Zeiträumen 1961/63 und 1965/67 trugen außerdem die Industrie der Steine und Erden und in der Phase 1969/71 die Bekleidungsindustrie und die papierverarbeitende Industrie wesentlich zum Rückgang des Arbeitsvolumens bei.

Gebiet C: Am Rückgang der Arbeiterstundenzahl waren in der Phase 1961/63 hauptsächlich die Sägeindustrie, im Zeitraum 1965/67 die elektrotechnische und die Textilindustrie sowie in der Phase 1969/71 die elektrotechnische und die Eisen-, Blech- und Metallwarenindustrie beteiligt.

Gebiet M: Über die Hälfte der Abnahme der geleisteten Arbeiterstunden wurde im Zeitraum 1961/63 von der Glasindustrie verursacht; im Zeitraum 1965/67 konzentrierte sich der Rückgang auf die Industriezweige Steine und Erden sowie Bekleidungsindustrie. Der vergleichsweise geringe Rückgang des Arbeitsvolumens in der Phase 1969/71 beschränkte sich in erster Linie auf die chemische Industrie sowie den Maschinenbau.

Gebiet E: In den Zeiträumen 1961/63 und 1969/71 wiesen in dieser Region vergleichsweise viele Branchen eine unterdurchschnittliche Entwicklung auf, vor allem die feinkeramische und die Textilindustrie. In der Abschwungsphase 1965/67 zeigten jedoch wesentlich weniger Branchen eine unter dem Landesdurchschnitt liegende Entwicklung. Der Rückgang des Arbeitsvolumens konzentrierte sich hauptsächlich auf die elektrotechnische Industrie, den Bereich der Steine und Erden sowie auf die lederverarbeitende und Schuhindustrie.

Insgesamt zeigt die vorstehende Betrachtung der Veränderung des Arbeitsvolumens in den sechs ausgewählten Regionen, daß es jeweils nur wenige und meist sogar die gleichen Branchen sind, die sowohl im Konjunkturaufschwung wie auch im Konjunkturabschwung die jeweilige Entwicklung der Zahl der geleisteten Arbeiterstunden entscheidend beeinflussen. Es sind dies im Investitionsgüterbereich der Maschinenbau, der Straßenfahrzeugbau, die elektrotechnische Industrie sowie im Konsumgüterbereich die Textil- und Bekleidungsindustrie, also mit Ausnahme der letzteren, Branchen, die nicht zu den traditionellen und z. T. strukturschwachen Sektoren des Zonenrandgebietes zählen. Das Ausmaß der Konjunkturschwankungen in den einzelnen Regionen ist daher zu einem wesentlichen Teil von diesen Branchen bestimmt. Daß hierbei die Intensität der Konjunkturschwankung von Region zu Region oft recht verschieden ist, hängt mit der im Zonenrandgebiet — Gebiet E bildet eine gewisse Ausnahme — unausgewogenen Industriestruktur zusammen. Auf Grund der sehr unterschiedlichen Strukturgewichte der in den einzelnen Regionen ansässigen Industrien ergibt die Addition der betreffenden Branchenkonjunkturen jeweils gesamtindustrielle Konjunkturverläufe mit verschieden stark ausgeprägten Schwankungen.

Eine weitere Schlußfolgerung bietet sich an. Die Wirtschaftsförderung im industriellen Bereich ist um die Schaffung neuer, krisensicherer und möglichst hochwertiger Arbeitsplätze bemüht; sie konzentriert sich vor allem auf Branchen mit guten Zukunftsaussichten. Geht man von der bisherigen Entwicklung aus, so scheint die elektrotechnische Industrie diesbezügliche Erwartungen zu erfüllen. Sie findet sich beispielsweise am häufigsten unter den Industriezweigen, die im Konjunkturaufschwung mit 20 und mehr Prozent am Zuwachs des industriellen Arbeitsvolumens in den einzelnen Regionen beteiligt war, obwohl die Branche in allen Gebieten des Zonenrandgebietes einen z. T. weitaus niedrigeren Strukturanteil aufweist. Ohne im einzelnen zu prüfen, ob es sich hier jeweils um besonders konjunkturbegünstigte Sparten der elektrotechnischen Industrie handelt, dürfte hier ein positiver Einfluß seitens der strukturellen Förderungsmaßnahmen im Rahmen der Gemeinschaftsaufgabe sichtbar werden.

Für die besonders im Konjunkturaufschwung zu erwartende Effizienz der Strukturförderung dürfte auch die kunststoffverarbeitende Industrie ein Beispiel sein. Obwohl in den einzelnen Zonenrandgebieten bisher nur schwach vertreten, zeigt diese Branche in Konjunkturaufschwungsphasen verschiedentlich weit überdurchschnittliche Beiträge zum regionalen Beschäftigungswachstum. Auch hier stehen die auf Grund günstiger Wachstumsaussichten dieser Branche gezielt vorgenommenen Förderungen im Vordergund. In ähnlicher Weise gilt dies auch für die Bekleidungsindustrie. Diese Branche hat in der Vergangenheit wesentlich zur Erschließung von Arbeitskraftreserven in abgelegenen Gebieten beigetragen. Begünstigt durch den Umstand, daß die Fertigung in diesem Industriebereich vergleichsweise wenig kapitalintensiv ist, in bereits kleinen Betriebseinheiten nach industriellen Prinzipien rationell durchgeführt werden kann und hauptsächlich für Frauen Beschäftigung bietet, haben Unternehmen der Bekleidungsindustrie im Konjunkturaufschwung unter Inanspruchnahme der Strukturfördermittel an vielen kleinen Orten entlang der Zonengrenze Arbeitsplätze geschaffen[3]. Im Rahmen der Strukturförderungspolitik wurden Branchen wie Maschinenbau, Straßenfahrzeugbau, elektrotechnische und kunststoffverarbeitende Industrie sowie Bekleidungsindustrie bevorzugt, um einen Ausgleich für die schrumpfenden Traditionsindustrien des Zonenrandgebietes zu schaffen. Die Zunahme des Anteils dieser fünf Industriezweige, gemessen am Arbeitsvolumen in den einzelnen Regionen, zeigt Tabelle 6. Allerdings darf die Strukturverbesserungspolitik nicht als alleiniger Erklärungsfaktor für die Zunahme der Bedeutung dieser fünf Branchen angesehen werden, ist doch zu berücksichtigen, daß Strukturverschiebungen allein auf Grund des unterschiedlichen Branchenwachstums entstehen. Wenn arbeitsintensive und strukturschwache Branchen, wie etwa die Industrie der Steine und Erden in Niederbayern und die feinkeramische Industrie im oberpfälzischen und oberfränkischen Zonenrandgebiet, ihren Beschäftigungsanteil verringert haben, so sind hierbei nicht nur die veränderte Bedarfsstruktur, sondern auch die aus marktwirtschaftlichem Zwang vorgenommenen Rationalisierungs- und Modernisierungsmaßnahmen von nicht zu vernachlässigender Bedeutung.

Tabelle 6

Anteil von fünf ausgewählten Industriezweigen[a)] am Arbeitsvolumen der ausgewählten Gebiete

(in %)

Jahr	Gebiete					
	K	A	B	C	M	E
1961	77,3	43,6	34,1	40,6	9,0	28,7
1971	80,7	50,9	43,1	53,7	16,7	32,6

a) Maschinenbau, Straßenfahrzeugbau, elektrotechnische Industrie, kunststoffverarbeitende Industrie, Bekleidungsindustrie.

Die in den Gebieten A, B, C, M im Zeitraum 1961/71 stark erhöhten Beschäftigungsanteile der genannten fünf Branchen in Tabelle 6 legen aber den Schluß nahe, daß sie wenigstens teilweise ein Ergebnis erfolgreicher Industrialisierungsbemühungen im oberpfälzischen und niederbayerischen Zonenrandgebiet sind.

[3] Vgl. Die Bekleidungsindustrie in der BRD, 1966 ff., hrsg. vom Bundesverband Bekleidungsindustrie e. V., Bonn-Bad Godesberg.

Die im Zuge dieser Industrieförderung erfolgte Umschichtung der Branchenstruktur konnte allerdings das gleichzeitig verfolgte gesamtwirtschaftliche Ziel, einen möglichst stetigen Konjunkturverlauf für die betreffenden Regionen zu erzielen, nicht erreichen, da die Industrialisierungsbemühungen sich bevorzugt auf konjunkturell instabile Branchen erstreckten. Hinzu kommt, daß Förderungsmaßnahmen vor allem in Zeiten expandierender Nachfrage zum Tragen kommen, wenn das Investitionsklima, zumal unter dem Aspekt der in Aussicht stehenden Fördermittel, günstiger als in konjunkturschwachen Zeiten ist. Damit wird die Intensität der Konjunkturschwankungen verstärkt. Wie die Ergebnisse in Tabelle 4* erkennen lassen, weisen speziell die elektrotechnische Industrie und der Maschinen- und Straßenfahrzeugbau im Durchschnitt stärkere Konjunkturschwankungen als andere Branchen auf.

V. Befragung von Unternehmen

1. Entscheidungskriterien für die Unternehmensauswahl

a) Gebiete

Die bisherige Analyse hat z. T. erhebliche Unterschiede in der Intensität der Konjunkturschwankungen der einzelnen Gebiete gezeigt: Vergleichsweise geringe Konjunkturausschläge im oberfränkischen Zonenrandgebiet (Gebiet E), relativ starke Schwankungen im oberpfälzischen Gebiet entlang der Zonengrenze (Gebiet C) sowie auch in der niederbayerischen Region (Gebiete A und B). Es bot sich damit an, die zu befragenden Firmen nach Möglichkeit aus diesen Regionen auszuwählen, um dadurch eventuell gebietsunterschiedliche Einflüsse auf das Konjunkturgeschehen innerhalb des Zonenrandgebietes zu ermitteln. Für die Auswahl der genannten Gebiete sprach auch deren unterschiedliche Struktur, wie aus den Ergebnissen der Volkszählung 1970 zu ersehen ist (vgl. Tabelle 7).

Das Aktionsgebiet Niederbayern, soweit es nicht zum Zonenrandgebiet zählt (Gebiet A), ist vergleichsweise schwach besiedelt und stark agrarwirtschaftlich geprägt, wie der hohe Anteil von 31 % der Erwerbstätigen im Bereich Land- und Forstwirtschaft zeigt. Im niederbayerischen Zonenrandgebiet (Gebiet B) ergibt sich lediglich durch die stärkere Besiedlung des Passauer und Deggendorfer Raumes eine höhere Bevölkerungsdichte. Gliedert man die Städte Passau und Deggendorf aus, so errechnen sich je qkm in 1961 75 und in 1970 79 Einwohner. Am schwächsten besiedelt ist die Region C mit einem ebenfalls hohen Anteil von in der Land- und Forstwirtschaft tätigen Personen. Gegenüber den bisher genannten Gebieten hebt sich die Region E deutlich ab: Während die Wohnbevölkerung von 1961 bis 1970 in den Gebieten A, B und C durchschnittlich um 2 bis 4 % zugenommen hat, erhöhte sie sich im Gebiet E nur noch um 1 %. Außerdem ist diese Region im Vergleich zu den anderen doppelt bis dreimal so dicht bevölkert; auch die Struktur der Erwerbstätigen ist eine völlig andere: Einem Anteil von fast 11 % in der Landwirtschaft steht ein solcher von 56 % im produzierenden Gewerbe gegenüber. Allerdings darf nicht übersehen werden, daß innerhalb der Region E starke Differenzierungen bestehen. Dies wird deutlich, wenn man die Räume Bamberg und Bayreuth ausgliedert. Es sind dies industrielle Ballungsgebiete, auf

Tabelle 7: **Strukturdaten der in die Interviews einbezogenen Gebiete**

Gebiet	Fläche in qkm	Wohnbevölkerung am 27. 5. 1970 in 1000	Zunahme der Wohnbevölkerung 1970 gegenüber 1961 in %	Einwohner je qkm 1961	Einwohner je qkm 1970	Anteil der Erwerbstätigen an der Wohnbevölkerung in %	Von den Erwerbstätigen am Wohnort gehörten in % zu: Landwirtschaft und Forsten	Produzierendes Gewerbe	Handel und Verkehr	Sonstige Bereiche
A	5 854	500,9	+ 4,0	82	86	45,2	31,0	40,5	12,1	16,4
B	4 318	415,2	+ 6,0	91	96	42,0	22,2	45,3	12,3	20,2
C	2 192	147,7	+ 5,7	64	67	44,5	28,0	43,1	10,3	18,6
E	5 619	927,9	+ 1,0	163	165	46,9	10,6	56,0	14,7	18,8
E_1a)	1 519	277,4	+ 4,3	175	183	44,6	11,4	45,3	17,6	25,8
E_2b)	4 100	650,5	+ 0,1	159	159	47,9	10,3	60,2	13,5	16,0

a) Stadt- und Landkreise Bamberg und Bayreuth. — b) Gebiet E ohne Stadt und Landkreise Bamberg und Bayreuth.

Quelle: Bayerische Gemeindestatistik 1970, Bd. 4, Teil B, Heft 304 b.

die, obwohl im Zonenrandgebiet liegend, die Zonenrandmerkmale streng genommen nicht zutreffen; die wirtschaftliche und industrielle Situation im Bamberger und Bayreuther Raum ist mit der im übrigen Bundesgebiet vergleichbar. Hier findet sich auch ein stärkeres Angebot an Dienstleistungen. Die Expansion innerhalb der Region E hat sich seit 1961 ausschließlich auf das Einzugsgebiet dieser beiden Städte konzentriert, wie aus der Beschäftigtenzunahme von 4,3 % zu ersehen ist. Demgegenüber haben die übrigen Teile der Region E — im Durchschnitt gesehen — stagniert.

Auffallend ist hier einerseits der hohe Anteil der Erwerbstätigen im produzierenden Gewerbe und andererseits der relativ niedrige Prozentsatz der Bevölkerung, die in der Landwirtschaft tätig ist. Dieser Tatbestand ist historisch strukturell bedingt und nicht etwa damit zu erklären, daß in diesem Gebiet aus der Landwirtschaft Ausscheidende bereits in das produzierende Gewerbe eingegliedert worden wären. Insbesondere der östliche Teil Oberfrankens — im Gegensatz zum Bamberger Gebiet etwa — zählt zu den von der Natur benachteiligten Gegenden, die von jeher wenig landwirtschaftliche Erwerbsmöglichkeiten boten. Die Bevölkerung, auf andere Einkommensquellen angewiesen, suchte diese in der Gewerbetätigkeit. Im Zuge der aufkommenden Industrialisierung entstanden auf diese Weise in dieser Region in erster Linie verbrauchsnahe Branchen wie die Textil- und Bekleidungsindustrie oder die holzverarbeitende Industrie.

b) Branchen und Fachzweige

Bei der Auswahl der zu befragenden Firmen kam es nicht so sehr darauf an, aus deren Informationen Rückschlüsse auf die jeweilige Branche in der betreffenden Region ziehen zu können. Dies war schon deshalb nicht möglich, weil es ausgesprochen branchentypische Betriebe nicht gibt, sozusagen den Maschinenbaubetrieb oder die Textilfirma, die jeweils eine Art „Kleinausgabe" ihrer Branche darstellen. Die einzelnen Betriebe verkörpern produktmäßig meist nur kleine Ausschnitte eines Industriezweigs und sind hinsichtlich ihrer betrieblichen Organisation und Führung so spezifisch, daß die bei einer Branche beobachteten Marktvorgänge in sehr differenzierter Weise auf das einzelne Unternehmen Einfluß nehmen. Schließlich ist zu berücksichtigen, daß die aus der Zonenrandlage resultierenden Standorteinflüsse keineswegs branchenspezifisch, sondern grundlegender Natur sind und gleichermaßen sowohl für die eine wie auch die andere Branche gelten. Ausnahmen davon sind selten und vielleicht für den Arbeitsmarkt zu machen: Hier kann es sein, daß Unternehmen, die auf Fachkräfte angewiesen sind, im Grenzland vor größeren Schwierigkeiten stehen als jene Firmen, die hauptsächlich mit Hilfskräften arbeiten, die der dortige Arbeitsmarkt in größerem Maße zur Verfügung stellen kann.

Da nur eine beschränkte Anzahl von Interviews durchgeführt werden konnte, erfolgte die Branchenauswahl vornehmlich unter dem Gesichtspunkt, den Einfluß möglichst vieler Nachfrageeinflüsse auf einzelbetrieblicher Basis kennenzulernen. Es sollte sowohl die Investitionsgüter- wie auch die Verbrauchsgüternachfrage erfaßt, jedoch auch die regionale Auswirkung der Nachfrage nach Bauleistungen berücksichtigt werden.

Unter Berücksichtigung der vorgenannten Zielvorstellungen schienen Interviews bei Unternehmen

— der Industrie Steine und Erden

— des Maschinenbaus

— der Textilindustrie

besonders aussichtsreich.

Um möglichst vergleichbare Nachfragestrukturen zu haben, wurde versucht, innerhalb der genannten Branchen, die sich jeweils in zahlreiche Fachbereiche gliedern, die Befragung nach Möglichkeit auf Firmen zu beschränken, die dem gleichen Fachbereich angehören.

Im Bereich der Industrie der Steine und Erden, wo z. T. erhebliche Substitionsvorgänge zwischen den verschiedenen Baumaterialien den Konjunkturverlauf in den einzelnen Fachbereichen überlagern und auch die Struktur des Baumaterialeinsatzes vorkommensbedingt regional unterschiedlich ist, wurde als gebietsneutraler Baustoff der Transportbeton gewählt. Dieser Erzeugnisbereich wies zwar seit Mitte der sechziger Jahre strukturbedingt eine starke Expansion auf, doch bestand immerhin die Möglichkeit, nach Ausschaltung dieses positiven Trends konjunkturelle Vorgänge erkennbar werden zu lassen.

Innerhalb des Maschinenbaus wurden Firmen gewählt, die ihren Produktionsschwerpunkt in den Bereichen Antriebstechnik sowie Luft- und Klimatechnik haben. Hierbei wurde versucht, sowohl Unternehmen, die maschinelle Vorprodukte herstellen, also als Zulieferer an nachgelagerte Investitionsgüterhersteller fungieren, wie auch solche Firmen zu erfassen, die Investitionsgüter als maschinelle Endprodukte auf den Markt bringen.

Aus dem Bereich der mehrstufigen Textilindustrie wurden der Sektor Heimtextilien sowie die Sparte Wirkerei und Strickerei gewählt. Beide Bereiche sind insofern nicht typisch für Textilindustrie, als sie im Gegensatz zu den Spinnereien und Webereien bereits für den Markt bestimmte Endprodukte herstellen. Für ihre Auswahl war einmal maßgebend, daß Firmen dieser Fachbereiche in dem schwachbesetzten oberpfälzischen Gebiet C zahlenmäßig stärker als andere Textilunternehmen vertreten sind, zum anderen deckte sich ihre Wahl mit der Absicht, den aus der Privatnachfrage gesuchten konjunkturellen Einfluß zu prüfen. Bei Heimtextilien handelt es sich um langlebige, der Wohnungsausstattung dienende Gebrauchsgüter, deren Entwicklung dank der guten Wohnungsbaukonjunktur bisher überdurchschnittlich verlief, und die auch im Gegensatz zu anderen Textilerzeugnissen unter geringeren Konkurrenzdruck standen. Die Maschenindustrie nimmt eine Zwischenstellung zwischen der Textil- und der Bekleidungsindustrie ein. Die Nachfrage nach den Produkten dieses Fachbereichs weist die gleichen Merkmale wie die Nachfrage nach Bekleidungsartikeln auf. Da außerdem viele Wirkereien und Strickereien bereits die Herstellung von Bekleidungsartikeln zusätzlich in ihr Fertigungsprogramm aufgenommen haben, ermöglichten Interviews bei Firmen der Maschenindustrie auch eine Beurteilung von — auch für die Bekleidungsindustrie zutreffen — Konjunkturmerkmalen, so daß auf eine eigene Befragung von Firmen der konjunkturreagiblen Bekleidungsindustrie verzichtet werden konnte.

2. Durchführung der Interviews

a) Zahl der Interviews

Es wurden 28 Firmeninterviews[1] durchgeführt. Branchenmäßig gliedern sie sich wie folgt auf:

— Industrie der Steine und Erden	9
— Maschinenbau	9
— Textilindustrie	10

Auf die ausgewählten Gebiete verteilen sich die durchgeführten Interviews folgendermaßen:

Gebiete A und B:
Vier Interviews bei Maschinenbaufirmen

Gebiet C:
Fünf Interviews bei Transportbetonunternehmen
Fünf Interviews bei Textilbetrieben

Gebiet E:
Vier Interviews bei Transportbetonunternehmen
Fünf Interviews bei Maschinenbaufirmen
Fünf Interviews bei Textilbetrieben.

[1] Darüber hinaus wurden eingehende Gespräche mit zwei Industrie- und Handelskammern geführt.

Die Firmen wurden anhand einer vom Auftraggeber zur Verfügung gestellten Adressenliste ausgewählt, an deren Zustandekommen auch die jeweils zuständigen Fachverbände mitgewirkt haben. Die ausgewählten Firmen sind verschiedenen Betriebsgrößenklassen zuzurechnen. Branchenbedingt handelt es sich bei den Transportbetonherstellern um relativ kleine Firmen. Dagegen variiert die Betriebsgröße bei den Maschinenbaubetrieben erheblich; schwerpunktmäßig dominieren in der Befragung Betriebe, in denen einer oder mehrere Unternehmer als aktive Mitarbeiter Verantwortung und Risiko tragen: man kann diese Firmen noch dem Mittelstand zurechnen, aber es waren auch einzelne große Firmen beteiligt.

Ähnlich verhielt es sich bei den Textilbetrieben, wenngleich diese — ebenfalls branchentypisch — im Durchschnitt kleiner waren. Schließlich ist noch darauf hinzuweisen, daß sich die ausgewählten Firmen betriebsgrößenmäßig nicht gleichmäßig auf die ausgewählten Regionen verteilen. Im oberpfälzischen Zonenrandgebiet (Gebiet C) sind kleinere Betriebe relativ häufiger vertreten als im oberfränkischen Zonenrandgebiet (Gebiet E), das dank der stark industrialisierten Räume um Bamberg und Bayreuth alle Merkmale eines Ballungsgebietes aufweist.

b) Frageprogramm

Die Grundlage der Befragung bildete ein Erhebungsleitfaden, der zur Gesprächsorientierung diente. Bei der Erfassung betrieblicher Konjunkturindikatoren beschränkte sich die Befragung im wesentlichen auf solche Daten, die die Unternehmen bereits im Rahmen der amtlichen Industrieberichterstattung zu erstellen haben. Den Firmen sollte möglichst wenig zusätzliche Arbeit entstehen, ihr Interesse und ihre Bereitschaft, an der vorliegenden Untersuchung mitzuwirken, dadurch gleichzeitig vergrößert werden. Der Einfluß der Konjunktur auf das einzelbetriebliche Geschehen sollte am Beispiel des seit 1965 beobachteten Konjunkturzyklus anhand folgender Daten aufgezeigt werden:

— Entwicklung der monatlich geleisteten Arbeiterstunden

— Entwicklung des Auftragseingangs, getrennt nach In- und Ausland

— Lohnentwicklung

— Preisgestaltung

— Fluktuation der Arbeitskräfte

— Kurzarbeit, Überstunden.

Zu analysieren war nun, inwieweit die einzelbetriebliche Entwicklung durch

— im Produktionsprogramm

— in der Absatzstruktur

begründete Einflüsse bestimmt wird. Je nach dem Verwendungszweck (Investitions- oder Konsumgüter, Vorerzeugnisse) unterliegen die Produkte unterschiedlichen Nachfrageeinflüssen. Bezüglich des Absatzes spielt u. a. die gebiets- und branchenmäßige Gliederung der Nachfrage eine wesentliche Rolle. Es handelt sich hier um Konjunkturfakten, die durch die bestehende Struktur und den Markt jeweils weitgehend als Daten vorgegeben sind, Einflüsse, die von außen auf das Unternehmen zukommen. Außerdem sollte erörtert werden, welchen Spielraum Firmen für eigene Aktivitäten im Hinblick auf das jeweilige Konjunkturgeschehen haben und wie sie ihn nutzen, welche produktions- und absatzpolitische oder andere betriebspolitische Aktionen zum Ausgleich konjunkturbedingter Beschäftigungsschwankungen durchgeführt werden.

3. Ergebnisse der Interviews

a) Kriterien der Darstellung

Die Absicht, die wirtschaftliche Entwicklung der befragten Firmen anhand einschlägiger Monatsdaten ab 1965 zu verfolgen, war nur in wenigen Fällen zu realisieren. Meist sahen sich die Firmen angesichts des anfallenden Arbeitsaufwandes nicht in der Lage, die gewünschten Datenreihen zu erstellen. Einmal auf Grund dieses Umstandes, zum anderen aber auf Grund der wesentlich stärker ins Gewicht fallenden Tatsache, daß die interviewten Firmen jeweils nur für den einen oder anderen Fachbereich ihrer Branche repräsentativ sind, konnte aus den Befragungsergebnissen keine unmittelbare Beziehung zu den in den Abschnitten III. und IV. durchgeführten Sektorenanalysen hergestellt werden. So kann nur eine isolierte Darstellung der Befragungsergebnisse infrage, die hier in Form einer integrierten Ergebnisanalyse vorgenommen wird. Hierbei wird zusätzlich versucht, die Aussagen der Firmen zu bestimmten Fragekomplexen, soweit dies sinnvoll und möglich ist, mit aus sekundär-statistischen Unterlagen gewonnenen Informationen zu kombinieren.

Die Möglichkeit, die Ergebnisse der Firmeninterviews in Form von Fallstudien darzustellen, wurde nicht gewählt, da erstens die Gefahr der Identifizierbarkeit einzelner Firmen groß gewesen wäre und zweitens — bedingt durch gleichartige Aussagen — sich viele Wiederholungen ergeben hätten. Auch das ursprüngliche Vorhaben, die Ergebnisse getrennt nach den Gebieten, in denen die Firmen jeweils ihren Standort haben, darzustellen, wurde fallengelassen, da auf einzelbetrieblicher Basis keine ins Gewicht fallenden regionalspezifischen Entwicklungsunterschiede festgestellt werden konnten.

b) *Strukturelle Nachteile der Randlage*

α) Allgemeine Probleme der Randlage

Wie einerseits aus der statistischen Analyse, andererseits aus den Firmengesprächen abgeleitet werden konnte, liegt der Raum, der für die wirtschaftliche Entwicklung der untersuchten Regionen maßgebend ist, nicht innerhalb der Grenzen der betreffenden Gebiete, sondern innerhalb der Grenzen, die durch die interregionalen Wirtschaftsverflechtungen bestimmt sind. Was für die einzelnen Gebiete jeweils als Ganzes gilt, trifft auch für die einzelnen Industriezweige zu; lediglich die bauorientierten Betriebe sehen ihre Entwicklung durch die Nachfrage des sie umgebenden Gebietes bestimmt. Die Möglichkeiten der Firmen, auf von außen kommende Einflüsse zu reagieren, werden durch die intraregionalen Bedingungen beschränkt. Diese beziehen sich auf

— rein wirtschaftliche Standortfaktoren

— wirtschaftspolitische und außenwirtschaftliche Raumfaktoren.

Die Firmeninterviews ließen deutlich erkennen, daß unter der Vielzahl der raumprägenden Faktoren die wirtschaftlichen Determinanten dominieren. Diese beziehen sich auf die Verfügbarkeit von Arbeitskräften, den Stand und die Entwicklung der Transport- und Kommunikationsmittel sowie auf die allgemeinen Vorteile, die gemeinhin durch Agglomeration gegeben zu sein scheinen. Was letzteres betrifft, so vertreten die Firmen vielfach die Ansicht, daß die Standortbedingungen in Ballungsgebieten trotz verschiedener Nachteile insgesamt gesehen nach wie vor günstiger als in anderen Regionen sind. Die Gründe für die im allgemeinen ungünstigen wirtschaftlichen Standortfaktoren sind wiederum in erster Linie in außenwirtschaftlichen Gegebenheiten zu suchen. Es sind von Einfluß die von der räumlichen Verteilung der langlebigen Produktionsmittel geprägten „historischen Standortbedingungen“, ferner Faktoren wie Klimaverhältnisse, geographische und politische Raumgrenzen oder kulturelle bzw. gesellschaftspolitische Gegebenheiten. Die außerökonomischen Standortfaktoren werden zwar häufig als von sekundärem Einfluß angesehen, doch wenn man die wechselseitige Wirkung im Auge hat, die von ihnen auf die wirtschaftlichen Faktoren und umgekehrt ausgeht, kommt ihnen ebenfalls essentielle Bedeutung zu.

Die Firmen weisen ausnahmslos auf die ungünstigen Standortverhältnisse hin, betrachten sie unter konjunkturellen Aspekten jedoch im allgemeinen nicht als relevant. Gänzlich unerheblich sei es in konjunktureller Sicht, wo sich ihr Standort innerhalb des Randgebietes befände, im oberfränkischen Zonenrandgebiet oder im niederbayerischen Fördergebiet. Exportorientierte Firmen schätzen fast alle Orte innerhalb des Bundesgebietes unter konjunkturellen Gesichtspunkten weitgehend gleichrangig ein („Wenn ich eine Maschine nach den USA verkaufe, ist es gleich, ob ich hier oder in Stuttgart sitze"). Demgegenüber steht allerdings auch eine Gruppe von Betrieben, die auf die räumliche Nähe zum Verbrauch und Handel angewiesen sind und die sich auf Grund der längeren Transportwege gegenüber Firmen in Ballungsgebieten konjunkturell benachteiligt fühlen. Andererseits finden sich im Grenzgebiet auch Betriebe, die sich auf Grund bestimmter Nachfrageverhältnisse einer gleichmäßigeren Konjunkturentwicklung als im Binnenland gegenübersehen. Wenn also insgesamt eine Kausalbeziehung zwischen Firmenstandort und Konjunkturentwicklung unmittelbar nicht gegeben scheint, die Firmen im Zonenrandgebiet sich auch konjunkturell nicht benachteiligt fühlen, so bedeutet dies jedoch nicht, daß die Unternehmen auf Grund ihrer Randlage keine Belastungen zu tragen hätten und dadurch langfristig ihre Wettbewerbsfähigkeit gefährdet sehen; doch handelt es sich hier grundsätzlich um strukturelle Benachteiligungen.

β) Verfügbarkeit von Arbeitskräften

Bei den untersuchten Firmen, soweit es sich nicht um Betriebe mit überwiegender Frauenbeschäftigung handelte, hatte überall das Problem Arbeitskräfte vorrangige Bedeutung; vor allem das Fehlen qualifizierter Kräfte wurde beklagt. Die Fachschulen können den Bedarf nicht decken. Verschiedene Betriebe sind deshalb dazu übergegangen, durch eine zielorientierte Lehrlingsausbildung sich einen eigenen Facharbeiterstamm heranzubilden.

Durch den überdurchschnittlich hohen Anteil von Volksschülern unter den Schulentlassenen erhalten sie auch in der Regel eine genügende Anzahl von Lehrlingen[2]. Doch das Problem besteht darin, daß ein Teil davon abwandert und kein entsprechender Zugang stattfindet. Ein Beispiel: Ein Metallbetrieb unterhält die einzige Lehrlingsausbildung seiner ganzen Region. Jährlich wandert von 40 Lehrlingen oft die Hälfte ab, um vorwiegend bei Bundesbahn, Post oder Bundeswehr Beschäftigung zu finden; eine gegenläufige Bewegung etwa der Art, daß ausgebildete oder noch in der Ausbildung befindliche Arbeitskräfte aus anderen Ausbildungsstätten zuwandern, ist nicht zu beobachten. Ein anderer, im nordöstlichen Oberfranken gelegener Maschinenbaubetrieb läßt seinen Lehrlingen auch während ihrer Bundeswehrzeit eine Vergütung zukommen, um die jungen Leute damit an das Unternehmen zu binden. Diese Maßnahme habe sich bewährt,

---

[2] Ein Textilbetrieb im nordöstlichen Zonenrandgebiet Oberfrankens betont demgegenüber allerdings, daß sich ihm seit Jahren keine technischen Lehrlinge mehr anboten.

denn die „meisten (Lehrlinge) kommen wieder zurück". Dennoch ist zu befürchten, daß „Lehrlingsbetriebe" in den Randgebieten Ausbildungsarbeit leisten, aus der sie nur teilweise Nutzen ziehen bzw. Belastungen tragen, aus denen ihnen kein entsprechendes Äquivalent entsteht. Darüber hinaus ist der Arbeitsmarkt gerade in den strukturschwachen Regionen wenig differenziert; es mangelt, wie schon erwähnt, an Fachkräften, die im Rahmen einer arbeitsteiligen Wirtschaft und zunehmender Spezialisierung benötigt werden. Wiederum kann hierfür ein Maschinenbaubetrieb als Beispiel dienen: Die in den Nachkriegsjahren gegründete Firma mußte mit einer kleinen Gruppe von der Muttergesellschaft „entlehnten" Facharbeitern beginnen. Diese hatten in erster Linie die Aufgabe, die aus der Region angeworbenen, ehemals in Steinbrüchen oder in der Landwirtschaft tätigen Arbeitskräfte anzulernen. Die fehlende Qualifikation dieser Personen war gleichzeitig von bestimmendem Einfluß auf das Produktionsprogramm. Es beschränkt sich auf in einfacher Technik und in großen Serien hergestellte Erzeugnisse, da die vorhandenen Arbeitskräfte bei Arbeiten nach Zeichnung oder Skizze überfordert wären.

Der Engpaß Arbeitsmarkt schränkt den Handlungsspielraum ein und erschwert die kurzfristige Anpassung an Nachfrageveränderungen. Das kurzfristige Ausnutzen von konjunkturellen Marktchancen — einige der Firmen betonten, solche nach Möglichkeit zu nutzen — ist dadurch häufig unterbunden. Änderungen in der Produktionsplanung erfolgen in erster Linie unter dem Aspekt des Arbeitskräftemangels; vor allem das Fehlen von Fachkräften zwingt die Firmen, im Rahmen ihrer Anpassung an konjunkturelle Änderungen der Personalplanung Priorität einzuräumen.

Im Bereich des Maschinenbaus befanden sich die befragten Firmen überwiegend an Standorten, wo der örtliche Arbeitsmarkt kaum noch über Reserven verfügte. In bezug auf Fachkräfte müssen die Unternehmen dort meist übertarifliche Löhne bezahlen, um Abwanderungen zu vermeiden. Die Arbeitskräfteknappheit hat im Konjunkturaufschwung die Expansion verschiedener Betriebe behindert; vielfach konnte die Produktion kurzfristig nur durch Überstundenarbeit gesteigert werden. Die Anpassung mittels Beschäftigung von Gastarbeitern ist meist wegen mangelnder Qualifikation nicht möglich. Der Anteil der Gastarbeiter an der Belegschaft der befragten Firmen war mit einer Ausnahme jeweils sehr niedrig. Nun ist nicht davon auszugehen, daß in Maschinenbaufirmen ausschließlich Fachkräfte tätig sind, die Belegschaftsstrukturen der einzelnen Betriebe weisen auch hohe Anteile von angelernten und Hilfskräften aus, deren Tätigkeiten auch Gastarbeiter erfüllen könnten. Doch hier spielt mit eine Rolle, daß in den betreffenden Gebieten auf Grund der soziologischen Struktur der

Bevölkerung Vorurteile gegenüber Gastarbeitern bestehen. Der meist aus einem großen Familienverband kommende ausländische Arbeiter ist in abgelegenen Orten isoliert und fühlt sich dort diskriminiert; er zieht den Aufenthalt in Großstädten bzw. Ballungsgebieten wegen der besseren Kontaktmöglichkeiten zu Landsleuten vor.

Im Abschwung bemühen sich die Firmen, nach Möglichkeit mittels Kurzarbeit „über die Runden" zu kommen, denn „wenn wir Leute entlassen, sind sie uns endgültig weg". Doch auch hier muß je nach Standort differenziert werden. Einige Firmen gaben an, daß an ihrer Region noch andere metallbearbeitende Betriebe um Arbeitskräfte konkurrieren und deswegen Kurzarbeit „höchstens 3 bis 4 Monate" durchzuhalten sei, da die Arbeiter sonst an andere Arbeitsplätze abwandern. Man scheut sich daher, überhaupt Kurzarbeit einzuführen. Anders verhält es sich dagegen bei einem Unternehmen, das reiner Zulieferbetrieb ist und auf Grund seines spezifischen Produktionsprogramms bei Konjunkturschwankungen überhaupt keinen unternehmerischen Dispositionsspielraum hat. Diese Firma, größter Arbeitgeber der Region mit Tagespendlern bis aus 50 km Entfernung, hat früher bei niedriger Auftragslage Entlassungen vorgenommen, bemüht sich aus „sozialer Verantwortung" jedoch jetzt, über auftragsschwache Zeiten möglichst mit Kurzarbeit hinwegzukommen. Es handelt sich bei betreffendem Unternehmen um einen reinen Männerbetrieb (Anteil der männlichen Beschäftigten an der Gesamtbelegschaft 90 %), und es soll durch die Kurzarbeit sichergestelltwerden, daß „wenigstens der Hauptverdiener Beschäftigung hat". Frauen hingegen sei zwischenzeitliche Nichtbeschäftigung oft „willkommen". Andererseits waren unter den befragten Firmen, insbesondere aus dem textilen Bereich, auch solche, denen die beschäftigungsmäßige Anpassung an konjunkturelle Nachfrageveränderungen keine besonderen Probleme schafft. Diese Betriebe waren durch einen hohen Frauenanteil gekennzeichnet und befinden sich an Standorten, an denen mangels geeigneter andersweitiger Arbeitsmöglichkeiten sich kein Wettbewerb um Arbeitskräfte abspielt. Bei fehlenden Aufträgen werden hier traditionsgemäß Näherinnen so lange ausgestellt, bis wieder günstigere Nachfrageverhältnisse entstehen; bis zu einem Viertel der Lohnkosten sparen manche Betriebe auf diese Weise zeitweise ein. Auf Grund der vergleichsweise geringen Beschäftigungsmöglichkeiten ist im Grenzland auch die Fluktuation gering.

Die Besorgnisse der Firmen betreffen nicht nur Gegenwartsprobleme, sondern beziehen sich auch auf die Entwicklungsaussichten. Es sind dies wiederum in erster Linie die nahe der Zonenrandgrenze gelegenen Betriebe (den Raum Bamberg — Bayreuth ausgenommen), die zwar vielfach noch über einen„treuen Arbeiterstamm" verfügen, jedoch ständig die zu den Ballungsgebieten hin tendierende Wanderung der Beschäftigten beobachten können. Hier findet der Wunsch nach einer Verbesserung der allgemeinen Lebensverhältnisse im Grenzgebiet seinen Ansatz. Es geht darum, die „Attraktivität" des Gebietes zu heben dadurch, daß Grundleistungen wie die Errichtung weiterführender Schulen, die Schaffung kultureller Einrichtungen und Sportstätten in der Rangskala regionalpolitischer Ziele vorrangige Bedeutung genießen. Der Mangel an solchen Einrichtungen, verbunden mit einem vergleichsweise niedrigen Freizeitwert, erschwert es Grenzlandbetrieben, Führungspositionen mit hochqualifizierten Kräften zu besetzen. In bezug auf den Wunsch nach weiterführenden Schulen ist allerdings anzumerken, daß diese, solange keine geeigneten Beschäftigungsmöglichkeiten vorhanden sind — ein Handels- und Dienstleistungszentrum z. B. fehlen — eher abwanderungsbegünstigend wirken. Die im Rahmen einer zielorientierten regionalen Strukturpolitik eingesetzten Maßnahmen bedürfen daher einer sorgfältigen Abstimmung.

γ) Fehlende Agglomerationsvorteile

Über die Arbeitsmarktprobleme hinaus, die nicht ausschließlich grenzlandspezifisch sind, weisen die Firmen auf grundsätzliche wirtschaftliche Nachteile in strukturschwachen Räumen gegenüber Ballungsgebieten hin. Dem Wachstum der Betriebsgröße sind in der Regel in schwachbesiedelten Räumen engere Grenzen als in Verdichtungszonen gesetzt. Kosteneinsparungen bei wachsender Betriebsgröße (die durch Unteilbarkeiten bei produzierten Gütern, Produktionsfaktoren oder Fertigungstechniken bedingt sein mögen) sind gegenüber kleineren Betrieben und Produktionen damit nicht realisierbar. Auch die räumliche Konzentration von Firmen der gleichen Branche läßt Kostenvorteile entstehen wie überhaupt die räumliche Nähe zu anderen Betrieben, zu Institutionen der öffentlichen Verwaltung oder das rasche Erreichen anderer Einrichtungen Einsparungen ermöglicht. Ein weiterer Aspekt der Agglomerationsvorteile bezieht sich auf den schon erwähnten Arbeitsmarkt und die Qualifikationseinrichtungen. Schließlich bieten agglomerierte Räume im allgemeinen günstige Voraussetzungen für technologische Entwicklungen insofern, als Erfindungen und Entwicklungen, die bei dem heutigen produktionstechnischen Niveau systematisch betrieben werden müssen, hauptsächlich von großen konzentrierten Firmen finanziert werden. An diesem Sachverhalt sowie an der Tatsache, daß Ballungsgebiete einen überdurchschnittlichen Besatz an Großbetrieben aufweisen, knüpft auch die These von der konzentrations- und agglomerationsfördernden Wirkung des technischen Fortschritts an. Da Forschungs- und Entwicklungsergebnisse vielfach an Ort und Stelle in Produktion umgesetzt werden, resultieren daraus auch Wachstumsimpulse, vorausgesetzt, daß die dazu benötigte Zahl an Arbeitskräften verfügbar ist. Da in den Randgebieten jedoch Industrien mit modernen Technologien weitgehend fehlen, verringern sich auch die durch diesen Umstand begründeten Wachstumschancen.

δ) Probleme der Infrastruktur

Es bestehen hier deutliche Unterschiede zwischen Ballungs- und nicht agglomerierten Gebieten. Während in ersteren diesbezügliche Einrichtungen in einer den wirtschaftlichen Belangen Rechnung tragender Weise vorhanden sind, stehen sie den Betrieben in strukturschwachen Gebieten nicht in gleicher Weise und zu den gleichen Bedingungen wie in Ballungsräumen zur Verfügung. Aus der noch nicht zufriedenstellenden Infrastruktur ergeben sich in Verbindung mit einem zu geringen Angebot an öffentlichen Verkehrsleistungen, sowohl was den Personen- als auch den Güterverkehr betrifft, negative Rückwirkungen auf die Transportbedingungen. Der Fragenkomplex Infrastruktur hat vor allem die im nordöstlichen Teil Oberfrankens sowie im oberpfälzischen Teil des Zonenrandgebietes gelegenen Firmen zu teils kritischen Äußerungen veranlaßt. Es wird beklagt, daß die Bahnverbindungen zu den Geschäfts- und Verwaltungszentren den Geschäftsreiseverkehr beeinträchtigen, daß der nur auf die Hauptzeiten des Berufsverkehrs zugeschnittene Personennahverkehr für die im Schichtbetrieb beschäftigten Arbeitnehmer die Notwendigkeit mit sich bringt, durch Haltung und Nutzung eines eigenen Autos die durch mangelnde Bereitstellung öffentlicher Verkehrsmittel entstehenden Zeitverluste auszugleichen. Eine Firma wies besonders darauf hin, daß die im Zuge der Rationalisierung von der Bundesbahn geplante Reduzierung der Expreßgutabfertigungsstellen Grenzlandbetriebe besonders hart treffe; ohne einen entsprechenden Ersatzservice — etwa mit dem „Haus-Haus-Verkehr" bei der Stückgutzustellung vergleichbar — kommen hier auf einzelne Betriebe zum Teil nicht unerhebliche Belastungen für den firmeneigenen Fuhrpark zu (z. B. wenn Expreßgut in weit — bei genannter Firma 40 bis 50 km — entfernten Bahnhöfen ausgeliefert wird). Von einem oberpfälzischen Betrieb wurde der verlorengegangene Bahnanschluß infolge Auflassung des Bahnhofs beklagt; da auch die Schließung des nun am nächsten gelegenen Bahnhofs geplant ist, sei das ca. 20 km entfernte Schwandorf die nächste Bahnstation. Für ein nahe an der Grenze liegendes Betonwerk sind „die Straßen zum Transport der umfangreichen Betonteile mit schweren Lastkraftwagen zu eng und zu kurvenreich"; es bedeute dies einen Wettbewerbsnachteil gegenüber weiter im Landesinnern gelegenen Betrieben.

Bezüglich des Nachrichtenverkehrs erfolgt der Hinweis auf die hohen Telefonkosten. Auf Grund des weit außerhalb von Ballungsräumen gelegenen Standorts handle es sich bei Telefongesprächen mit Geschäftspartnern oder Dienststellen „fast immer um Ferngespräche".

Mit ihrer Kritik an den insbesondere im oberpälzischen Gebiet bestehenden Verkehrseinrichtungen, wobei die bereits erzielte Zustandsverbesserung in bezug auf das Straßennetz durchaus gewürdigt wurde, verbanden die Firmen den Wunsch der Anbindung ihres Gebietes an bereits bestehende oder geplante Verkehrswege, zumal es oft nur noch des Baues relativ kurzer Teilstrecken bedürfe. Es besteht z. B. Interesse an einer guten Straßenverbindung aus dem Raume Cham nach Regensburg, dies auch im Hinblick auf den Rhein-Main-Donau-Kanal. Ein rascher verkehrsmäßiger Zugang zur geplanten Autobahn Passau-Nürnberg mit Anschlußstelle Steinach ist ein anderes Verlangen. Für einen sich im Gebiet B befindlichen Maschinenbaubetrieb sind Verkehrsanschlüsse über Bahn, Straße und Wasser von größter Bedeutung. So verläßt sich diese Firma auf eine Betriebsaufnahme des Rhein-Main-Donau-Kanals im Jahre 1981. Da bei ihren zu 80 bis 90 % an den Export gebundenen Produkten ein Trend zu größeren Einheiten feststellbar ist, ergibt sich bei maximalen Transportlasten auf der Straße (120 t) der Zwang zum Schiffstransport über die Donau. Eine Gefährdung der Konkurrenzfähigkeit sei zu befürchten, sofern die Verkehrsverhältnisse nicht den Bedürfnissen der Wirtschaft angepaßt würden.

Mit einer Verbesserung der Transportverbindungen erwarten die Firmen auch eine Erleichterung der Transportkostenbelastung. Bezüglich dieser Kosten ist allerdings zu sagen, daß es fraglich erscheint, ob ihnen die in Standort- und Raumwirtschaftstheorien zugemessene Bedeutung überhaupt zukommt[3]. Mit den Fortschritten in der Transporttechnik, der Verkürzung der Transportzeit einerseits und der Tatsache, daß mit zunehmender Belieferung des Weltmarktes die nationalen Entfernungen beim Transport tendenziell eine abnehmende Bedeutung haben, verlieren auch die Transportkosten relativ an Gewicht. Die befragten Firmen äußerten sich je nach Produktionsprogramm unterschiedlich zum Problem Transportkosten. Soweit es Textilbetriebe waren, wurden Transportbelastungen meist als nicht ins Gewicht fallend bezeichnet, da es sich bei ihren Erzeugnissen um „leichte Ware" handle, die wenig transportkostenempfindlich sei. Auch bei Maschinenbaubetrieben spielen Transportkosten, gemessen am Wert der Produkte, keine entscheidende Rolle. Bei einem Betrieb, der große Entfernungen zu seinen Bezugs- und Absatzmärkten zu überwinden hat,

---

[3] Vgl. H. W. von Borries, Ökonomische Grundlagen der westdeutschen Siedlungsstruktur, Hannover 1969, S. 69.

beträgt z. B. die Eingangsfracht ca. 1,2 bis 1,5 %, die Ausgangsfracht 1 % vom jeweiligen Lieferwert. Allerdings ist zu bemerken, daß die Transportkosten insbesondere im Konjunkturabschwung zu einem durchaus ins Gewicht fallenden Faktor werden können.

ε) Probleme der Grenzlandförderung und anderer staatlicher Maßnahmen aus der Sicht der Befragten

Die Vielzahl der aus den Standortbedingungen resultierenden Einflüsse auf die Grenzlandbetriebe ist nicht quantifizierbar. Die Firmen erwähnten die vorgenannten Probleme wiederholt als Belastungen grundsätzlicher Art, die besonders in konjunkturschwachen Zeiten von großer Negativwirkung sind. Es herrschte die Meinung vor, daß diese Nachteile zusätzliche Kostenbelastungen brächten, die durch die Mittel der Grenzlandförderung nicht ausgeglichen würden. Es handle sich z. T. nicht einmal um eine echte Hilfe: Beispielsweise stünden — so eine Firma im nördlichen Oberfranken — den zum Ausgleich der eingetretenen wesentlichen Frachtmehrkosten („Kohlenpfennig") gewährten finanziellen Beihilfen auch die höchsten Frachttarife gegenüber; umgekehrt würden Grenzlandbetriebe mit ihren Steuern zur Finanzierung von Sozialtarifen beitragen. Verschiedentlich erhob sich auch der Einwand, daß der Einsatz der Zonenrandmittel zu pauschal („Gießkannenprinzip") und zu schematisch erfolgte, womit nicht der angestrebte Wirkungsgrad erreicht würde. Es gibt innerhalb der zum Zonenrandgebiet zählenden Gebiete leistungsstarke Betriebe, die keinesfalls der Fördermittel bedürften, und ihre unternehmerischen Entscheidungen auch nicht vom Erhalt oder Nichterhalt solcher Mittel abhängig machen, sondern diese „mitnehmen, wenn man sie schon bekommt". Unter diesem Aspekt wird beispielsweise die Möglichkeit der Sonderabschreibungen häufig zur „Gewinnregulierung" benutzt. Demgegenüber erwähnte allerdings auch eine Firma, die Transportbeton und Betonfertigteile herstellt, daß es ihr hauptsächlich nur mit Hilfe der Grenzlandabschreibungen möglich war, einen eigenen Park an Schwerlastfahrzeugen aufzubauen. Dieser Umstand half dem Unternehmen, mit anderen Firmen auf dem Binnenmarkt zu konkurrieren. Wenn von schematischer Vergabe der Fördermittel die Rede ist, so findet sich hier das Beispiel eines Betriebes, der sich seinen Standort innerhalb des oberfränkischen Ballungsraumes in verkehrsgünstiger Lage (Autobahn) so gewählt hat, daß er sämtliche Bedingungen für alle Förderungsmaßnahmen erfüllte. Es wird auch die Meinung vertreten, daß der Einsatz der Fördermittel regional unausgewogen ist; es sei beispielsweise „keine Mark in den Hofer Raum geflossen", jedoch verstärkt in den Bayreuther Raum, den neu ansiedelnde Betriebe wegen seiner wesentlich besseren Standortbedingungen bevorzugen.

Andererseits mußte beispielsweise ein oberpfälzischer Ort, der alle Voraussetzungen für die Aufnahme ins Zonenrandgebiet erfüllte, jedoch in einem nicht zum Zonenrandgebiet gehörenden Landkreis gelegen war, auf ansiedlungswillige Betriebe verzichten, da er die im Grenzland möglichen Sonderabschreibungen nicht erhalten konnte. Seit der Gebietsreform gehört der betreffende Ort jedoch einem dem Zonenrandgebiet zugehörigen Landkreis an. Von kommunaler Seite wird betont, daß sich der Ausschluß vom Grenzlandgebiet sehr nachteilig auf die Situation des Ortes und seines Umlandes auswirke. Die Bevölkerung würde die Entwicklung des zonennahen Gebietes allgemein als zufriedenstellend beurteilen, sofern ein günstiges Angebot an Arbeitsplätzen der verschiedenen Branchen gegeben wäre. In einigen Fällen wurde auf unmittelbar aus der Gemeindegebietsreform resultierende Nachteile hingewiesen. Betonsteinfirmen, die auch Klage darüber führten, von der Schlechtwettergeldregelung ausgenommen zu sein, betonten, daß durch die Auflösung bzw. Verlegung von Landratsämtern gleichzeitig im öffentlichen Dienst Beschäftigte abgewandert seien, was die lokale Bautätigkeit nicht unerheblich beeinträchtige.

Schließlich fand die im Rahmen der Grenzlandförderung Präferenzen genießende Neuansiedlung von Betrieben keinesfalls ungeteilte Zustimmung, solange nicht gleichzeitig für die bereits ansässigen und in den Wirtschaftsprozeß eingegliederten Unternehmen die Grundausstattung der Fördergebiete so verbessert werde, daß auch für diese Firmen Chancengleichheit erreicht werde. Solange sich die strukturelle Schwäche der zonennahen Gebiete nicht entscheidend verbessert habe, könne der Abwanderungsprozeß nicht gestoppt werden. Die Beobachtung in einer kleinen oberpfälzischen Stadt, daß ein großer Teil der Jugendlichen nach Ableistung der Bundeswehrzeit sich einen günstigeren und besseren Arbeitsplatz in größeren Städten suche und auch nach dorthin verziehe, wird unter diesen Umständen für die grenznahen Orte weiterhin Gültigkeit haben; die zunehmende Entleerung dieser Regionen wird zum feststehenden Faktum, wenn die jungen Leute ihren endgültigen Arbeitsplatz nur außerhalb ihrer Region finden können und dann auch dort eine Familie gründen.

c) Kriterien für die Konjunkturabhängigkeit der Unternehmen

α) Allgemeine Einflußfaktoren

Unternehmensgröße

Bei den befragten Unternehmen handelte es sich um Firmen verschiedener Größenordnungen, insbesondere im Bereich des Maschinenbaus und der Textilindustrie. In keinem Fall konnte jedoch, ausgehend von der jeweiligen Betriebsgröße, ein unmittelbarer Bezug zu der Konjunkturempfindlichkeit des Unternehmens hergestellt werden. Indirekt allerdings kann ein diesbezüglicher Zusammenhang insofern gesehen werden, als die Unternehmen je nach Größe und Verkehrsgeltung bestimmte Strategien verfolgen. Das eine Unternehmen strebt im Rahmen einer langfristigen Planung auf der Basis eines breit diversifizierten Produktionsprogramms eine kontinuierliche Expansion an, ist dadurch weniger konjunkturempfindlich, während eine andere Firma ihre Marktchancen in einer stärkeren Spezialisierung der Produktion sucht und damit das Risiko größerer Nachfrageschwankungen trägt. Andererseits gibt es auch Fälle, wo Unternehmen und Markt in einer festen Beziehung zueinander stehen. Dies trifft in erster Linie für den Bausektor zu, wo das regionale Bauvolumen im Falle der untersuchten Betonwerke sowohl für die Betriebsgröße wie auch für die Konjunkturempfindlichkeit dieser Firmen bestimmend war.

Grad der Selbständigkeit

Bei den an der Befragung beteiligten Unternehmen handelte es sich überwiegend um selbständige Firmen. Lediglich unter den Maschinenbaubetrieben befanden sich zwei Konzernen angehörende Firmen, die jedoch rechtlich selbständig waren. Einfluß auf diese Unternehmen wurde seitens der Muttergesellschaft nur über die Investitionsplanung genommen; es bestand jeweils ein Ergebnisausschließungsvertrag. Im Rahmen der Interviews konnte also mit Ausnahme eines mit einer Textilfirma geführten Gespräches nicht unmittelbar der bei der Diskussion regionaler Konjunkturunterschiede auftauchenden Frage nachgegangen werden, ob in den Randgebieten liegende und zu Unternehmen in Ballungsgebieten gehörende Zweigwerke mögliche Ursache für eine in den einzelnen Gebieten unterschiedliche sektorale Entwicklung sind. Das auch unter dem Begriff „verlängerte Werkbank" bekannte Problem bedeutet, allgemeiner ausgedrückt, daß es für vornehmlich in Ballungsgebieten ansässige Unternehmen vorteilhaft sein könnte, konjunkturelle Beschäftigungsschwankungen mittels bereits bestehender oder neu zu gründender Zweigwerke zu regulieren. Das ist so zu verstehen, daß die Unternehmensleitung im Stammwerk um eine möglichst kontinuierliche Beschäftigung bemüht ist, zusätzlich benötigte Kapazitäten aber in meist noch über Arbeitskräftereserven verfügenden Regionen errichtet und bei Nichtbedarf wieder abbaut, Zweigwerken also eine Art Pufferfunktion zuordnet. Eine diesen Themenkreis behandelnde Untersuchung[4] kommt anhand eines Vergleichs der Veränderungen der Zahl der Industriebeschäftigten in der Elektrotechnik und der Bekleidungsindustrie der Oberpfalz mit derjenigen Bayerns und des Bundesgebiets u. a. zu dem — zumindest für die Rezessionsphase geltenden

[4] Vgl. K. Gerlach und P. Liepmann, Konjunkturelle Aspekte ...

— Ergebnis, daß in der Oberpfalz die Konjunkturschwankungen deshalb relativ stark seien, weil
— die Industrialisierung die Gründung und Ausdehnung unselbständiger Zweigbetriebe bevorzugt hätte,
— konjunkturell bedingte Beschäftigungsanpassungen auch mit Hilfe von Stillegungen und Gründungen von Zweigbetrieben bzw. mit Hilfe von Entlassungen und Neueinstellungen der dort beschäftigten Personen erfolgt seien[5].

Es ist mangels einer entsprechenden statistischen Materialbasis[6] nicht möglich, quantitative Angaben darüber zu machen, inwieweit auf einzelne Regionen konzentrierte Betriebsneugründungen und -stillegungen einerseits sowie jeweilige Belegschaftsveränderungen in bereits bestehenden Unternehmen andererseits Konjunkturschwankungen nach der einen oder anderen Richtung verstärkt haben. Eine Sonderaufbereitung über die Entwicklung der Zahl der Betriebe in den wichtigsten Branchen der einzelnen Gebiete kann lediglich zeigen, an welche Größenordnungen zu denken ist, wenn die Gründung bzw. Stillegung von Betrieben zur Erklärung verstärkter Konjunkturausschläge herangezogen wird.

In Tabelle 8 ist die Zahl der örtlichen Betriebseinheiten von 1965 bis 1971 aufgeführt. Es sind die im Rahmen der amtlichen Industrieberichterstattung jeweils erfaßten Betriebe mit 10 und mehr Beschäftigten. Veränderungen in den angegebenen Betriebszahlen können allein dadurch entstehen, daß relativ kleine Firmen beispielsweise in einem Jahr unter die Zehn-Beschäftigten-Grenze absinken, andere Betriebe dagegen diese Grenze überschreiten. Es hat also weder eine Neugründung noch eine Stillegung stattgefunden. Ebenso nicht, wenn ein bisheriger Handwerksbetrieb in den Industriesektor hinüberwechselt oder eine Schwerpunktverlagerung im Produktionsprogramm eines Unternehmens vorgenommen wird, beispielsweise ein Unternehmen aus dem Bereich der Textilindustrie sich der Fertigung von Bekleidung zuwendet. Andererseits werden Neugründungen und Stillegungen verdeckt, wenn sich in einem Jahr die Zahl der neu hinzukommenden und ausscheidenden Betriebe gegenseitig aufhebt. Schließlich ist zu bemerken, daß die Zahl der Betriebe in Tabelle 8 keinen Unterschied zwischen selbständigen und nichtselbständigen Betrieben macht.

Die ab 1965 dargestellte Entwicklung der Zahl der Betriebe zeigt insgesamt keine starken jährlichen Veränderungen. Soweit welche auftreten, liegen sie jedoch keineswegs in einheitlicher Richtung; ist in der ei-

[5] Vgl. K. Gerlach und P. Liepmann, Konjunkturelle Aspekte ..., S. 18.
[6] Die Statistik des Instituts für Raumforschung weist nicht die hierzu erforderliche Detaillierung auf.

Tabelle 8

Zahl der Industriebetriebe mit 10 und mehr Beschäftigten in ausgewählten Branchen und Gebieten

Jahr	Gebiete					
	K	A	B	C	M	E
	Betonsteinindustrie					
1965	7	9	8	7	7	21
1966	3	9	10	7	7	20
1967	4	9	10	7	7	19
1968	4	9	10	7	8	23
1969	5	9	8	8	8	22
1970	4	10	10	7	7	21
1971	6	10	10	7	9	23
	Maschinenbau					
1965	11	11	6	7	5	56
1966	11	11	7	7	5	59
1967	11	12	6	10	6	59
1968	11	11	6	9	5	58
1969	13	12	6	7	5	58
1970	13	10	8	8	3	59
1971	14	10	9	8	3	61
	Elektrotechnische Industrie					
1965	9	17	14	6	5	48
1966	9	20	17	7	7	48
1967	8	19	17	8	7	51
1968	8	19	14	6	6	50
1969	8	21	19	5	6	55
1970	10	21	23	5	7	59
1971	10	24	26	6	7	62

Tabelle 8 (Fortsetzung)

Jahr	Gebiete					
	K	A	B	C	M	E
	Eisen-, Blech- und Metallwarenindustrie					
1965	11	8	10	4	8	29
1966	10	8	9	6	8	30
1967	11	7	6	7	9	33
1968	9	9	8	6	8	32
1969	9	10	10	7	8	37
1970	9	10	10	6	8	35
1971	8	10	12	6	7	38
	Feinkeramische Industrie					
1965	2	1	—	1	20	79
1966	2	1	—	1	20	77
1967	2	1	—	1	20	79
1968	1	1	—	1	19	78
1969	1	1	—	2	19	79
1970	1	1	—	2	19	77
1971	1	1	—	1	19	75
	Textilindustrie					
1965	10	29	12	12	9	284
1966	9	30	12	13	10	286
1967	10	30	12	13	10	281
1968	6	28	14	12	9	273
1969	7	28	15	12	10	268
1970	7	27	17	13	11	261
1971	6	27	16	11	11	259
	Bekleidungsindustrie					
1965	14	51	56	35	30	203
1966	16	54	60	38	33	211
1967	18	55	58	35	30	207
1968	15	50	56	38	30	197
1969	17	57	62	44	30	199
1970	17	62	67	45	33	200
1971	21	64	63	44	36	197

Quelle: Bayerisches Statistisches Landesamt.

nen Region eine Zunahme zu verzeichnen, kann in der anderen eine Abnahme auftreten. Besonders bemerkenswert ist die feinkeramische Industrie: Die Zahl der Betriebe ist hier in allen ausgewählten Gebieten seit 1965 fast unverändert geblieben. Der erhebliche Beschäftigungsschwund in dieser Branche verteilte sich damit auf bestehende Unternehmen und ist nicht auf Betriebsstillegungen zurückzuführen. Die große Zahl von Firmen der feinkeramischen Industrie in den Gebieten M und E weist gleichzeitig auf die starke räumliche Konzentration dieser Branchen hin. Die elektrotechnische Industrie und die Bekleidungsindustrie heben sich vom allgemeinen Bild etwas ab. Bei ersterer erhöht sich die Zahl der Betriebe seit 1968 speziell im niederbayerischen Raum (Gebiete A und B) sowie im oberfränkischen Zonenrandgebiet, offensichtlich ein Ergebnis zielorientierter Strukturpolitik. In den anderen Gebieten war keine nennenswerte Änderung der Zahl der Betriebe zu verzeichnen. Ähnlich ist es bei der Bekleidungsindustrie, wo seit 1965 in schwach industriealisierten Gebieten eine Reihe zusätzlicher Betriebe entstanden ist. Umgekehrt hat sich die Zahl der Betriebe im Bekleidungssektor ebenso wie in der Textilindustrie in Oberfranken, wo der räumliche Schwerpunkt beider Branchen liegt, verringert. Die Strukturproblematik der Textil- und Bekleidungsindustrie ist in dieser Gegend besonders ausgeprägt. Die veränderten Marktbedingungen ermöglichten einer Reihe von Betrieben (z. B. Spinnereien) keine betriebs- und arbeitsplatzsichernde Ertragskraft mehr.

Soweit die in Tabelle 8 ausgewiesene Entwicklung der Zahl der Betriebe überhaupt eine Veränderung zeigt, beschränkt sie sich auf wenige Branchen. Auch in den übrigen, nicht aufgeführten Industriezweigen war keine auffallende Veränderung in der Zahl der Betriebe festzustellen. Die von neu gegründeten oder stillgelegten Betrieben ausgehende Beeinflussung der Konjunkturausschläge sollte deshalb im Vergleich zu anderen Faktoren nicht überbewertet werden. Wenn die Unternehmen ihre Belegschaft jeweils den veränderten Nachfrageverhältnissen anpassen, so ist diesem Vorgang quantitativ zweifellos größere Bedeutung beizumessen. Dafür ein der Praxis entnommenes Beispiel: Ein großes Unternehmen ergänzte während der Rezession zwei Jahre lang die im Rahmen einer normalen Fluktuation ausscheidenden Mitarbeiter nicht durch entsprechende Neueinstellungen; der Belegschaftsstand verringerte sich in einer Größenordnung, die der Belegschaft von mehreren kleinen bis mittelgroßen Firmen entspricht.

Wie erwähnt, war nicht festzustellen, inwieweit die zahlenmäßige Zunahme der Betriebe durch Gründung von selbständigen Unternehmen oder von Zweigbetrieben bedingt war, wiewohl im Falle der elektrotechnischen und der Bekleidungsindustrie das letztere wahrscheinlicher ist. Doch ist daraus nicht allgemein zu schließen, daß Unternehmen Beschäftigungsschwankungen über Zweigbetriebe regulieren, dergestalt, daß sie in der Expansionsphase zusätzlich benötigte Kapazitäten durch Errichtung von Zweigwerken schaffen und diese in konjunkturschwachen Zeiten wieder der Rationalisierung zum Opfer fallen lassen. Zweigbetriebe sind unter verschiedenen Aspekten problematisch und im allgemeinen nur mit einem eigenen Produktionsprogramm auf eine tragfähige Basis zu stellen[7]. In der Bekleidungsindustrie und der elektrotechnischen Industrie sind solche Möglichkeiten gegeben. Versteht man unter einem Zweigwerk jedoch „die verlängerte Werkbank“ des Hauptunternehmens, so können Beschäftigungsschwankungen in der Regel nicht allein auf den Nebenbetrieb abgewälzt werden. Wird beispielsweise die Montage einer Maschine in einen Zweigbetrieb verlegt, so ist damit lediglich eine Produktionsphase ausgegliedert; dieser Nebenbetrieb unterliegt dem gleichen Beschäftigungsrhythmus wie das Hauptwerk. Für den Berichtszeitraum ist auch nicht bekannt, daß beispielsweise irgendein Unternehmen des Maschinenbaus ein Zweigwerk errichtet hätte.

Die Veränderung der Zahl der Industriebetriebe läßt sich kaum in konjunkturelle Zusammenhänge einordnen. Gleichwohl besteht wenigstens partiell eine Abhängigkeit zwischen Konjunktur einerseits und Betriebsgründungen und -stillegungen andererseits. Sie tritt stärker im nichtindustriellen Bereich auf und konzentriert sich besonders auf das Textil- und Bekleidungsgewerbe. Zwar ist es mangels entsprechend aufgegliederter Ergebnisse in der Arbeitsstättenzählung vom 27. Mai 1970 nicht möglich, die Zahl solcher nichtindustriellen Arbeitsstätten und der darin Beschäftigten nach einzelnen Regionen zu ermitteln, doch kommt ihnen in den nahe der oberfränkischen Zonengrenze gelegenen Orten nicht unerhebliche Bedeutung zu. Diese nicht der industriellen Berichterstattung unterliegenden Betriebe innerhalb des Textil- und Bekleidungssektors sind sehr konjunkturempfindlich und weisen ein hohes Arbeitsplatzrisiko aus. So bestehen in den Dörfern an der Zonengrenze echte konjunkturbedingte Beschäftigungsprobleme. Bei günstiger Konjunktur schießen Lohnnähbetriebe „wie Pilze“ aus der Erde und werden häufig bei fehlenden Aufträgen wieder geschlossen. Diese Betriebe — daneben gibt es auch Hausgewerbetreibende und Heimarbeiter — benötigen kaum

---

[7] Die in der Bekleidungsindustrie bekanntgewordenen Stillegungen von Zweigwerken im oberpfälzischen Zonenrandgebiet können nicht unmittelbar als konjunkturell bedingte Beschäftigungsanpassung seitens der Muttergesellschaft verstanden werden. Es spielt hier eine Rolle, daß die Werke z. T. auf Grund einer zu optimistischen Einschätzung des dortigen Arbeitsmarktes sich im Laufe der Jahre als überdimensioniert erwiesen, da die neu geschaffenen Arbeitsplätze zu einem erheblichen Teil nicht besetzt werden konnten. Die Werke arbeiteten daher, bedingt durch hohe Fixkosten, unwirtschaftlich. Der Konjunkturabschwung war für ihre Schließung nicht ursächlich, sondern nur Anlaß.

Kapital und sind in meist angemieteten Räumen untergebracht. Sie beschäftigen praktisch ausschließlich Frauen, die unter Ausnutzung des Lohngefälles einen relativ niedrigen Stundenlohn erhalten. Die Kontrolle über diese Betriebe führen Zwischenmeister, die Aufträge stammen von einem oder mehreren Verlegern. Was nun derartige Lohnaufträge betrifft, so unterliegen diese im Zeitverlauf erheblichen Schwankungen. Das erklärt sich damit, daß die als Verleger fungierenden Textil- und Bekleidungsfirmen in erster Linie um eine kontinuierliche Beschäftigung im Stammwerk bemüht sind, um das Fachpersonal, insbesondere auch jenes aus den technischen Betriebsteilen, halten zu können. Sie setzen deshalb die Kapazität im eigenen Betrieb bewußt oft niedrig an, d. h. sie begrenzen die Belegschaft auf ein Maß, daß selbst bei schwacher Auftragslage deren Arbeitsplätze nicht unmittelbar gefährdet sind. Entstehen Nachfrageüberhänge, so vergeben sie entsprechende Aufträge an die genannten Zwischenmeisterbetriebe oder an Heimarbeiter. Konjunkturrückgänge in der Textil- und Bekleidungsindustrie führen als erstes zu einer Reduzierung der Heimarbeit, d. h. die in abgelegenen Dörfern oft kurzfristig entstandenen Arbeitsplätze sind als erste gefährdet. Wenn es wirtschaftlich ratsam erscheint, werden die dort beschäftigten Frauen und Mädchen entlassen. Arbeitsmarktkonkurrenz ist keine zu befürchten, da dort andere Industrien oder Betriebe des Dienstleistungsgewerbes nicht vorhanden sind. Auch die Wahrscheinlichkeit, daß die weiblichen Arbeitskräfte abwandern könnten, ist gering, da sich die betreffenden Frauen und Mädchen aus persönlichen Gründen meist ortsgebunden fühlen, und bei vorhandener Arbeit erneut eingestellt werden können. Das einseitig von der Textil- und Bekleidungsindustrie geprägte Beschäftigtenbild, speziell in den Zonenranddörfern, kann dort erhebliche Beschäftigungsprobleme verursachen.

Über die Entwicklung der Heimarbeit im einzelnen liegen zwar keine quantitativen, speziell für die untersuchten Regionen abgestellte Angaben vor[8], dennoch kann aus dem allgemeinen Verlauf der Heimarbeit deren besondere Konjunkturreagibilität ersehen werden. Die Entwicklung der Zahl der in Heimarbeit beschäftigten Personen (Heimarbeiter, Hausgewerbetreibende, Zwischenmeister, Gleichgestellte) in Bayern im Durchschnitt aller Wirtschaftsbereiche seit 1965 zeigt Tabelle 9. Zum Vergleich ist die Entwicklung der Industriebeschäftigten angegeben.

Die Zahl der in Heimarbeit Beschäftigten folgt ziemlich genau dem Konjunkturverlauf: In der Abschwungsphase 1965/67 war ein deutlicher Rückgang zu beobachten, der in den darauffolgenden Boomjahren jedoch wieder mehr als ausgeglichen wurde. Seit 1970 ist ein erneuter Rückgang der Heimarbeit festzustellen. Demgegenüber weist die Zahl

[8] Die vom Bayerischen Staatsministerium für Arbeit und Sozialordnung hierzu veröffentlichten Daten sind nach Arbeitsamtsbezirken aufgegliedert.

Tabelle 9

In Heimarbeit Beschäftigte und Industriebeschäftigte in Bayern

(Stichtag: jeweils Ende Juni; 1965 = 100)

Beschäftigte	1966	1967	1968	1969	1970	1971	1972	1973
Heimarbeiter	99,7	86,7	90,5	103,3	102,0	95,9	92,9	89,7
Industrie-beschäftigte	100,2	94,6	96,5	102,7	106,4	105,3	103,9	104,9

Quelle: Arbeit und Wirtschaft in Bayern, Statistische Mitteilungen des Bayerischen Staatsministeriums für Arbeit und Sozialordnung, Oktober 1973; Bayerisches Statistisches Landesamt.

sämtlicher Industriebeschäftigten in Bayern wesentlich geringere Schwankungen auf. Allerdings ist zu berücksichtigen, daß hierin die im Industriesektor im Falle von Auftragsmangel besonders in Ballungsgebieten praktizierte Kurzarbeit nicht zum Ausdruck kommt. Wie bedeutsam diese sein kann, besonders wenn man einzelne Branchen betrachtet, zeigt die jüngste Entwicklung. Mitte Oktober 1973 wurden in Bayern z. B. ca. 27 000 Kurzarbeiter registriert, rund sechsmal soviel wie zur gleichen Zeit in 1972. Der Schwerpunkt lag in der Textil- und Bekleidungsindustrie, die 75 % der Kurzarbeiter, darunter vier Fünftel Frauen, stellte.

Größenordnungsmäßig ist die Heimarbeit folgendermaßen einzustufen: Gemessen an den Verhältnissen 1973 trafen in Bayern auf 100 Industriebeschäftigte durchschnittlich 3—4 „Heimarbeitsverhältnisse"; absolut waren es im Juni 1973 rund 52,4 Tsd. (Personen mit mehreren Arbeitsverhältnissen sind hier doppelt erfaßt), von denen beispielsweise wiederum über ein Drittel allein auf den Bekleidungs- und Textilsektor entfällt. Vergegenwärtigt man sich, daß die Heimarbeit in dieser Branche in den grenznahen Gebieten Oberfrankens ihren Schwerpunkt hat, daß andererseits 93 % der Heimarbeitsverhältnisse von Frauen wahrgenommen werden, so wird deutlich, welche Beschäftigungsproblematik speziell in abgelegenen Orten bei einem Konjunkturrückgang entsteht, zumal hier keine anderen Arbeitsmöglichkeiten bestehen.

Wachstumsintensität

Unter den befragten Firmen befanden sich mehrere, die übereinstimmend äußerten, sie wären seit 1965 stets „gut beschäftigt" gewesen. Die betreffenden Firmen konnten ihren Beschäftigtenstand in der Zeit von 1965 bis 1973 hierbei teilweise bis zu 25 % erhöhen. Bei den genannten

Firmen handelte es sich um Maschinenbaubetriebe. Gemeinsam war ihnen, daß sie teils eine günstige Produktionspalette mit einem gleichmäßigen Wachstum aller Produktbereiche aufwiesen oder besonders wachstumsträchtige Branchen (z. B. Kunststoffindustrie) belieferten. Drei Firmen haben detaillierte Angaben über die Entwicklung der seit 1965 geleisteten Arbeiterstunden gemacht (vgl. Tabelle 10). In ihrer Produktionstätigkeit und ihrer Marktstellung unterscheiden sie sich stark voneinander.

Tabelle 10

Entwicklung der geleisteten Arbeiterstunden in befragten Firmen

(1965 = 100)

Firmen	1966	1967	1968	1969	1970	1971	1972	1973
Firma I	93,6	88,9	108,4	109,6	107,6	101,4	103,7	108,7
Firma II	87,8	72,7	99,2	105,0	108,3	78,2	73,2	87,1
Firma III	103,6	93,9	103,0	110,3	105,0	110,4	112,1	•
Maschinenbau in Bayern	98,0	88,7	93,1	102,5	96,7	92,0	84,0	85,8

Expansive Trends haben bei den Firmen I und III die im allgemeinen Maschinenbau beobachteten Beschäftigungsschwankungen teilweise überdeckt. Firma I stellt Maschinen zur Verarbeitung thermoplastischer Massen her. Bei den Abnehmern handelt es sich hier grundsätzlich um Endabnehmer, d. h. kunststoffverarbeitende Betriebe verschiedenster Größe. Hierbei konnte die wachsende Nachfrage wegen begrenzter betrieblicher Ausweitungsmöglichkeiten, insbesondere Mangel an Arbeitskräften, nicht befriedigt werden, steigende Lieferfristen waren die Folge[9]. Wegen des nur begrenzt ausweitbaren Angebots hat die Firma auch eine Lizenz nach den USA vergeben. Das Problem konjunkturell bedingter Beschäftigungsschwankungen ist damit für diese Firma nicht annähernd so stark wie für die Firma II, die nicht als wachstumsintensiv gelten kann.

Unter den befragten Textilbetrieben ergab sich z. T. das gleiche Bild. Einige für den gehobenen Konsum arbeitende Betriebe wiesen ein kon-

[9] An die Firma sind zwar andere, unterbeschäftigte Maschinenbaubetriebe wegen einer Erteilung von Unteraufträgen herangetreten; die betreffende Firma war dazu bereit und bemühte sich sehr, unter einer größeren Zahl von Anbietern auszuwählen. Die Unterlieferungen scheiterten jedoch aus drei Gründen: Am Preis, an der Nichteinhaltung der Lieferzeiten, an der Qualität.

tinuierliches Wachstum auf, so daß die Konjunkturschwankungen in den genannten Firmen dadurch gemildert wurden. Denen stehen Firmen gegenüber, die auf Grund der Marktsituation keine Expansionsmöglichkeiten haben und die ein kontinuierlich abnehmendes Beschäftigungsvolumen aufweisen, das nicht konjunkturbedingt ist und dessen Rückgang durch intensivierte Rationalisierungsbemühungen noch beschleunigt wird. Soweit hier kurzfristige Beschäftigungsschwankungen auftreten, sind sie hauptsächlich saisonbedingt. Branchenüblich treten z. B. bei einer Firma zwei Saisonspitzen auf: rd. zwei Drittel des Umsatzes entfallen auf die Winter- und etwa ein Drittel auf die Frühjahrssaison. Beschäftigungsmäßig wirkt sich dies dergestalt aus, daß das Unternehmen in der Hauptsaison bis zu 35 Heimarbeiterinnen beschäftigt.

Vergleichsweise geringe Konjunkturschwankungen verzeichneten bis vor kurzem die Hersteller von Transportbeton. Dies ist nicht darauf zurückzuführen, daß sie in der Bauwirtschaft einen konjunkturunempfindlichen Abnehmerbereich hätten, sondern dadurch bedingt, daß Transportbeton in den vergangenen Jahren einen starken Wachstumstrend aufwies; er profitierte von den starken Strukturveränderungen des Materialeinsatzes im Bauhauptgewerbe, da er den Baustellenbeton seit etwa 1965 zunehmend substituieren konnte. Transportbeton ist ein gutes Beispiel dafür, wie ein Struktureffekt den Konjunkturverlauf überlagern kann und wie wachstumsintensive Erzeugnisse die Konjunkturabhängigkeit der Unternehmen abzuschwächen vermögen.

β) Einfluß des Produktionsprogramms

Art der produzierten Güter

Unter dem Aspekt der Konjunkturentwicklung ist die Art der produzierten Güter von erheblicher Bedeutung, da die Nachfrage nach ihnen unterschiedlichen Einflüssen unterliegt. Für die Konjunkturempfindlichkeit eines Betriebes spielt es daher eine Rolle, ob sein Produktionsprogramm aus Konsum- oder Investitionsgütern, aus Vor-, Zwischen- oder Endprodukten besteht bzw. in welchem Umfang es die genannte Art von Gütern enthält, also die Frage, wie weit das Produktionsprogramm diversifiziert oder spezialisiert ist. Unter den Maschinenbaubetrieben war eine Firma, die ausschließlich Vorprodukte für die Investitionsgüterindustrie herstellt und reiner Zulieferbetrieb ist, vom Pro-Produkt her gesehen am konjunkturreagibelsten. Beim Produktionsprogramm dieser Firma handelt es sich um Einbauteile, die auf die Produkte der nachgelagerten Firmen genau abgestimmt sind. Die Firma ist somit völlig vom Nachfrageverhalten ihrer Abnehmer abhängig und hat bei Nachfrageschwankungen keinerlei Dispositionsmöglichkeiten, wenigstens kurzfristig nicht. So erklärt sich, daß dieses Unternehmen (vgl.

Firma II in Tabelle 10) einen vergleichsweise ungleichmäßigen Beschäftigungsverlauf zeigt und sowohl im konjunkturellen Auf- wie auch Abschwung gegenüber dem gesamten Maschinenbau in Bayern intensivere Beschäftigungsschwankungen aufweist. Demgegenüber sahen sich die Textilbetriebe, vor allem jene, die Erzeugnisse des obersten Genres für den privaten Bedarf herstellen, einer wesentlich ausgewogeneren Nachfrageentwicklung gegenüber.

Um nicht einseitig von der Entwicklung einer Produktgruppe abhängig zu sein, haben sich mehrere Betriebe ein „zweites Bein" zugelegt, um dadurch krisenunabhängiger zu sein. In der Regel handelt es sich hierbei — auf die jeweilige Branche bezogen — um größere Firmen. Unter diesem Gesichtspunkt nahm eine Maschinenbaufirma, früher ein ausgesprochener Zulieferbetrieb, 1960 mit dem Aufbau einer selbständigen Maschinenproduktion eine Programmänderung vor. Während zuvor Vorprodukte ausschließlich an metallverarbeitende Betriebe abgesetzt wurden, sollten mit der aufgenommenen Maschinenproduktion (Farbspritz- und Lackiermaschinen) wachstumsträchtige Branchen (Reifenindustrie, Automobilbau) beliefert werden. Eine andere, mit Apparatebau beschäftigte Firma hat im Rahmen der Diversifikation sich auch Produktionssparten, die außerhalb der eigenen Industriegruppe liegen, angegliedert. Den durch den Investitionsstop der chemischen Industrie in 1971/72 bedingten Nachfrageausfall konnte die Firma durch verstärkte branchenfremde Produktion dadurch wettmachen. Meist verbinden die Maschinenbaubetriebe die Diversifikation mit einer Spezialisierung auf nur bestimmte Ausführungen innerhalb verschiedener Produktgruppen; das steht häufig gleichzeitig mit dem Bemühen im Einklang, durch einen Übergang von Großserien zu Klein- und Mittelserien, verbunden mit stärkerer Präzisionsarbeit, mehr einen Qualitätswettbewerb anzustreben.

Was die untersuchten Textilbetriebe betrifft, so ist der Umstand, daß deren Produktionsprogramm meist Erzeugnisse des obersten Genres enthält, mit Spezialisierung auf qualitativ hochwertige Ware gleichzusetzen. Allerdings ist hier dieser Begriff nicht eng auszulegen, da innerhalb der einzelnen Qualitätsstufen wiederum Differenzierungen (Wäsche, Oberbekleidung, Badebekleidung) möglich sind.

Da die meisten Gebiete im Zonenrandgebiet für die Verwendung von Transportbeton ein zu kleines Bauvolumen aufweisen, haben die befragten Firmen die Transportbetonherstellung mit der Fabrikation von Beton- und Fertigteilen kombiniert und sich z. T. außerdem einen Handel mit Baustoffen angegliedert. Doch kann dieser Vorgang kaum als Diversifikation gewertet werden, da die zusätzlich aufgenommene Geschäftstätigkeit den gleichen Nachfrageeinflüssen unterliegt wie die Herstellung von Transportbeton, nämlich den Einflüssen der regionalen

Bautätigkeit. Z. T. spiegelt sich in der Umstellung des Produktionsprogramms nur die Anpassung an Veränderungen des regionalen Baumarktes sowie an Änderungen innerhalb des Baumaterialeinsatzes wider. Eine Firma hat nach Beginn der Transportbetonherstellung in 1965 die Fertigung von Schwerbetonsteinen (1971) und von Leichtbausteinen (1973) aufgenommen. Sie begründet dies damit, daß im Zuge des zunehmenden Ein- und Zweifamilienhausbaues auch die Erstellung solcher Bauten in Eigenleistung (Nachbarschaftshilfe) zugenommen habe. Solche Eigenleistungen sind durch Verwendung von Schwerbetonsteinen leichter zu erbringen, da diese leichter zu handhaben sind und außerdem über eine größere Stabilität verfügen. Die Fertigung von Leichtbetonsteinen wurde deshalb aufgenommen, weil Bims, der früher aus dem Rheinland angeliefert wurde, transportkostenbedingt immer teurer wurde und dadurch Marktanteile einbüßte. Der Rohstoff zu den Leichtbetonsteinen — es handelt sich um geblähten Ton — wird aus Oberfranken bezogen. Die Firma sieht auf diesem Sektor große Expansionsmöglichkeiten und plant deshalb den Bau eines neuen Werkes.

Auftrags- oder Vorratsproduktion

Veränderungen der Nachfrage beeinflussen die Beschäftigung eines Betriebes rasch, wenn es sich um reine Auftragsfertigung handelt und keine entsprechenden Auftragsreserven vorhanden sind. Betriebe mit ungebundener Produktion dagegen können in ähnlicher Situation die negativen Wirkungen auf die Beschäftigung durch eine zeitweilige Vorratsproduktion durch die Pufferwirkung der Lagerhaltung z. T. mildern. Für sich allein gesehen ist die Konjunkturempfindlichkeit bei Auftragsfertigung größer als bei Vorratsproduktion. Dies zeigte deutlich der Fall einer Firma, die in reiner Auftragsfertigung, allerdings in zwei Geschäftsbereichen, tätig ist und dadurch von Ausgleichstendenzen zwischen den beiden Sektoren profitiert. Früher war das nicht der Fall; bedingt durch eine einseitige Abhängigkeit von der Bauwirtschaft entstanden in den Wintermonaten witterungsbedingt Beschäftigungspausen. Zum Ausgleich stellte das Unternehmen in der Zeit 1959/65 während dieser Monate Gartenmöbel her. Die Einführung des Winterbaus ermöglicht jetzt aber Dauerbeschäftigung. Durch die vorgenommene Umstrukturierung ist die Firma darüber hinaus nicht mehr so stark von der Bautätigkeit und damit auch nicht von der regionalen Nachfrage abhängig.

Bei den untersuchten Textilbetrieben war zwar grundsätzlich eine Vorratsproduktion möglich; allerdings beschränkt hier u. a. auch das modebedingte Risiko den Umfang der Lagerhaltung. Bei den Herstellern von Transportbeton ist aus fertigungstechnischen Gründen nur Auftragsfertigung möglich.

Möglichkeiten einer konjunkturorientierten Produktionspolitik

Auf Grund der bestehenden Arbeitskräfteknappheit sind die Firmen unabhängig von der jeweiligen Konjunkturlage laufend zur Verbesserung ihrer Produktivität gezwungen. In konjunkturschwachen Zeiten wird diesem Ziel jedoch noch verstärkte Aufmerksamkeit gewidmet. In Fällen, in denen die Firmen ihre Fertigung bereits zum Teil schon vollautomatisiert haben bzw. technologisch auf dem derzeit neuesten Stand sind oder wo auf Grund verstärkter Einzelfertigung die Möglichkeiten der technischen Rationalisierung beschränkt sind, konzentriert sich das Bemühen um Leistungsverbesserung mehr auf den Personalbereich. Bei einer Maschinenbaufirma hat beispielsweise die Einführung einer anderen Prämienordnung — der Akkordlohn liegt hier durchschnittlich um 30 % über dem Zeitlohn — sehr produktivitätsfördernd gewirkt. Andere Firmen bemühen sich mittels einer selektiven Personalpolitik, Leistungsverbesserungen zu erzielen. Hierzu rechnet beispielsweise auch die Absicht eines Textilbetriebes, ausländische Arbeitskräfte wegen der bei ihnen beobachteten „höheren Krankheitsziffern“[10] abzubauen.

Grundsätzlich wird die Anpassung in Expansionsphasen rascher angestrebt als in Rezessionsphasen; verschiedene Faktoren erschweren allerdings den Anpassungsprozeß in beiden Richtungen. Der Mangel an vor allem fachlich qualifizierten Arbeitskräften setzt der betrieblichen Expansion im Konjunkturaufschwung Grenzen. Unter den befragten Firmen traf dies in erster Linie für Maschinenbaubetriebe mit einem hohen Anteil von Präzisionsarbeit zu. Zum Teil mußten diese in der lang anhaltenden Aufschwungsphase 1969/70 Anlernkräfte einstellen, für deren vollständige Integration 1/2 bis 1 Jahr nötig war. Eine kurzfristige wirtschaftliche Anpassung war diesen Betrieben daher nicht möglich; andererseits kam es aber auch vor, daß die Anpassung durch eine starke Abhängigkeit von den Vorlieferanten eingeschränkt wurde. Auch die Art der Absatzfinanzierung bildet ein mögliches Expansionshindernis; eine Maschinenbaufirma berichtete, daß Baufirmenkonkurse über die Absatzfinanzierung Rückwirkungen auf das Unternehmen zeigten, und zwar sowohl über die eingeschalteten Händler als auch im Falle der Direktbelieferung.

Die produktionsmäßige Anpassung im Konjunkturaufschwung erfolgt infolge der geringen Ergiebigkeit des Arbeitsmarktes in der Regel

---

[10] Gemäß den Angaben der Bundesanstalt für Arbeit (vgl. „Ausländische Arbeitnehmer“, Erfahrungsbericht 1971) unterscheidet sich die Krankenquote der ausländischen Arbeitnehmer nur unwesentlich von jener aller in- und ausländischen Pflichtversicherten; die Formulierung „höhere Krankheitsziffer“ schließt hier offensichtlich auch die nicht krankheitsbedingten Ausfallzeiten mit ein.

durch Einschaltung von Überstunden oder Fahren zusätzlicher Schichten; auch die Vergabe von Lohnaufträgen oder die Inanspruchnahme von Kollegenhilfen wird praktiziert. Das Pendant dazu ist im Konjunkturabschwung zunächst der Abbau von übertariflicher Arbeit. Bevor jedoch Kurzarbeit eingeführt wird, versuchen die Firmen, die Nachfrageentwicklung einige Zeit auf eine mögliche Besserung hin abzuwarten und produzieren so lange auf Lager. Allerdings ist die Vorratsproduktion beschränkt. Maschinenbaufirmen etwa, die auf Einzelbestellung oder in kleineren Serien fertigen, haben dazu keine Möglichkeit. Auch Textilbetriebe können, sofern ihre Erzeugnisse stark modeabhängig sind, keine große Vorratsproduktion anlegen. Erschwerend kommt hier hinzu, daß der Handel in letzter Zeit immer mehr Lagerfunktion an den Hersteller überträgt und die Bestellungen zunehmend „schnellstens" per Telefon erfolgen. Auf diese Weise müssen zum Teil mehrere Monatsproduktionen vorrätig gehalten werden, welche bereits Kapital in erheblichem Umfang binden. Eine Erhöhung dieser marktnotwendigen Lagerhaltung um weitere, beschäftigungspolitisch bedingte Vorräte würde meist zu große Risiken in sich bergen. Sofern die Vorratsproduktion keine oder nur geringe Ausweichmöglichkeiten bietet, werden bei mangelnden eigenen auch Lohnaufträge angestrebt, Kurzarbeit oder Entlassung häufig nur als letzter Ausweg gesehen. Eine Ausnahme bilden jedoch Betriebe, die keiner unmittelbaren Konkurrenz um die Arbeitskräfte ausgesetzt sind und vor allem einen hohen Anteil an Frauenbeschäftigung aufweisen; bei fehlenden Aufträgen werden hier Ausstellungen rascher vorgenommen.

γ) Einfluß der Absatzorientierung

Zahl der Abnehmer

Das konjunkturelle Risiko wird in der Regel durch eine heterogene Absatzstruktur gemindert. Eine weite Auffächerung des Absatzes auf verschiedene Branchen, verschiedene Betriebsgrößen und -formen des Handels,hat eine nivellierende Wirkung auf den Nachfrageverlauf. Die an der Untersuchung beteiligten Firmen sind daher auch bemüht, ihren Absatz möglichst zu streuen. Einige Beispiele mögen dies verdeutlichen.

Im Bereich des Maschinenbaus lieferte ein Betrieb nicht nur Bagger an die konjunkturempfindliche Bauwirtschaft, sondern baute auch Kräne für Fertigteile für Umschlagplätze (z. B. auch Schrottplätze), die als weniger konjunkturanfällig gelten. Eine andere Firma beliefert zahlreiche Abnehmerbereiche, reichend von der Holzbranche, dem Maschinenbau, dem Kraftfahrzeuggewerbe über die Nahrungs- und Genußmittelindustrie bis zum Dentalsektor. Durch diese Spannweite des Abnehmerfeldes waren ständige Ausgleichstendenzen innerhalb der Nachfrageentwicklung festzustellen.

Recht unterschiedlich war die Streuung des Absatzes dagegen bei den befragten Textilbetrieben ausgeprägt. Einer von ihnen liefert z. B. bewußt an viele sehr kleine Fachgeschäfte, um eine einseitige Abhängigkeit vom Handel zu vermeiden. Eine andere Firma, auf Grund ihres Produktionsprogramms von der Entwicklung nur einer Branche abhängig, sucht diesen Nachteil damit auszugleichen, daß sie eine möglichst große Zahl von Firmen in ihrer Abnehmerbranche beliefert, angefangen vom kleinsten Betrieb bis zum Konzern. Zu den Absatzwegen eines weiteren Unternehmens zählen außer Boutiquen und Fachgeschäften auch Kaufhauskonzerne, Einkaufsverbände und der Versandhandel. Demgegenüber ist aber auch folgender Fall eines mittelgroßen, sich zum Zeitpunkt des Interviews bereits in einer äußerst kritischen Lage befindlichen Unternehmens bemerkenswert. Kurz die Situation: Das Unternehmen stellte bis einschließlich 1971 ausschließlich Wäsche her und belieferte damit zwei Großabnehmer. Diese haben jedoch in jüngster Zeit ihre Einkaufspolitik geändert und sind verstärkt auf Importware und Eigenfertigung übergegangen. Dem Unternehmen entstand dadurch ein so erheblicher Nachfrageausfall, daß 1973 nur noch 30 % des Umsatzes auf Wäsche entfiel, der überwiegende Teil jedoch durch Aufnahme von Lohnfertigung für Versandhäuser und Bekleidungsunternehmen zustande kam. In früheren Jahren waren Lohnaufträge nur zur Überbrückung auftragsschwacher Zeiten hereingenommen worden, um damit Kurzarbeit zu verhindern. Das Unternehmen stellt jetzt in Lohnfertigung Damenoberbekleidung her und beabsichtigt, in dieser Sparte eine Eigenproduktion als Ersatz für das weitgehend weggefallene Wäschegeschäft aufzubauen, hat hierfür jedoch noch nicht den entsprechenden Absatzmarkt gefunden. Eine rasche erfolgreiche Umstrukturierung ist also bisher gescheitert. In dieser gegenwärtig ungünstigen Situation vertritt die Firma die Ansicht, bei der Auftragsvergabe immer nur „Zweiter" zu sein, d. h. Aufträge nur dann zu erhalten, wenn Firmen im Ballungsgebiet voll ausgelastet seien, und gegenüber Firmen in verdichteten Zonen insofern benachteiligt zu sein, als diese wegen der Nähe zum Verbraucher und Handel schneller liefern könnten. Bevor man diese Aussage jedoch als eine konjunkturelle Benachteiligung auf Grund der ungünstigen Zonenrandlage werten kann, muß im vorliegenden Fall beachtet werden, daß es allgemein kaum möglich ist, bisher fehlende Kundenbeziehungen kurzfristig herzustellen, um in ein Marktgebiet einzudringen, auf dem man bisher nicht vertreten ist. Es ist davon auszugehen, daß die Kunden, die man zu gewinnen sucht, jeweils feste Geschäftsbeziehungen mit ihren bisherigen Lieferanten haben und in der Regel Aufträge zuerst an diese erteilen und erst bei gegebener Lieferunfähigkeit derselben Angebote neuer Anbieter prüfen. So gesehen stellt sich die vordergründig als Konjunkturproblem deklarierte schwierige Situation des Unternehmens eher als ein unternehmerisches Problem dar. Vom Vertrieb her zwar rationell, war es jedoch von Beginn an äußerst risokoreich und absatzpolitisch schließlich verfehlt, den Absatz nur auf zwei Abnehmer zu konzentrieren.

Bei den Transportbetonwerken ist zu berücksichtigen, daß es sich hier nicht selten um eine gemeinsame Gründung von Bauunternehmen handelt, die dadurch ihre eigene Versorgung mit Transportbeton sicherstellen wollen.

Absatzmärkte

Ein weiteres wichtiges Kriterium für die Konjunkturempfindlichkeit von Unternehmen bildet ihre räumliche Absatzstruktur. Eine räumliche Differenzierung kann man in der Form vornehmen, daß man den Gesamtmarkt eines Unternehmens einteilt in einen

— regionalen Markt, der den Absatz unmittelbar um den eigenen Standort erfaßt

— überregionalen Markt, der den Absatz im übrigen Bundesgebiet betrifft

— internationalen Markt, den man auch als Export verstehen und mittels der Exportquote quantifizieren kann.

Die unterschiedliche räumliche Aufgliederung des Absatzes wirkt sich dahingehend aus, daß mit zunehmender „Fernorientierung" die Unternehmen zusehends dem heimischen bzw. nationalen Konjunkturverlauf entzogen werden.

Die Maschinenbaufirmen sind z. T. sehr exportintensiv. Ein Unternehmen weist beispielsweise in einem Geschäftsbereich einen Auslandsanteil von 75 % auf. Dieser hohe Export ist für die kontinuierliche Entwicklung des Unternehmens notwendig, da es im Falle eines Verlustes seiner Auslandsmärkte keinen entsprechenden Ausgleich auf dem Inlandsmarkt finden könnte. Die Möglichkeit des Zugangs zu den Auslandsmärkten kann sich im Falle einer schwachen Inlandskonjunktur als wichtiges Beschäftigungsregulativ erweisen. Am Beispiel der Auftragseingangsentwicklung bei zwei Maschinenbaubetrieben (Firma I und II) läßt sich das verfolgen (vgl. graphische Darstellung). Es ist zu beobachten, daß bei Firma I In- und Auslandsaufträge weitgehend parallel verliefen und vor allem in 1966/67 keinen Einbruch aufwiesen; ab 1970 haben die Auslandsorder stärker als die Inlandsaufträge zugenommen. Die Taktik der Firma geht jedoch dahin, daß sie in erster Linie den deutschen Markt beliefert, aber in den europäischen Ländern so weite Beziehungen unterhält, daß im Falle einer Sättigung des deutschen Marktes ein Ausgleich im europäischen Ausland gefunden werden kann. Lieferungen nach Übersee schränkt die Firma nach Möglichkeit

Entwicklung des Auftragseingangs in ausgewählten Firmen des Maschinenbaus

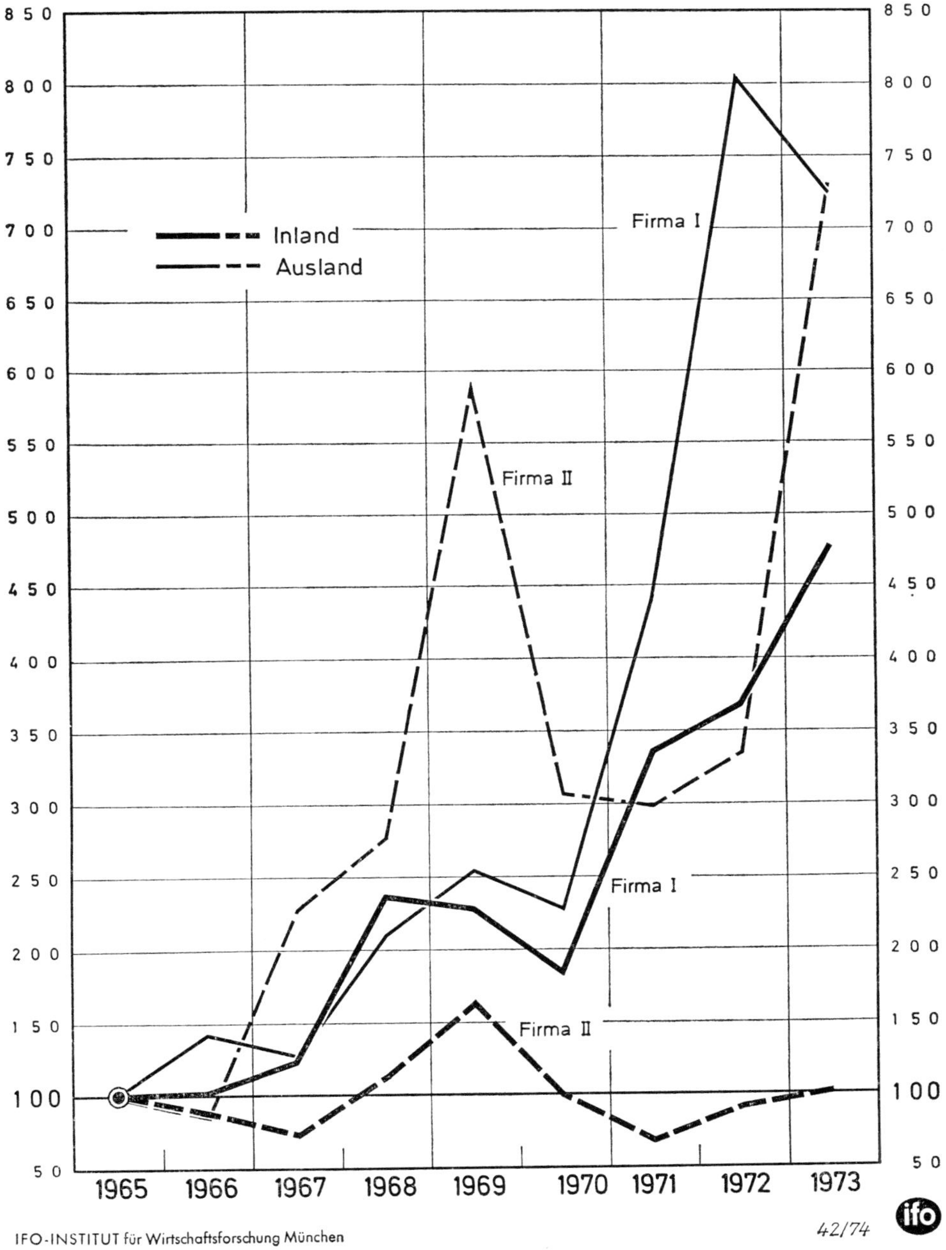

ein, da die Frage des Service äußerst schwierig ist. Die Exportquote der Firma beträgt etwa 25 %, wurde aber zu Zeiten schlechteren Geschäftsgangs auf dem Inlandsmarkt (1967) bis auf 70 % gesteigert. Seit 1973 wird der Export künstlich niedrig gehalten, um in erster Linie dem deutschen Markt gerecht zu werden. Völlig anders verläuft die Nachfrage nach den Produkten der Firma II, wo die Inlandsorder nicht nur 1965/67, sondern auch 1969/71 in sogar noch stärkerem Maße rückläufig waren. Während der Rezession 1966/67 bildeten verstärkte Auslandsaufträge einen Ausgleich, doch fielen diese nach 1969 stark zurück; erst ein 1973 einsetzender Exportboom führte wieder zu einer Verbesserung der gesamten Auftragslage. Wie die Geschäftsentwicklung bei der Firma II in den vergangenen Jahren zunehmend in Abhängigkeit von der Auslandsnachfrage geraten ist, zeigen die Exportquoten. Im Jahre 1965 stammten nur 11 % der Umsätze aus dem Auslandsgeschäft; dieser Anteil betrug 1970 bereits 28 % und erreichte 1973 — der Gesamtumsatz war hier um 8 % niedriger als 1970 — annähernd 35 %.

Der Absatz der untersuchten Textilbetriebe ist weitgehend überregional verteilt. Auf Grund der internationalen Wettbewerbslage sind hier die Exporte vergleichsweise gering. Ein Unternehmen, das 1968 noch 20 % seines Umsatzes im Ausland, und zwar in den Niederlanden erzielte, büßte diesen Anteil aufwertungsbedingt ein; im Jahre 1973 wurde keine Ausfuhr mehr getätigt. Hier wirkten sich also in erster Linie währungspolitische Entscheidungen und keineswegs standortbezogene Einflüsse auf die Nachfrageentwicklung aus. Allerdings zeigte sich an anderen Firmen, daß bei „Heimtextilien", soweit es sich um den oberen Qualitätsbereich handelt, durchaus Exporterfolge möglich sind. Hauptsächlich liefern die befragten Betriebe jedoch in den Raum Düsseldorf, ins Ruhrgebiet, nach Berlin und in die Verbrauchszentren Baden-Württembergs und Bayerns, also Gebiete mit einer hohen Konzentration an Kaufkraft.

Was dagegen die bauorientierten Betonwerke betrifft, so konzentriert sich deren Absatzfeld fast ausschließlich um den eigenen Standort. Unter den befragten oberpfälzischen Betrieben befand sich nur einer, der sein Absatzgebiet auch in den Bauzentren München und Nürnberg hat. Das Absatzgebiet der Transportbetonwerke wird durch die Transportkosten sowie die beschränkte Transportfähigkeit des Transportbetons eingegrenzt; der Lieferradius liegt in der Regel zwischen 25 und 35 km. Die Konjunkturentwicklung dieser Betriebe wird daher ausschließlich von der regionalen Bautätigkeit bestimmt.

In bezug auf die Bautätigkeit ist ein regional unterschiedlicher Konjunkturverlauf zu beobachten. In bezug auf die Intensität der Schwankungen der bauinduzierten Nachfrage war aus den Firmenangaben abzuleiten, daß diese in grenznahen Regionen keineswegs stärker, eher sogar geringer als weiter im Inland sind und zwar wiederum strukturbedingt: Im Zonenrandgebiet bildet der private Wohnungsbau das Rückgrat des Baumarktes. Diese Sparte der Bauwirtschaft ist allgemein weniger konjunkturreagibel und zeigt eine gleichmäßigere Entwicklung als der im Grenzland auf Grund seines geringen Industriebesatzes vergleichsweise schwach vertretene gewerbliche Bau. Nur wenigen Firmen ist es gelungen, sich Zugang zu größeren, landeinwärts gelegenen Bauzentren zu verschaffen und sich damit etwas aus der einseitigen Abhängigkeit vom regionalen Baugeschehen innerhalb des Grenzlandes zu lösen. Die hier in erster Linie für die Hersteller von Betonsteinen und Transportbeton gemachten Aussagen können in modifizierter Weise auch für andere Baustoffhersteller gelten; in entsprechend abgestufter Form können sie sogar auf alle Industriezweige ausgedehnt werden, sofern und soweit diese Vorleistungen an die Bauwirtschaft im Zonenrandgebiet oder in sonstigen strukturschwachen Gebieten erbringen.

Preiselastizität der Nachfrage

Im Rahmen des absatzpolitischen Instrumentariums hat der Preis bei den befragten Firmen unter konjunkturellen Aspekten in der Mehrzahl keinen nennenswerten Einfluß gespielt. Maschinenbaufirmen berichteten, daß bei ihren Produkten technische Aspekte, ein leistungsfähiger Service etc. höher eingeschätzt würden als die Preisfrage; schließlich mache sich bereits zusehends eine Inflationsmentalität bemerkbar, die die Nachfrage stimuliere; denn "wer heute kauft, kauft billiger als morgen". Auch bei den befragten Textilbetrieben war die Frage, welche Rolle dem Preis bei Nachfrageschwankungen zukäme, nicht relevant. Die im oberen Genre arbeitenden Firmen äußerten, daß sie in der Hauptsache „Käufer der höheren Einkommensschichten" ansprächen, die „weniger preisbewußt" seien. Ein Unternehmen, das teilweise sich gegen Importkonkurrenz behaupten muß, äußerte, daß nicht nur der Preis, sondern auch die rasche Lieferfähigkeit — z. B. bei Nachbestellungen — von großer Bedeutung sei; und eine weitere Firma aus der gleichen Fachsparte ist schließlich der Ansicht, daß „unser Kundenkreis immer noch Geld genug hat" und daß man aus diesem Grund von Konjunkturschwankungen weit weniger betroffen sei als ähnliche Unternehmen.

Möglichkeiten einer konjunkturorientierten Absatzpolitik

Die absatzpolitischen Maßnahmen zur Beeinflussung der Nachfrage, sei es Sortiments- und Preispolitik, Werbung oder sonstige verkaufsfördernde Maßnahmen, variieren je nach der Art der Produktion und sind von absatzstrategischen Gesichtspunkten beeinflußt. Insgesamt gesehen haben jedoch die befragten Firmen infolge ihrer vergleichsweise geringen Markbedeutung kaum Möglichkeit, die Nachfrage zu ihren eigenen Gunsten zu beeinflussen. In bezug auf Werbung werden daher im allgemeinen auch keine großen Aktivitäten entfaltet, wenngleich gelegentlich entsprechend gezielte Maßnahmen mittels Presse, Prospekten und Werbeartikeln durchgeführt werden. Bei Maschinenbaufirmen beschränkt sich die Werbung, die in der Hochkonjunktur meist recht zurückhaltend, im Abschwung jedoch stärker, in Einzelfällen notfalls sogar zu Lasten der Gewinne betrieben wird, in erster Linie auf Imagepflege und Erhöhung des Bekanntheitsgrades; eine verstärkte Reisetätigkeit dient diesem Ziel. Eine Firma äußerte, daß die durch Akquisition bedingten Mehrkosten etwa ein Prozent der Verkaufserlöse betragen. Im übrigen beschränken sich die meisten Betriebe auf eine einfache Markterkundung, die in der Regel mittels Einholung von Auskünften über Vertreter erfolgt, um sich auf die voraussichtliche Nachfrageentwicklung rechtzeitig einstellen zu können. Das Schwergewicht der absatzpolitischen Aktivitäten liegt jedoch im Preissektor, obwohl die Firmen hier meist auch nur geringen Spielraum haben und sich zur Anpassung an die allgemeine Preisentwicklung gezwungen sehen.

Einige Firmen haben Angaben zur Preisentwicklung ihrer Produkte gemacht. Eine als reiner Zulieferbetrieb fungierende Maschinenbaufirma konnte im Zeitraum 1965/73 Preiserhöhungen von insgesamt rund 30 % durchsetzen; dieser Steigerung standen offizielle Lohntarifanhebungen (einschließlich der lohnmäßigen Auswirkung der Einführung der 40-Stundenwoche sowie der Erhöhung der Ortsklassenzuschläge, jedoch ausschließlich der darüber hinausgehenden betrieblich notwendigen Erhöhungen) um knapp 100 % gegenüber. In einem anderen Maschinenbaubetrieb betrugen die Lohnerhöhungen im gleichen Zeitraum 127 %, die Preissteigerungen insgesamt 56 %; bei einem weiteren Unternehmen der gleichen Branche stiegen die Löhne um 77 %, die Preise um 35 %. Obwohl es den Anschein hat, als ob letztere beiden Firmen etwas günstigere Chancen hatten, entstehende Kosten auf die Preise abzuwälzen, war allen drei Firmen — obwohl unterschiedlich strukturiert — gemeinsam, daß sie in der Rezession kaum Preiserhöhungen durchsetzen konnten: Die erste Firma erhöhte die Preise in 1967 überhaupt nicht, in 1968 nur um 0,5 % und im allgemeinen Aufschwung lediglich um 2,4 %; auch in 1971/72 waren nur geringfügige Preiserhöhungen zu verzeichnen. Bei der zweiten Firma waren die Preise über den ganzen Dreijahreszeitraum von 1967 bis 1969 konstant, während die dritte Firma die Preise in 1966/67 unverändert hielt und in 1968 sogar eine durchschnittliche Preissenkung von 6,5 % vornahm, wobei es sich wohl in erster Linie um eine verkaufspolitische Maßnahme zum Abbau der Altvorräte handelte. Während aber insgesamt gesehen der Maschinenbau als Gesamtbranche immerhin noch soviel Wachstumsimpulse aufweist, daß der Markt für die wachsenden Kosten wenigstens im Konjunkturaufschwung meist einen entsprechenden preislichen Ausgleich ermöglicht, stößt dies bei vielen Textilfirmen auf Schwierigkeiten. Unter den befragten Textilbetrieben befand sich ein Teilnehmer, bei dem die Lohnerhöhungen in der Zeit von 1970 bis einschließlich 1973 57 % betrugen, die Preise — im Durchschnitt gesehen — jedoch praktisch unverändert blieben. Bei einer anderen Textilfirma betrugen die Preiserhöhungen im ganzen Zeitraum von 1965 bis 1972 nur 2 %. Erfolgreiche Rationalisierungsmaßnahmen auf der Fertigungsseite reichten hier nicht aus, um die gestiegenen Kosten auszugleichen; auch auf der Materialeinsatzseite wurde versucht, durch Substitution entsprechende Kosteneinsparungen zu erzielen. Als Beispiel hierzu wurde angeführt, daß eine Gardine, die sich bereits im Jahre 1951 in der Kollektion befand, jetzt wieder „ausgemustert" wurde. Sie wird anders hergestellt und basiert auf anderen Materialien als damals, ist jedoch vergleichbar; sie wird zu einem niedrigeren Preis als 1951 angeboten. Im übrigen hatten die befragten Textilbetriebe kaum Möglichkeiten, kurzfristige Preisveränderungen vorzunehmen, da sie vielfach an die Katalogpreise ihrer Abnehmer gebunden sind. Preiserhöhungen erfolgten bei einigen Firmen eher durch Ergänzung der Kollektion durch Muster mit höheren Verdienstspannen.

Insgesamt haben die Gespräche allerdings gezeigt, daß die Firmen auf Grund mangelnder Verkehrsgeltung beim privaten Verbraucher oder bei ihren gewerblichen Abnehmern kaum Möglichkeiten der Marktbeeinflussung haben; sie sind gezwungen, als Anpasser zu fungieren. Um dem Preiswettbewerb der großen Konkurrenten zu entgehen, tendieren jedoch eine Reihe von Firmen mehr zum Qualitätswettbewerb, teilweise ergänzt durch einen Servicewettbewerb. Wie schon erwähnt, äußert sich dieses Streben beispielsweise bei Maschinenbaufirmen in einer verstärkten Einzel- oder Kleinserienfertigung. Der dadurch meistens bedingte Wegfall der Lagerhaltung führt allerdings dazu, daß der betriebliche Beschäftigungsverlauf sich unmittelbar am Bedarfsrhythmus orientiert, die Betriebe dadurch Nachfrageschwankungen unmittelbar ausgesetzt sind.

δ) Schematische Übersicht zur Konjunkturempfindlichkeit der befragten Firmen

Die Konjunkturempfindlichkeit der Unternehmen bestimmt sich durch ihre jeweilige Beziehung zum Markt. In Tabelle 11 sind die aus der Produktions- und Absatzstruktur der befragten Betriebe resultierende Merkmale, soweit ihnen eine den Konjunkturverlauf beeinflussende Wirkung zukommt, zusammengefaßt. Sie treten bei den einzelnen Sektoren und Unternehmen jeweils in unterschiedlicher Kombina-

Tabelle 11

Schematische Übersicht zur Konjunkturempfindlichkeit der befragten Firmen

	Mildernde Einflüsse								Verstärkende Einflüsse							
	Produktions-bereich				Absatz-bereich				Produktions-bereich				Absatz-bereich			
Firmennummer [a)]	Private Nachfrage	Enderzeugnisse	Diversifizierung	Vorratsproduktion	Absatz an mehrere Sektoren	Absatz an viele Abnehmer	Exportintensiv	Überregional	Gewerbliche Nachfrage	Vorerzeugnisse	Spezialisierung	Auftragsproduktion	Absatz nur an einen Sektor	Absatz an wenige Abnehmer	Wenig exportintensiv	Regional
10		×		×	×		×	×	×		×			×		
11		×	×	×	×	×		×	×						×	
12		×	×		×	×	×	×	×			×				
13			×	×	×	×		×	×	×					×	
14		×	×		×	×	×	×	×			×				
15		×	×		×	×		×	×			×			×	
16				×	×		×	×	×	×	×			×		
17		×	×		×	×		×	×			×			×	
18		×	×		×	×		×	×			×			×	
20	×	×	×	×		×		×					×		×	
21	×	×	×	×		×		×					×		×	
22	×	×	×	×		×		×					×		×	
23	×	×		×		×		×			×		×		×	
24	×	×		×		×	×	×			×		×			
25						×		×	×	×	×	×	×		×	
26	×	×		×							×		×	×	×	×
27				×		×	×	×	×	×	×		×			
28	×	×	×	×				×					×	×	×	
29	×	×	×	×		×	×	×					×			
30				×		×		×	×	×	×		×		×	
31				×					×	×	×		×	×	×	×
32				×		×			×	×	×		×		×	×
33						×			×	×	×	×	×		×	×
34				×		×			×	×	×		×		×	×
35						×			×	×	×	×	×		×	×
36						×			×	×	×	×	×		×	×
37				×		×			×	×	×		×		×	×
38				×		×			×	×	×		×		×	×

a) Nummern 10, 11 . . . 18: Sektor Maschinenbau; 20, 21 . . . 29: Sektor Textilindustrie; 30, 31 . . . 38: Sektor Beton- und Fertigteilwerke.

tion auf. Auch sind die einzelnen Kriterien keineswegs gleichgewichtig; viele sind darüber hinaus nicht von dauernder Wirkung, stellen sich vielmehr als Risiko dar, z. B. wenn ein Unternehmen sein Produktionsprogramm unter konjunkturellen Aspekten günstig strukturiert hat, sich aber gleichzeitig durch einen einseitig ausgerichteten Absatz in starke wirtschaftliche Abhängigkeit begibt.

Bei den Maschinenbaubetrieben ist die Konjunkturempfindlichkeit in dominanter Weise durch ihre Abhängigkeit von der gewerblichen Nachfrage gegeben; sie wird teilweise noch verstärkt durch andere Faktoren wie z. B. einen hohen Spezialisierungsgrad. Bedingt durch eine Risikoverteilung im Produktions- und Absatzbereich stehen zwar bei den meisten der befragten Maschinenbaubetrieben bezüglich des Konjunkturverlaufs eine Reihe von tendenziell günstig wirkenden Kriterien gegenüber, doch geht von ihnen im allgemeinen nur ein ungenügender kompensatorischer Effekt aus. Was die befragten Textilbetriebe betrifft, so ist deren Konjunkturempfindlichkeit dadurch gemildert, daß es sich überwiegend um Betriebe handelt, die unmittelbar für den Endverbrauch (Maschenware, Heimtextilien) produzieren. Die konsumfernen Stufen der Textilindustrie, die hier nicht erfaßt wurden (Spinnerei und Weberei), sind demgegenüber infolge eines stufenweisen Akzelerationsprozesses durch erheblich stärkere Konjunkturschwankungen gekennzeichnet.

Ein völlig anderes Bild hinsichtlich der Konjunkturreagibilität zeigen die in Produktion und Absatz einseitig strukturierten Hersteller von Transportbeton und Fertigbetonteilen. Ihre Abhängigkeit von der Bauwirtschaft innerhalb der eigenen Region ist eindeutig. Daraus wird gleichzeitig die zentrale Bedeutung der Bauwirtschaft zur Beeinflussung der Konjunktur einzelner Regionen ersichtlich.

Es kann hier nicht angegeben werden, ob die in bezug auf den Konjunkturverlauf günstigen und ungünstigen Kriterien in Grenzlandbetrieben, im Durchschnitt gesehen, anders verteilt sind als bei im Landesinnern ansässigen Firmen, doch kann als bemerkenswerte Tatsache festgestellt werden, daß die befragten Unternehmen des Maschinenbaus und der Textilindustrie ausnahmslos keine Abhängigkeit von einem grenzlandspezifischen Konjunkturkriterium sahen. Spezielle, durch ihren Standort im Zonenrandgebiet bedingte Konjunktureinflüsse wiesen nur die bauorientierten Firmen nach.

VI. Zusammenfassung der Ergebnisse

Die Analyse umfaßte die Gegenüberstellung der Konjunkturentwicklung der BRD, Bayerns und bayerischer Teilgebiete. Auf der Basis einer zusätzlich durchgeführten Sektorenbetrachtung wurde die Konjunkturentwicklung in besonderen Problemgebieten innerhalb des bayerischen Fördergebietes analysiert. Ferner gaben in ausgewählten Industriegruppen Firmeninterviews Auskunft darüber, welche besonderen, aus der jeweiligen Standortsituation abzuleitenden Einflüsse das Konjunkturgeschehen in den grenznahen Gebieten zusätzlich bestimmen.

Die Ergebnisse können thesenartig folgendermaßen zusammengefaßt werden:

— Die zeitliche Lage der konjunkturellen Wendepunkte stimmt für Bayern insgesamt, aber auch für sämtliche größeren Teilbereiche — bayerisches Aktionsgebiet, bayerisches Zonenrandgebiet, Regierungsbezirke — völlig mit der des Bundesgebietes überein.

— Die durchschnittlichen konjunkturellen positiven und negativen Ausschläge haben in Bayern, dem gesamten bayerischen Aktionsgebiet und dem gesamten bayerischen Zonenrandgebiet gleiches Ausmaß wie im Bundesdurchschnitt. Die Ausschläge liegen in Oberbayern, Niederbayern, in der Oberpfalz und in Unterfranken geringfügig über dem Landesdurchschnitt, entsprechen diesem in Mittelfranken und liegen in Oberfranken sowie noch in stärkerem Maße in Schwaben unter diesem Durchschnitt.

— Bei den kleinen Gebietsaggregaten gibt es zahlreiche und teilweise erhebliche Unterschiede. Diese kleineren Aggregate wurden gebildet durch eine weitere Untergliederung der bayerischen Aktionsräume nach Regierungsbezirks- und Zonenrandgebietsgrenzen (vgl. Abb. 2). Besonders starke Konjunkturschwankungen zeigen sich für das Zonenrandgebiet in den Aktionsräumen 1 und 3, das schwäbische Gebiet von Aktionsraum 6 und das oberbayerische Gebiet von Aktionsraum 4. Bei letzterem sind die durchschnittlichen konjunkturellen Ausschläge mehr als doppelt so groß wie im bayerischen Durchschnitt und dreimal so groß wie im schwäbischen Teil des gleichen Aktionsraums. Im oberpfälzischen Teil von Aktionsraum 1 schwankt die Konjunktur doppelt so stark wie im Zonenrandgebiet von Aktionsraum 5, obwohl beide Teilgebiete oberpfälzisches Zonenrandgebiet sind. Die gleiche Aussage gilt auch für das unterfränkische im Vergleich zum oberfränkischen Zonenrandgebiet.

— Um die Ursachen für diese Unterschiede zu ergründen, wurde für sechs ausgewählte Gebietsaggregate (in Abb. 2 schraffiert), in denen die konjunkurellen Schwankungen besonders unterschiedlich ausfielen, eine zusätzliche Analyse für 19 ausgewählte Industriegruppen durchgeführt. Dabei zeigte sich, daß durch die unterschiedliche regionale Verteilung verschieden konjunkturreagibler Branchen regionale Konjunkturunterschiede entstehen. Die meisten ausgewählten Industriegruppen haben jedoch auch regional unterschiedliche Konjunkturschwankungen, so daß die festgestellten regionalen Konjunkturunterschiede nicht allein durch die räumliche Verteilung verschieden konjunkturanfälliger Branchen erklärt werden können.

— In einzelnen Regionen sind bestimmte Branchen durch eine so geringe Zahl von Betrieben repräsentiert, daß die hier ermittelten Konjunkturschwankungen in hohem Maße von firmenspezifischen Besonderheiten in der Produktions- und Absatzentwicklung geprägt sind. Beispielsweise ist im nördlichen oberpfälzischen Zonenrandgebiet die Zahl der Betriebe im Maschinenbau von 5 im Jahre 1965 über 6 im Jahre 1967 auf 3 im Jahre 1970 zurückgegangen.

— Die häufig vertretene These, in strukturschwachen Gebieten angesiedelte Branchen würden bei einem Konjunkturrückgang besonders stark betroffen, konnte mit den Ergebnissen dieser Untersuchung nicht gestützt werden. Vielmehr zeigte sich bei den meisten Branchen, daß die Industriegruppen in randnahen Gebieten im Konjunkturaufschwung mehr gewinnen als sie im Abschwung wieder verlieren, daß sie also langfristig expandieren.

— In jedem der untersuchten Gebiete sind es nur wenig Industriegruppen, die in den z. T. sehr unterschiedlich strukturierten Regionen zur Verstärkung der Konjunkturausschläge beitragen. Unter ihnen befinden sich jene Industriesektoren, die im Rahmen der regionalen Strukturmaßnahmen zur gezielten Erweiterung der Branchenstruktur Präferenzen genießen, so insbesondere der Maschinenbau, der Straßenfahrzeugbau, die elektrotechnische Industrie, die kunststoffverarbeitende Industrie und die Bekleidungsindustrie. Das bedeutet, daß sich bislang die Industrialisierungsbemühungen im Grenzland im wesentlichen auf konjunkturell stark schwankende Branchen erstreckten und so tendenziell zur Verstärkung der Konjunkturschwankungen in diesen Gebieten beitrugen.

— Firmengespräche haben ergeben, daß grenzlandspezifische Einflüsse auf die Konjunktur nicht spürbar sind. Diese Aussage gilt jedoch nicht für die von der regionalen Bautätigkeit abhängigen Unternehmen.

— Die in den Fördergebieten ansässigen Unternehmen sehen sich nicht so sehr mit regionalen Konjunktur- sondern vielmehr mit Strukturproblemen konfrontiert. Dazu zählen die unzureichende Verfügbarkeit qualifizierter Arbeitskräfte, eine unausgewogene Infrastruktur sowie die allgemeinen Standortnachteile im Vergleich mit agglomerierten Gebieten. Diese strukturellen Nachteile sind in konjunkturschwachen Zeiten besonders spürbar.

Anhang

ANHANG I

Übersicht über die regionale Untergliederung Bayerns[1]

I. Die kleinsten Aggregate

Aggregatsbezeichnung	Bezeichnung	Zugehörige Landkreise
A	Niederbayerischer Teil von Aktionsraum 1 außerhalb des Zonenrandgebietes	Kelheim, Mainburg, Rottenburg (Laaber), Mallersdorf, Straubing Stadt, Straubing Land, Dingolfing, Vilsbiburg, Landau (Isar), Eggenfelden, Vilshofen, Pfarrkirchen, Griesbach (Rottal)
B	Niederbayerischer Teil von Aktionsraum 1 im Zonenrandgebiet	Kötzting, Bogen, Viechtach, Regen, Deggendorf Stadt, Deggendorf Land, Grafenau, Wolfstein, Wegscheid, Passau Stadt, Passau Land
C	Oberpälzischer Teil von Aktionsraum 1 (nur Zonenrandgebiet)	Vohenstrauß, Oberviechtach, Neunburg v. W., Waldmünchen, Roding, Cham
D	Aktionsraum 2 außerhalb des Zonenrandgebietes (nur oberfränkisches Gebiet)	Ebermannstadt, Pegnitz
E	Aktionsraum 2 im Zonenrandgebiet (nur oberfränkisches Gebiet)	Coburg Stadt, Coburg Land, Kronach, Naila, Hof Stadt, Hof Land, Staffelstein, Lichtenfels, Stadtsteinach, Münchberg, Rehau, Selb, Wunsiedel, Marktredwitz, Bayreuth Stadt, Bayreuth Land, Kulmbach Stadt, Kulmbach Land, Bamberg Stadt, Bamberg Land, Neustadt b. Coburg

[1] Vgl. auch Abbildungen 1 und 2.

Aggregatsbezeichnung	Bezeichnung	Zugehörige Landkreise
F	Aktionsraum 3 außerhalb des Zonenrandgebietes (nur unterfränkisches Gebiet)	Gemünden, Hammelburg, Karlstadt, Marktheidenfeld, Würzburg Stadt, Würzburg Land, Kitzingen Stadt, Kitzingen Land, Gerolzhofen, Ochsenfurt
G	Aktionsraum 3 im Zonenrandgebiet (nur unterfränkisches Gebiet)	Bad Brückenau, Bad Neustadt a. d. Saale, Mellrichstadt, Bad Kissingen Stadt, Bad Kissingen Land, Königshofen/Grbf., Schweinfurt Stadt, Schweinfurt Land, Hofheim, Haßfurt, Ebern
H	Mittelfränkischer Teil von Aktionsraum 4	Scheinfeld, Uffenheim, Neustadt (Aisch), Rothenburg Stadt, Rothenburg Land, Ansbach Stadt, Ansbach Land, Feuchtwangen, Dinkelsbühl, Gunzenhausen, Weißenburg Stadt, Weißenburg Land, Hilpoltstein, Eichstätt Stadt, Eichstätt Land
I	Schwäbischer Teil von Aktionsraum 4	Nördlingen Stadt, Nördlingen Land, Donauwörth, Wertingen, Neuburg/Donau Stadt, Neuburg/Donau Land
K	Oberbayerischer Teil von Aktionsraum 4	Aichach, Schrobenhausen, Pfaffenhofen, Ingolstadt Stadt, Ingolstadt Land
L	Aktionsraum 5 außerhalb des Zonenrandgebietes (nur oberpfälzisches Gebiet)	Eschenbach, Sulzbach-Rosenberg, Amberg Stadt, Amberg Land, Neumarkt Stadt, Neumarkt Land, Parsberg, Schwandorf Stadt, Regensburg Stadt, Regensburg Land, Riedenburg, Beilngries, Burglengenfeld
M	Aktionsraum 5 im Zonenrandgebiet (nur oberpfälzisches Gebiet)	Kemnath, Tirschenreuth, Neustadt a. d. Waldnaab, Weiden, Nabburg

Aggregatsbezeichnung	Bezeichnung	Zugehörige Landkreise
N	Schwäbischer Teil von Aktionsraum 6	Füssen
O	Oberbayerischer Teil von Aktionsraum 6	Landsberg Stadt, Landsberg Land, Weilheim, Garmisch-Partenkirchen
P	Aktionsraum 7 (nur oberbayerisches Gebiet)	Wasserburg (Inn), Traunstein Stadt, Traunstein Land, Laufen, Bad Reichenhall, Berchtesgaden

II. Regierungsbezirke

Bezeichnung	Aggregatsumme
1. Oberbayern	K + O + P + restliches Oberbayern
2. Niederbayern	A + B + restliches Niederbayern
3. Oberpfalz	C + L + M
4. Oberfranken	D + E + restliches Oberfranken
5. Mittelfranken	H + restliches Mittelfranken
6. Unterfranken	F + G + restliches Unterfranken
7. Schwaben	I + N + restliches Schwaben

III. Bayerisches Zonenrandgebiet

Aggregate B + C + E + G + M

IV. Bayerisches Aktionsgebiet insgesamt

Aggregate A bis P

V. Einzelne Aktionsräume[2]

Bezeichnung	Aggregate
Aktionsraum 1	A + B + C
Aktionsraum 2	D + E
Aktionsraum 3	F + G
Aktionsraum 4	H + I + K
Aktionsraum 5	L + M
Aktionsraum 6	N + O
Aktionsraum 7	P

[2] Die Nummern der Aktionsräume sind amtliche Bezeichnungen.

VI. Zonenrandgebiet, unterteilt nach Regierungsbezirken

Bezeichnung	Aggregate
1. Niederbayern	B
2. Oberpfalz	C + M
3. Oberfranken	E
4. Unterfranken	G

VII. Zonenrandgebiet, unterteilt nach Aktionsräumen

Bezeichnung	Aggregate
1. Aktionsraum 1	B + C
2. Aktionsraum 2	E
3. Aktionsraum 3	G
4. Aktionsraum 5	M

VIII. Zonenrandgebiet, unterteilt nach Regierungsbezirken und Aktionsräumen

Diese Gliederung entspricht den gebildeten kleinsten Einheiten (siehe III)

IX. Aktionsgebiet, unterteilt nach Regierungsbezirken

Siehe die Aggregate unter II.

X. Aktionsräume, unterteilt nach Regierungsbezirken

Bezeichnung		Aggregate
1. Aktionsraum 1	Niederbayern	A + B
2. Aktionsraum 1	Oberpfalz	C
3. Aktionsraum 2	Oberfranken	D + E
4. Aktionsraum 3	Unterfranken	F + G
5. Aktionsraum 4	Mittelfranken	H
6. Aktionsraum 5	Schwaben	I
7. Aktionsraum 4	Oberbayern	K
8. Aktionsraum 5	Oberpfalz	L + M
9. Aktionsraum 6	Schwaben	N
10. Aktionsraum 6	Oberbayern	O
11. Aktionsraum 7	Oberbayern	P

XI. Aktionsräume, unterteilt nach Regierungsbezirken und Zonenrandgebiet

Diese Untergliederung betrifft nur die Aktionsräume 1, 2, 3 und 5 und ist identisch mit den kleinsten Aggregaten (siehe III bzw. VIII).

Tabelle 1+

Entwicklung von Arbeiterstunden und Umsatz in bayerischen Teilgebieten

Veränderungen 1970 gegenüber 1960 in %

Gebiet	Arbeiterstunden	Umsatz	Umsatz je Arbeiterstunde
Bundesgebiet	- 9	+ 99	+118
Bayern	- 6	+134	+148
Bayerisches Aktionsgebiet	+ 3	+131	+124
Bayerisches Zonenrandgebiet	- 5	+108	+118
Regierungsbezirk Oberbayern	+ 6	+183	+166
Regierungsbezirk Niederbayern	+14	+146	+116
Regierungsbezirk Oberpfalz	+ 8	+108	+ 94
Regierungsbezirk Oberfranken	-14	+ 92	+122
Regierungsbezirk Mittelfranken	- 8	+118	+138
Regierungsbezirk Unterfranken	+ 8	+114	+ 98
Regierungsbezirk Schwaben	+ 3	+112	+107
Aktionsraum 1	+19	+149	+109
Aktionsraum 2	-15	+ 98	+135
Aktionsraum 3	+ 8	+111	+ 95
Aktionsraum 4	+27	+257	+180
Aktionsraum 5	+ 4	+106	+ 97
Aktionsraum 6	-21	+ 56	+ 99
Aktionsraum 7	+16	+ 99	+104
AR 1 ohne ZR	+10	+125	+105
AR 1 Niederbayerisches ZR	+22	+185	+133
AR 1 Oberpfälzisches ZR	+42	+138	+ 68
AR 2 ohne ZR	+35	+158	+ 92
AR 2 ZR	-16	+ 97	+136
AR 3 ohne ZR	+ 9	+116	+ 98
AR 3 ZR	+ 7	+108	+ 94
AR 4 Mittelfränkischer Teil	+24	+129	+ 83
AR 4 Schwäbischer Teil	+20	+171	+126
AR 4 Oberbayerischer Teil	+35	+429	+288
AR 5 ohne ZR	+10	+111	+ 91
AR 5 ZR	- 7	+ 95	+110
AR 6 Schwäbischer Teil	+ 1	+132	+130
AR 6 Oberbayerischer Teil	-26	+ 42	+ 93

Anmerkung: AR = Aktionsraum, ZR = Zonenrandgebiet.
Quelle: Bayerisches Statistisches Landesamt.

Tabelle 2+

Konjunkturschwankungen in ausgewählten Branchen in Bayern und bayerischen Regierungsbezirken

- Durchschnittliche Schwankungen der jährlichen Veränderungsraten um ihren Mittelwert -

(Basis: Geleistete Arbeiterstunden)

Branche \ Gebiet	Bayern insgesamt	Davon: Regierungsbezirke						
		Ober-bayern	Nieder-bayern	Ober-pfalz	Ober-franken	Mittel-franken	Unter-franken	Schwa-ben
Industrie insgesamt	4,1	4,2	5,0	4,7	3,5	4,3	4,6	3,4
darunter:								
Industrie der Steine und Erden	4,6	6,2	5,4	6,0	4,3	5,8	5,1	6,4
Maschinenbau	5,5	6,8	11,1	18,3	5,6	8,0	6,4	4,7
Straßenfahrzeugbau	7,6	8,5	17,2	25,6	27,4	6,9	13,1	38,1
Elektrotechnische Industrie	12,2	5,7	11,2	16,6	10,0	22,4	10,7	15,2
Feinmechanische u. optische sowie Uhrenindustrie	5,6	4,4	10,2	37,8	9,2	13,2	3,7	7,3
Eisen-, Blech- u. Metallwarenindustrie	5,7	10,4	15,6	14,0	12,4	5,8	17,2	11,7
Spielwarenindustrie	4,3	7,2	8,8	11,4	4,8	5,1	20,1	8,8
Chemische Industrie	2,8	3,2	7,6	7,8	4,3	2,3	4,8	3,3
Feinkeramische Industrie	4,3	6,9	.	2,9	3,9	11,5	15,4	3,7
Glasindustrie	4,4	8,2	5,1	7,8	3,1	5,3	6,4	13,1
Säge-, Hobel-, Holzimprägnier- u. Furnierwerke	3,5	3,4	6,3	4,6	9,3	5,6	5,0	4,4
Holzverarbeitende Industrie	4,0	5,8	4,6	4,8	5,7	5,7	8,9	4,2
Papier- und pappeverarbeitende Industrie	4,8	8,5	33,7	19,8	3,6	5,8	13,4	5,9
Druckerei- u. Vervielfältigungsindustrie	2,3	3,4	2,3	3,0	3,7	3,1	2,3	2,8
Kunststoffverarbeitende Industrie	7,2	5,9	20,0	11,0	12,4	7,6	21,7	9,2
Lederverarbeitende u. Schuhindustrie	4,2	7,2	8,5	7,0	4,3	4,9	7,5	6,4
Textilindustrie	3,7	5,6	6,7	6,2	3,6	3,1	7,4	3,7
Bekleidungsindustrie	4,2	4,9	5,6	7,6	3,8	2,8	5,1	3,2
Brauerei	2,7	2,2	3,7	4,3	3,7	3,0	2,6	3,3

Tabelle 3+

Anteile der ausgewählten Branchen in den ausgewählten Gebietsaggregaten im Jahre 1971[a)]

(Basis: Geleistete Arbeiterstunden; Anteile in %)

Branche	Gebietsaggregate					
	K	A	B	C	M	E
Industrie der Steine und Erden	1,8	6,7	6,2	1,2	5,5	10,9
Maschinenbau	3,4	0,9	2,8	0,4	0,2	5,3
Straßenfahrzeugbau	18,6	6,2	0,4	-	-	5,7
Elektrotechnische Industrie	1,1	2,6	2,5	1,0	0,5	7,0
Feinmechanische u. optische sowie Uhrenindustrie	1,1	3,2	10,5	•	0,3	5,1
Eisen-, Blech- u. Metallwarenindustrie	1,9	1,3	3,4	2,6	2,8	7,7
Spielwarenindustrie	0,7	4,0	2,8	•	•	26,3
Chemische Industrie	0,4	5,0	1,1	•	•	2,4
Feinkeramische Industrie	0,1	0,4	•	1,4	24,2	54,2
Glasindustrie	•	0,6	21,3	3,4	33,9	13,0
Säge-, Hobel-, Holzimprägnier- u. Furnierwerke	3,3	5,2	6,4	2,3	1,7	8,5
Holzverarbeitende Industrie	1,7	2,5	5,1	2,5	1,6	27,0
Papier- u. pappeverarbeitende Industrie	0,3	1,4	1,9	•	3,4	7,8
Druckerei- u. Vervielfältigungsindustrie	1,4	0,9	1,3	0,1	0,6	6,8
Kunststoffverarbeitende Industrie	•	0,5	7,8	1,2	2,5	19,8
Lederverarbeitende u. Schuhindustrie	0,9	6,4	1,6	0,6	2,3	23,5
Textilindustrie	0,8	2,3	4,7	0,5	0,6	33,6
Bekleidungsindustrie	2,2	5,5	5,6	3,5	2,7	14,1
Brauerei	3,0	7,2	3,3	0,4	1,2	1,4

a) Geleistete Arbeiterstunden der betreffenden Branche in Bayern = 100 %.

Tabelle 4+

Konjunkturschwankungen in ausgewählten Branchen in Bayern und ausgewählten Gebietsaggregaten Bayerns

- Durchschnittliche Schwankungen der jährlichen Veränderungsraten um ihren Mittelwert -

(Basis: Geleistete Arbeiterstunden)

Branche / Gebiet	Bayern insgesamt	Davon: Gebietsaggregate K	A	B	C	M	E
Industrie der Steine und Erden	4,6	9,5	6,7	6,1	16,2	9,1	4,8
Maschinenbau	5,5	6,9	14,3	12,9	44,2	17,5	3,9
Straßenfahrzeugbau	7,6	14,6	18,7	113,9	-	-	29,0
Elektrotechnische Industrie	12,2	18,6	22,4	17,5	14,8	162,1	9,9
Feinmechanische u. optische sowie Uhrenindustrie	5,6	35,4	24,6	10,7	.	9,4	8,7
Eisen-, Blech- u. Metallwarenindustrie	5,7	16,4	16,9	17,6	92,0	27,9	42,4
Spielwarenindustrie	4,3	191,5	7,4	12,2	.	.	4,7
Chemische Industrie	2,8	16,0	8,7	9,7	.	.	5,6
Feinkeramische Industrie	4,3	11,8	15,8	.	2,5	3,0	4,4
Glasindustrie	4,4	.	10,5	5,4	7,3	4,7	3,1
Säge-, Hobel-, Holzimprägnier- u. Furnierwerke	3,5	5,2	8,5	7,4	7,7	10,2	9,7
Holzverarbeitende Industrie	4,0	9,9	9,1	4,5	12,6	11,0	5,5
Papier- u. pappeverarbeitende Industrie	4,8	13,6	151,1	66,9	.	8,2	4,7
Druckerei- u. Vervielfältigungsindustrie	2,3	8,1	4,1	6,2	9,9	4,5	3,8
Kunststoffverarbeitende Industrie	7,2	.	50,5	19,6	54,8	8,4	7,8
Lederverarbeitende u. Schuhindustrie	4,2	17,1	5,6	30,4	70,8	7,7	4,9
Textilindustrie	3,7	8,6	6,5	10,5	14,7	8,3	3,6
Bekleidungsindustrie	4,2	6,5	3,9	8,9	8,9	9,8	3,9
Brauerei	2,7	4,8	7,1	3,7	6,1	10,0	3,5

Tabelle 5+

Struktur der ausgewählten Branchen in den Regierungsbezirken Bayerns im Jahre 1971

(Basis: Geleistete Arbeiterstunden; Anteile in %)

Branche	Bayern insgesamt	Davon: Regierungsbezirke						
		Oberbayern	Niederbayern	Oberpfalz	Oberfranken	Mittelfranken	Unterfranken	Schwaben
Industrie der Steine und Erden	5,9	4,2	9,9	12,0	4,7	3,9	4,2	4,3
Maschinenbau	13,8	13,0	6,8	2,7	9,2	12,3	25,1	22,4
Straßenfahrzeugbau	8,0	18,2	7,2	0,5	3,0	2,2	12,8	3,2
Elektrotechnische Industrie	18,3	18,6	18,5	23,4	9,6	37,4	9,2	10,0
Feinmechanische u. optische sowie Uhrenindustrie	2,1	4,3	3,8	0,3	0,8	1,2	1,5	1,6
Eisen-, Blech- u. Metallwarenindustrie	3,4	2,7	2,0	3,4	1,3	7,5	2,7	3,8
Spielwarenindustrie	1,3	0,3	1,1	0,8	2,3	3,4	0,2	0,7
Chemische Industrie	4,7	7,7	3,9	2,4	1,0	2,9	5,4	6,8
Feinkeramische Industrie	3,3	0,4	-	11,4	11,5	2,1	1,0	0,2
Glasindustrie	2,1	0,1	6,3	11,0	1,8	0,9	0,9	1,3
Säge-, Hobel-, Holzimprägnier- u. Furnierwerke	1,2	1,0	1,9	2,7	0,7	0,4	1,7	1,3
Holzverarbeitende Industrie	4,3	3,7	4,5	3,2	7,7	3,8	3,4	3,8
Papier- u. pappeverarbeitende Industrie	1,8	1,3	0,9	1,3	1,9	2,7	1,9	2,3
Druckerei u. Vervielfältigungsindustrie	3,9	6,7	1,4	2,1	1,7	4,3	3,3	3,5
Kunststoffverarbeitende Industrie	3,1	2,0	3,3	2,4	4,6	4,6	1,0	3,8
Lederverarbeitende u. Schuhindustrie	2,0	0,9	2,0	1,2	4,1	2,1	1,7	2,1
Textilindustrie	9,1	4,6	8,9	2,7	22,5	2,7	1,1	21,0
Bekleidungsindustrie	9,4	6,9	14,0	14,2	9,3	3,9	21,0	5,7
Brauerei	2,5	3,2	3,6	2,2	2,4	1,7	2,0	2,4
Ausgewählte Branchen insgesamt[a)]	100	100	100	100	100	100	100	100

a) Eventuelle Abweichungen ergeben sich durch Auf- bzw. Abrundungen.

Tabelle 6[+]

Veränderung der geleisteten Arbeiterstunden in ausgewählten Gebieten Bayerns im Zeitraum 1961/63 und ihre branchenmäßige Aufteilung

Merkmal	Gebiet K I	K II	A I	A II	B I	B II	C I	C II	M I	M II	E I	E II
1. Geleistete Arbeiterstunden 1961 in Mill. Std.	24,8	15,0	17,0	32,9	29,8	20,6	11,9	2,3	24,9	22,6	56,9	206,2
2. Zunahme (+) / Abnahme (-) der geleisteten Arbeiterstunden 1963 gegenüber 1961												
in Mill. Std.	+ 5,0	- 1,7	+ 2,4	- 1,8	+ 4,4	- 3,3	+ 2,2	- 0,2	+ 1,5	- 2,9	- 2,4	-18,8
in %	+20,3	-11,2	+14,4	- 4,5	+14,9	-16,1	+18,8	-11,2	+ 6,2	-12,9	- 4,2	- 9,1
3. Von der Zunahme/Abnahme der geleisteten Arbeiterstunden entfielen in % auf folgende Branchen:												
Industrie der Steine und Erden	8,9	-	-	-110,0	-	-34,5	-	12,1	-	-17,9	-	- 7,4
Maschinenbau	-	-74,2	5,9	-	-	-34,7	22,7	-	14,7	-	-	- 2,6
Straßenfahrzeugbau	102,1	-	-	13,7	-	- 1,4	-	-	-	-	-	- 6,5
Elektrotechnische Industrie	-14,6	-	81,1	-	- 2,4	-	4,7	-	85,9	-	-115,6	-
Feinmechanische u. optische sowie Uhrenindustrie	0,6	-	5,4	-	1,2	-	-	-28,1	0,7	-	0,2	-
Eisen-, Blech- u. Metallwarenindustrie	-	- 6,8	4,5	-	10,1	-	4,4	-	8,7	-	-	- 4,2
Spielwarenindustrie	0,5	-	2,6	-	-	- 4,8	-	-	- 0,1	-	- 1,2	-
Chemische Industrie	-	- 3,9	-	-13,2	-	- 1,5	-	-	0,1	-	6,4	-
Feinkeramische Industrie	-	- 4,9	1,6	-	-	-	- 4,6	-	-80,0	-	-	-38,5
Glasindustrie	-	-	-	- 3,1	-10,5	-	- 3,1	-	-	-52,7	-	- 5,5
Säge-, Hobel-, Holzimprägnier- u. Furnierwerke	- 3,8	-	- 7,8	-	-	-22,3	-	-80,1	-	- 7,5	-18,8	-
Holzverarbeitende Industrie	0,6	-	8,1	-	- 5,5	-	5,3	-	-	- 7,3	-	- 8,9
Papier- u. pappeverarbeitende Industrie	0,3	-	-	- 6,1	-	- 0,3	-	-	-	- 7,5	-	- 0,5
Druckerei- u. Vervielfältigungsindustrie	-	- 1,5	1,0	-	-	- 0,5	0,0	-	0,9	-	16,3	-
Kunststoffverarbeitende Industrie	-	-	2,3	-	22,2	-	-	- 3,9	5,5	-	-	- 2,6
Lederverarbeitende u. Schuhindustrie	1,8	-	- 1,7	-	7,1	-	3,5	-	0,9	-	- 7,7	-
Textilindustrie	0,0	-	- 3,0	-	25,7	-	10,4	-	-	-12,1	-	-31,9
Bekleidungsindustrie	-	- 8,7	-	16,3	49,7	-	55,8	-	55,0	-	-	8,6
Brauerei	3,6	-	-	2,6	2,4	-	0,9	-	7,7	-	20,4	-
Insgesamt	+100	-100	+100	-100	+100	-100	+100	-100	+100	-100	-100	-100

I = Branchen, in denen die Entwicklung der geleisteten Arbeiterstunden im Vergleich zum bayerischen Durchschnitt günstiger war.
II = Branchen, in denen die Entwicklung der geleisteten Arbeiterstunden im Vergleich zum bayerischen Durchschnitt ungünstiger war.

Quelle: Bayerisches Statistisches Landesamt.

Tabelle 7+ Veränderung der geleisteten Arbeiterstunden in ausgewählten Gebieten Bayerns im Zeitraum 1963/65 und ihre branchenmäßige Aufteilung

Merkmal	Gebiet											
	K		A		B		C		M		E	
	I	II	I	II	I	II	I	II	I	II	I	II
1. Geleistete Arbeiterstunden 1963 in Mill. Std.	25,8	16,0	36,4	13,8	44,0	7,6	5,8	10,3	21,6	24,5	134,5	107,2
2. Zunahme (+) / Abnahme (-) der geleisteten Arbeiterstunden 1965 gegenüber 1963 in Mill. Std.	+ 2,5	- 1,0	+ 5,1	- 0,1	+ 6,3	- 0,9	+ 1,2	- 0,6	+ 1,6	- 1,3	- 0,1	- 1,2
in %	+ 9,8	- 6,3	+14,1	- 0,9	+14,4	-12,0	+20,4	- 6,0	+ 7,3	- 5,4	- 0,1	- 1,2
3. An der Zunahme/Abnahme der geleisteten Arbeiterstunden waren folgende Branchen anteilig in % beteiligt:												
Industrie der Steine und Erden	9,7	-	10,0	-	4,0	-	-	-17,8	-	-18,2	-	3,6
Maschinenbau	-	18,2	6,6	-	18,1	-	6,8	-	7,3	-	-	- 4,9
Straßenfahrzeugbau	34,4	-	25,4	-	0,2	-	-	-	-	-	-	-38,6
Elektrotechnische Industrie	14,4	-	22,8	-	21,7	-	80,9	-	9,0	-	-	-28,2
Feinmechanische u. optische sowie Uhrenindustrie	10,3	-	12,5	-	5,1	-	7,8	-	0,8	-	53,3	-
Eisen-, Blech- u. Metallwarenindustrie	13,8	-	0,5	-	9,5	-	-	- 0,8	5,9	-	2810,7	-
Spielwarenindustrie	0,4	-	2,3	-	1,3	-	-	-	-	- 1,0	350,7	-
Chemische Industrie	-	- 3,4	4,8	-	-	- 5,5	-	2,4	13,7	-	-	- 6,5
Feinkeramische Industrie	-	- 0,7	-	-15,4	-	-	-	-16,3	-	-50,4	350,7	-
Glasindustrie	-	-	-	-65,0	- 0,7	-	-	-24,4	3,2	-	-	-83,8
Säge-, Hobel-, Holzimprägnier- u. Furnierwerke	-	-30,0	-	-100,0	- 0,8	-	- 2,1	-	-	3,5	-	-16,3
Holzverarbeitende Industrie	9,8	-	- 0,0	-	-	-43,3	1,1	-	-	-33,9	65,3	-
Papier- und pappeverarbeitende Industrie	-	- 2,7	3,2	-	1,3	-	-	-	13,7	-	-	-14,1
Druckerei- u. Vervielfältigungsindustrie	7,7	-	-	-	1,2	-	0,7	-	1,9	-	-	-14,1
Kunststoffverarbeitende Industrie	-	-	-	-10,6	15,4	-	6,4	-	12,6	-	-	72,8
Lederverarbeitende u. Schuhindustrie	- 0,5	-	- 3,5	-	-	-51,2	- 2,0	-	4,3	-	-1308,0	-
Textilindustrie	-	-40,6	5,3	91,0	11,8	-	-	-39,4	- 1,3	-	-2353,4	-
Bekleidungsindustrie	-	-29,6	-	-	10,7	-	-	- 3,7	28,5	-	-	30,1
Brauerei	-	-11,2	10,1	-	1,2	-	0,4	-	0,4	-	30,7	-
Insgesamt	+100	-100	+100	-100	+100	-100	+100	-100	+100	-100	+100	-100

I = Branchen, in denen die Entwicklung der geleisteten Arbeiterstunden im Vergleich zum bayerischen Durchschnitt günstiger war.
II = Branchen, in denen die Entwicklung der geleisteten Arbeiterstunden im Vergleich zum bayerischen Durchschnitt ungünstiger war.

Quelle: Bayerisches Statistisches Landesamt.

Tabelle 8[+] Veränderung der geleisteten Arbeiterstunden in ausgewählten Gebieten Bayerns im Zeitraum 1965/67 und ihre branchenmäßige Aufteilung

Merkmal	Gebiet											
	K		A		B		C		M		E	
	I	II	I	II	I	II	I	II	I	II	I	II
1. Geleistete Arbeiterstunden 1965 in Mill. Std.	12,6	30,8	16,5	38,7	26,8	30,2	8,3	8,3	33,1	13,3	174,1	66,4
2. Zunahme (+) / Abnahme (-) der geleisteten Arbeiterstunden 1967 gegenüber 1965												
in Mill. Std.	- 0,8	- 7,4	- 1,2	- 6,7	- 1,3	- 5,9	+ 0,8	- 2,1	- 1,7	- 2,4	-16,5	-10,0
in %	- 6,1	-24,1	- 7,1	-17,4	- 4,7	-19,5	+10,1	-25,8	- 5,3	-18,6	- 9,5	-15,0
3. Von der Zunahme/Abnahme der geleisteten Arbeiterstunden entfielen in % auf folgende Branchen:												
Industrie der Steine und Erden	-15,8	-	-85,8	-	-	-21,4	- 5,5	-	-	-54,1	-	-18,4
Maschinenbau	-68,0	-	-	- 7,6	-	-24,0	-	- 4,4	0,1	-	- 8,0	-
Straßenfahrzeugbau	-	-57,3	-	-29,7	- 1,6	-	-	-	-	-	- 6,7	-
Elektrotechnische Industrie	-	-22,9	-	-13,9	-	-16,8	-	-37,7	- 4,7	-	-	-41,3
Feinmechanische u. optische sowie Uhrenindustrie	-	- 3,2	- 9,2	-	-	- 6,6	-	- 8,7	- 0,4	-	-	- 4,2
Eisen-, Blech- u. Metallwarenindustrie	-	- 1,4	-	- 3,8	-	- 9,5	123,3	-	6,0	-	-	- 8,1
Spielwarenindustrie	4,8	-	7,1	-	-	- 1,3	2,6	-	-	- 0,6	- 2,2	-
Chemische Industrie	-	- 0,2	-	-19,9	-	- 4,0	0,0	-	2,2	-	- 0,2	-
Feinkeramische Industrie	-	- 0,4	-	- 0,8	-	-	- 4,1	-	-104,8	-	-33,9	-
Glasindustrie	-	-	-	- 0,8	-38,5	-	9,8	-	- 3,8	-	- 1,9	-
Säge-, Hobel-, Holzimprägnier- u. Furnierwerke	-14,8	-	-	- 1,9	-	- 7,9	-	- 7,2	-	- 3,8	- 1,4	-
Holzverarbeitende Industrie	-	- 3,5	-	- 3,6	-22,7	-	-	-12,5	7,9	-	0,0	-
Papier- u. pappeverarbeitende Industrie	- 0,0	-	9,4	-	- 1,7	-	-	-	-	- 9,0	- 0,3	-
Druckerei- u. Vervielfältigungsindustrie	- 0,1	-	2,9	-	-	- 2,2	-	- 0,2	-	- 0,7	-	- 2,5
Kunststoffverarbeitende Industrie	1,9	-	3,4	-	-	- 6,3	-	- 0,5	-	- 5,7	-	- 6,9
Lederverarbeitende u. Schuhindustrie	- 2,1	-	-22,2	-	7,3	-	- 3,7	-	- 5,4	-	-	-16,3
Textilindustrie	- 5,9	-	- 5,6	-	3,5	-	-	-28,6	2,9	-	-40,7	-
Bekleidungsindustrie	-	- 9,9	-	-16,2	-49,3	-	-23,2	-	-	-24,7	- 4,7	-
Brauerei	-	- 1,2	-	- 1,8	3,0	-	0,8	-	-	- 1,4	-	- 2,3
Insgesamt	-100	-100	-100	-100	-100	-100	+100	-100	-100	-100	-100	-100

I = Branchen, in denen die Entwicklung der geleisteten Arbeiterstunden im Vergleich zum bayerischen Durchschnitt günstiger war.
II = Branchen, in denen die Entwicklung der geleisteten Arbeiterstunden im Vergleich zum bayerischen Durchschnitt ungünstiger war.

Quelle: Bayerisches Statistisches Landesamt.

Tabelle 9+ Veränderung der geleisteten Arbeiterstunden in ausgewählten Gebieten Bayerns im Zeitraum 1967/69 und ihre branchenmäßige Aufteilung

Merkmal	Gebiet K I	K II	A I	A II	B I	B II	C I	C II	M I	M II	E I	E II
1. Geleistete Arbeiterstunden 1967 in Mill. Std.	29,6	5,6	30,4	16,8	33,7	15,6	11,2	3,9	20,3	21,8	70,3	143,8
2. Zunahme (+) / Abnahme (-) der geleisteten Arbeiterstunden 1969 gegenüber 1967 in Mill. Std.	+10,9	- 0,3	+ 5,1	- 1,3	+10,9	- 0,2	+ 4,7	- 0,2	+ 2,4	- 0,5	+11,6	+ 4,6
in %	+36,9	- 5,5	+16,8	- 7,6	+32,4	- 1,5	+42,0	- 5,8	+12,0	- 2,3	+16,6	+ 3,2
3. Von der Zunahme/Abnahme der geleisteten Arbeiterstunden entfielen in % auf folgende Branchen:												
Industrie der Steine und Erden	-	-64,8	-	-103,7	1,1	-	7,8	-	9,1	-	0,2	-
Maschinenbau	15,0	-	12,1	-	18,2	-	5,5	-	-	- 1,4	-	23,3
Straßenfahrzeugbau	64,7	-	-	-16,5	-	- 0,9	1,3	-	-	-	-	7,5
Elektrotechnische Industrie	12,3	-	39,8	-	24,2	-	21,7	-	-	-66,3	33,9	-
Feinmechanische u. optische sowie Uhrenindustrie	-	2,6	6,0	-	6,6	-	3,0	-	-	1,0	1,0	-
Eisen-, Blech- u. Metallwarenindustrie	-	-19,2	5,7	-	7,0	-	28,0	-	-	26,3	12,7	-
Spielwarenindustrie	-	- 3,5	4,2	-	1,3	-	2,6	-	-	-	6,5	-
Chemische Industrie	0,3	-	-	17,6	-	-16,0	-	- 0,9	3,4	-	-	- 3,8
Feinkeramische Industrie	-	- 0,7	1,1	-	-	-	-	3,6	-	-64,7	-	-17,1
Glasindustrie	-	-	0,2	-	-	-103,5	-	-62,5	48,7	-	-	- 0,4
Säge-, Hobel-, Holzimprägnier- u. Furnierwerke	-	-17,6	1,3	-	-	- 4,8	-	-16,1	-	- 4,6	3,2	-
Holzverarbeitende Industrie	1,5	-	4,5	-	-	12,6	10,9	-	-	2,0	15,3	-
Papier- u. pappeverarbeitende Industrie	-	3,2	1,4	-	7,8	-	0,2	-	-	6,8	-	4,6
Druckerei- u. Vervielfältigungsindustrie	0,8	-	0,9	-	0,6	-	0,2	-	1,2	-	-	2,7
Kunststoffverarbeitende Industrie	0,3	-	-	2,6	-	6,1	-	19,6	11,2	-	20,8	-
Lederverarbeitende u. Schuhindustrie	0,3	-	4,0	-	-	6,5	-	-10,7	3,8	-	6,4	-
Textilindustrie	1,1	-	9,1	-	18,8	-	-	-33,0	-	10,1	-	72,9
Bekleidungsindustrie	3,8	-	12,3	-	15,1	-	18,3	-	22,6	-	-	19,2
Brauerei	- 0,1	-	- 2,6	-	- 0,7	-	0,5	-	-	- 9,2	-	- 8,9
Insgesamt	+100	-100	+100	-100	+100	-100	+100	-100	+100	-100	+100	+100

I = Branchen, in denen die Entwicklung der geleisteten Arbeiterstunden im Vergleich zum bayerischen Durchschnitt <u>günstiger</u> war.
II = Branchen, in denen die Entwicklung der geleisteten Arbeiterstunden im Vergleich zum bayerischen Durchschnitt <u>ungünstiger</u> war.

Quelle: Bayerisches Statistisches Landesamt.

Tabelle 10[+] **Veränderung der geleisteten Arbeiterstunden in ausgewählten Gebieten Bayerns im Zeitraum 1969/71 und ihre branchenmäßige Aufteilung**

Merkmal	Gebiet K I	K II	A I	A II	B I	B II	C I	C II	M I	M II	E I	E II
1. Geleistete Arbeiterstunden 1969 in Mill. Std.	29,2	16,7	37,1	14,0	32,8	27,7	10,7	8,8	29,6	14,5	83,6	146,7
2. Zunahme (+) / Abnahme (-) der geleisteten Arbeiterstunden 1971 gegenüber 1969												
in Mill. Std.	+ 3,9	- 2,1	+ 2,5	- 1,4	+ 5,0	- 3,4	+ 1,0	- 1,8	+ 0,6	- 1,1	- 0,7	-11,3
in %	+13,6	-12,3	+ 6,9	-10,1	+15,3	-12,2	+ 9,0	-20,3	+ 2,0	- 7,3	- 0,8	- 7,7
3. Von der Zunahme/Abnahme der geleisteten Arbeiterstunden entfielen in % auf folgende Branchen:												
Industrie der Steine und Erden	-	5,4	-	23,6	-	- 3,5	10,5	-	134,8	-	-	5,1
Maschinenbau	-	-56,3	-	-90,4	-	-30,1	- 8,6	-	-	-33,0	-26,4	-
Straßenfahrzeugbau	90,4	-	87,1	-	8,0	-	13,3	-	-	-	-	-15,6
Elektrotechnische Industrie	-	-41,9	- 3,9	-	28,1	-	-	-33,7	13,7	-	-43,2	-
Feinmechanische u. optische sowie Uhrenindustrie	2,2	-	-	-15,5	16,4	-	-	- 8,0	3,7	-	11,5	-
Eisen-, Blech- u. Metallwarenindustrie	3,7	-	1,0	-	6,0	-	-	-41,5	17,3	-	-	- 1,5
Spielwarenindustrie	0,2	-	- 1,1	-	-	- 3,5	7,0	-	-	-	-	- 6,8
Chemische Industrie	0,5	-	17,2	-	0,0	-	5,1	-	-	-50,8	6,4	-
Feinkeramische Industrie	- 1,0	-	- 0,5	-	-	-	- 5,2	-	-137,9	-	-	-33,0
Glasindustrie	-	-	-	- 1,0	11,7	-	-	- 4,5	-	- 8,3	-	- 3,5
Säge-, Hobel-, Holzimprägnier- u. Furnierwerke	-	- 3,5	5,3	-	-	- 3,6	1,1	-	- 2,2	-	-	- 5,5
Holzverarbeitende Industrie	2,8	-	5,5	-	0,5	-	4,7	-	32,0	-	11,1	-
Papier- u. pappeverarbeitende Industrie	-	- 0,6	1,8	-	-	-21,4	5,0	-	-	- 5,9	8,4	-
Druckerei- u. Vervielfältigungsindustrie	2,7	-	-	- 0,2	-	- 0,1	-	- 0,6	1,2	-	19,8	-
Kunststoffverarbeitende Industrie	1,2	-	4,6	-	21,7	-	42,6	-	15,4	-	-	9,5
Lederverarbeitende u. Schuhindustrie	0,4	-	-	-16,5	-	- 0,5	-	- 1,3	4,6	-	-	- 6,9
Textilindustrie	- 0,6	-	- 9,4	-	7,6	-	-	- 9,8	- 2,9	-	-	-37,9
Bekleidungsindustrie	- 2,5	-	- 6,7	-	-	-37,3	24,5	-	20,3	-	-87,6	-
Brauerei	-	- 3,1	- 0,9	-	0,0	-	-	- 0,6	-	- 2,0	-	- 3,9
Insgesamt	+100	-100	+100	-100	+100	-100	+100	-100	+100	-100	-100	-100

I = Branchen, in denen die Entwicklung der geleisteten Arbeiterstunden im Vergleich zum bayerischen Durchschnitt günstiger war.
II = Branchen, in denen die Entwicklung der geleisteten Arbeiterstunden im Vergleich zum bayerischen Durchschnitt ungünstiger war.

Quelle: Bayerisches Statistisches Landesamt.

ANHANG II

Dieser Anhang enthält 40 Abbildungen:

Abbildung 1—2

Kartographische Darstellung der untersuchten Gebiete

Abbildung 3

Indikatoren der Industriekonjunktur in der BRD

Abbildung 4

Entwicklung der Industriekonjunktur in der BRD. Basis: Geleistete Arbeiterstunden und Nettoproduktionsindex

Abbildung 5

Vergleich der Entwicklung der Industriekonjunktur in der BRD und in Bayern. Basis: Nettoproduktionsindex

Abbildung 6—23

Entwicklung der Industriekonjunktur in Bayern und in bayerischen Teilgebieten (prozentuale Abweichungen der geglätteten saisonbereinigten Werte vom Trend). Basis: Geleistete Arbeiterstunden

Abbildung 24—27

Entwicklung der Industriekonjunktur in der BRD, in Bayern und in zwei bayerischen Teilgebieten (Index der geleisteten Arbeiterstunden, Ursprungs- und saisonbereinigte Werte). Basis: Geleistete Arbeiterstunden

Abbildung 28—33

Durchschnittliches Ausmaß der Schwankungen der Industriekonjunktur in der BRD, in Bayern und in bayerischen Teilgebieten. Basis Geleistete Arbeiterstunden

Abbildung 34

Ausmaß der Schwankungen der Industriekonjunktur in der BRD, in Bayern und in bayerischen Teilgebieten für einzelne Konjunkturzyklen. Basis: Geleistete Arbeiterstunden

Abbildung 35—39

Vergleich der Konjunkturentwicklung ausgewählter Industriezweige in der BRD und in Bayern. Basis: Nettoproduktionsindex

Abbildung 40

Vergleich verschiedener Indikatoren für Konjunkturschwankungen in Bayern und in bayerischen Regierungsbezirken. Basis: Geleistete Arbeiterstunden

Regionale Aktionsräume in Bayern

Abb. 1

IFO-INSTITUT für Wirtschaftsforschung München

ifo

Abb. 2

Untergliederung der bayerischen Aktionsräume
nach Regierungsbezirks - und Zonenrandgebietsgrenzen

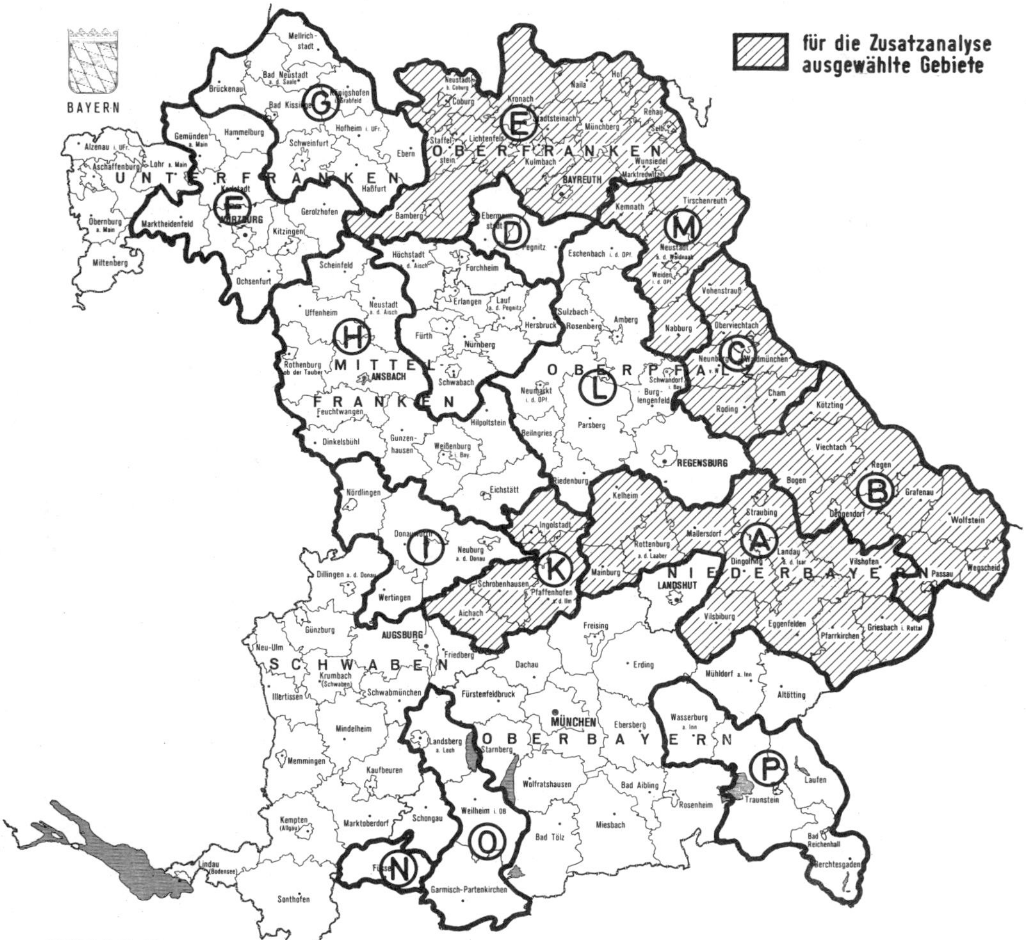

BAYERISCHES STAATSMINISTERIUM
FÜR LANDESENTWICKLUNG UND UMWELTFRAGEN

IFO-INSTITUT für Wirtschaftsforschung München

ifo

Indikatoren der Industriekonjunktur
Produktion, Kosten, Preise

Abb. 3

Prozentuale Abweichungen 1) zweimonatlich saisonbereinigter Werte vom Trend

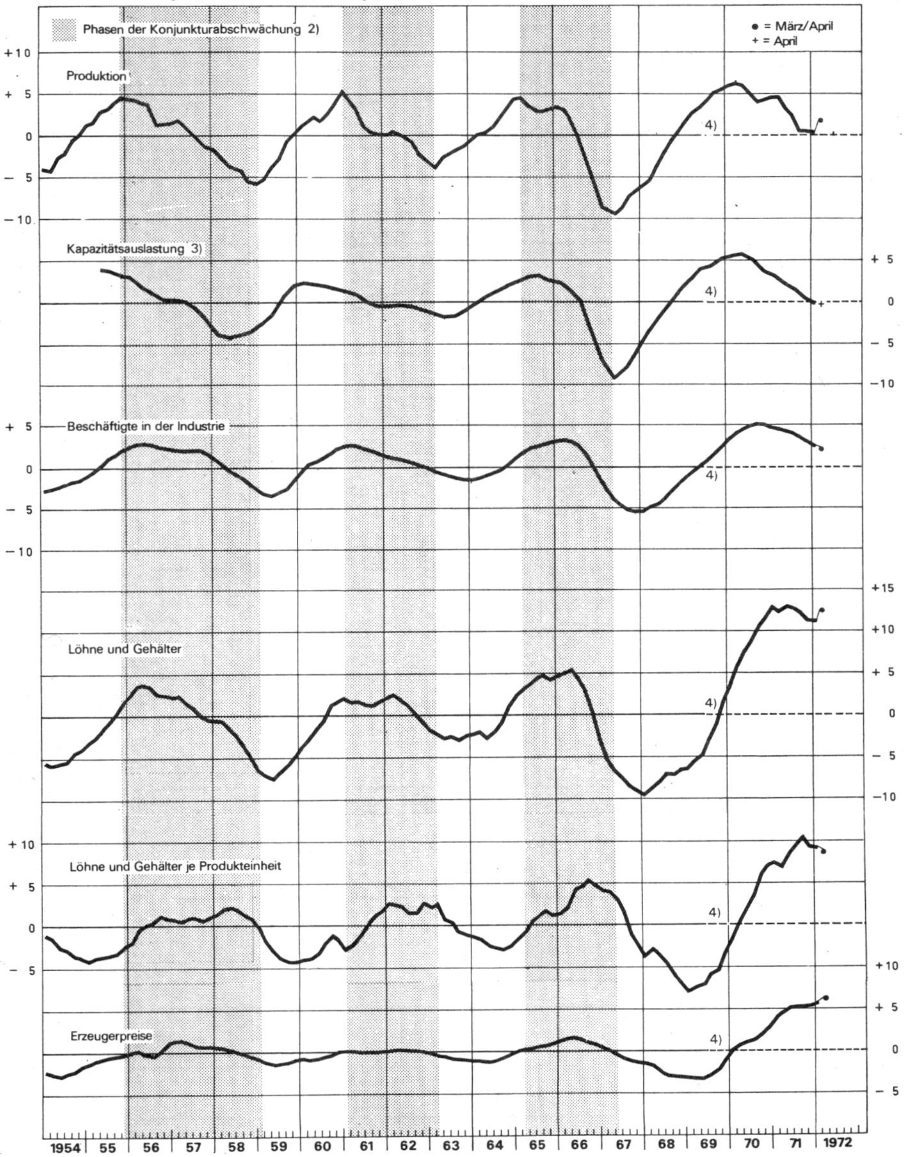

1) Ergebnisse mit einem gleitenden 3-Periodendurchschnitt geglättet. 2) Gemessen an dem Rückgang der trendbereinigten Werte der Industrieproduktion. - 3) Vierteljährliche Angaben (Quelle für Ursprungswerte: Ifo-Institut). 4) Kurvenverlauf ab Mitte 1969 mit einer gewissen Unsicherheit behaftet, da der Trend seitdem durch Extrapolation geschätzt wurde.

Quelle: Statistische Beihefte zu den Monatsberichten der Deutschen Bundesbank, Reihe 4, Juli 1972 Nr. 7.

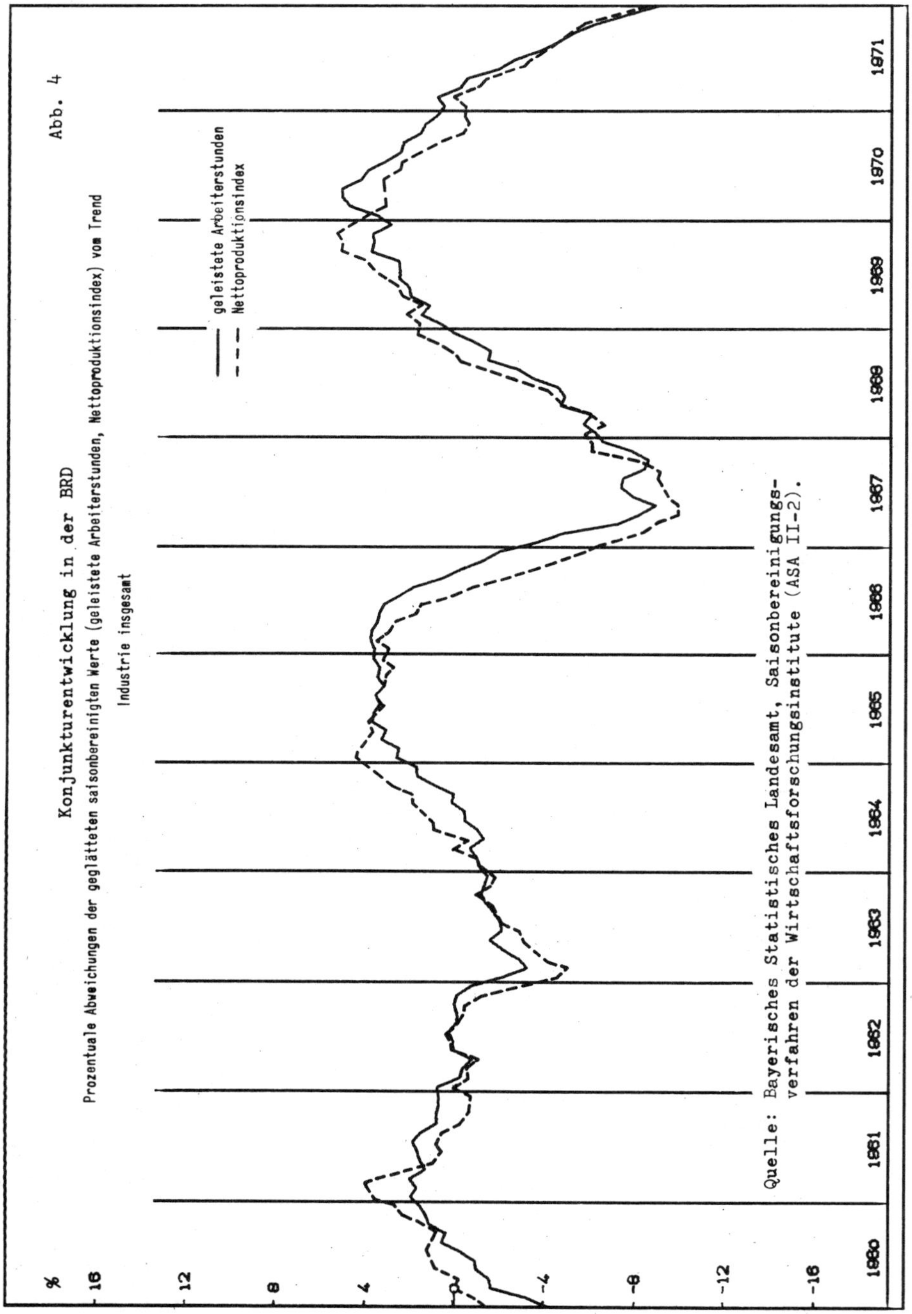

Quelle: Bayerisches Statistisches Landesamt, Saisonbereinigungsverfahren der Wirtschaftsforschungsinstitute (ASA II-2).

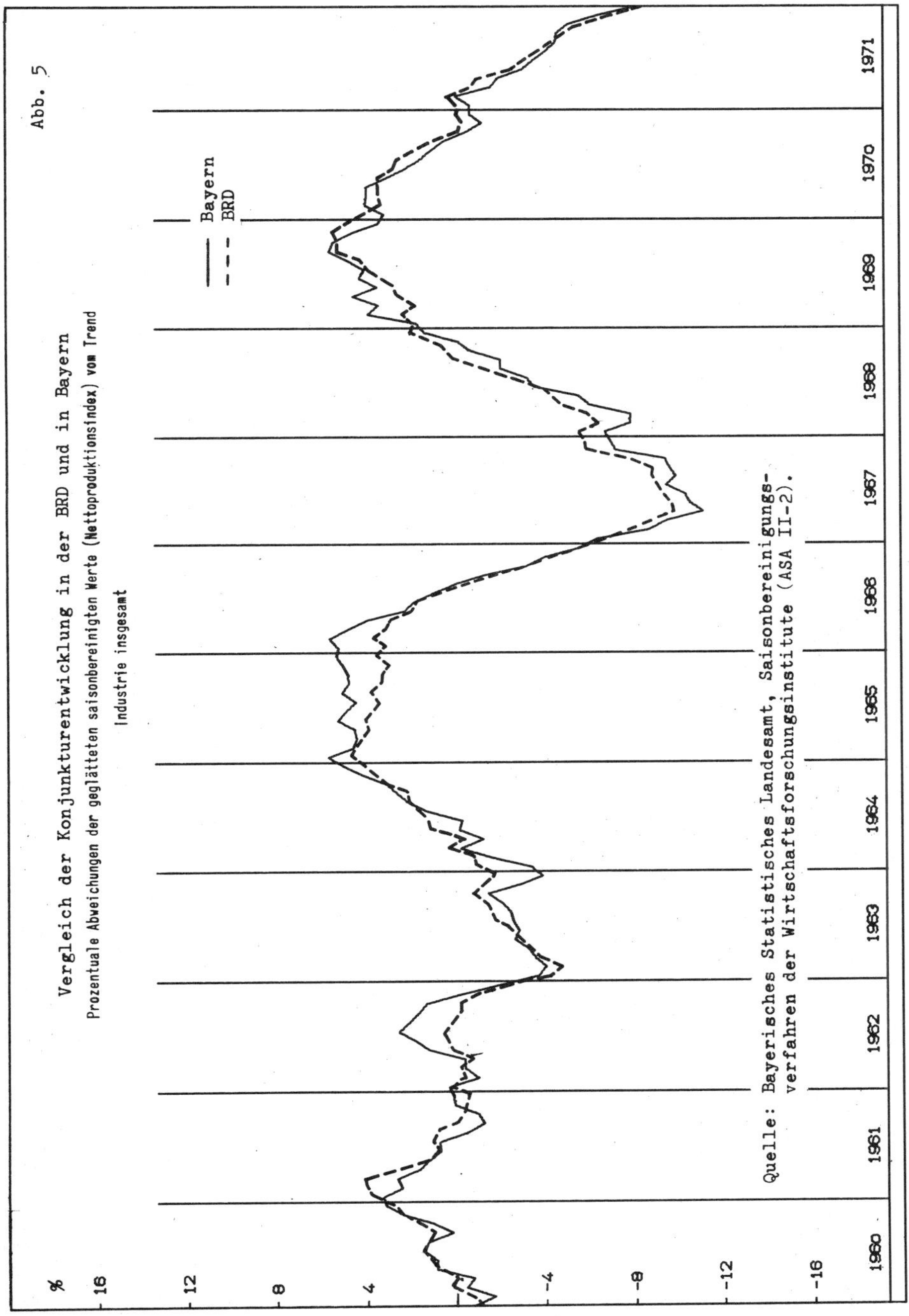
Abb. 5
Vergleich der Konjunkturentwicklung in der BRD und in Bayern
Prozentuale Abweichungen der geglätteten saisonbereinigten Werte (Nettoproduktionsindex) vom Trend
Industrie insgesamt
Bayern
BRD
%
16
12
8
4
-4
-8
-12
-16
1960
1961
1962
1963
1964
1965
1966
1967
1968
1969
1970
1971
Quelle: Bayerisches Statistisches Landesamt, Saisonbereinigungsverfahren der Wirtschaftsforschungsinstitute (ASA II-2).

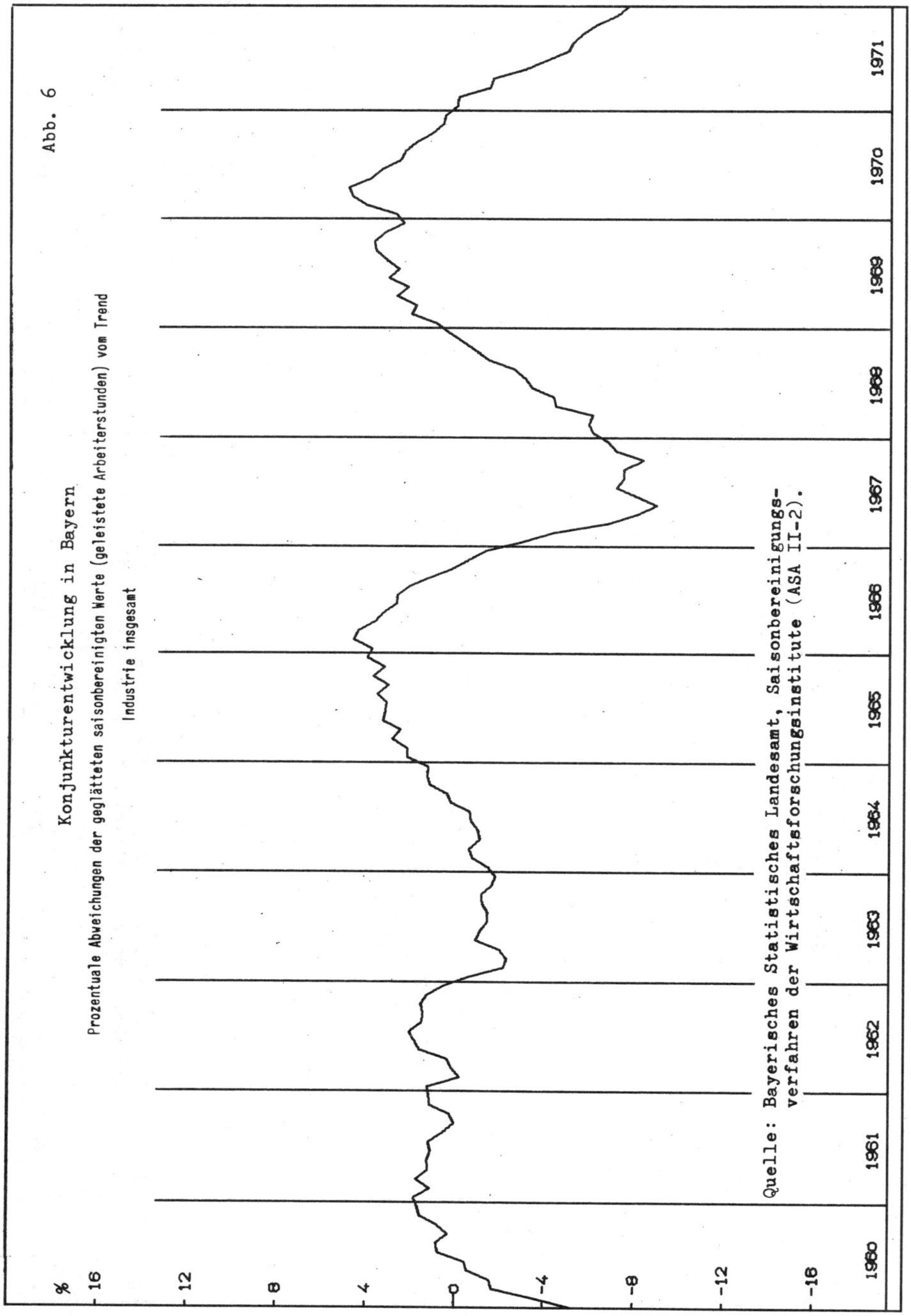
Abb. 6
Konjunkturentwicklung in Bayern
Prozentuale Abweichungen der geglätteten saisonbereinigten Werte (geleistete Arbeiterstunden) vom Trend
Industrie insgesamt
%
16
12
8
4
0
-4
-8
-12
-16
1960
1961
1962
1963
1964
1965
1966
1967
1968
1969
1970
1971
Quelle: Bayerisches Statistisches Landesamt, Saisonbereinigungs-
verfahren der Wirtschaftsforschungsinstitute (ASA II-2).

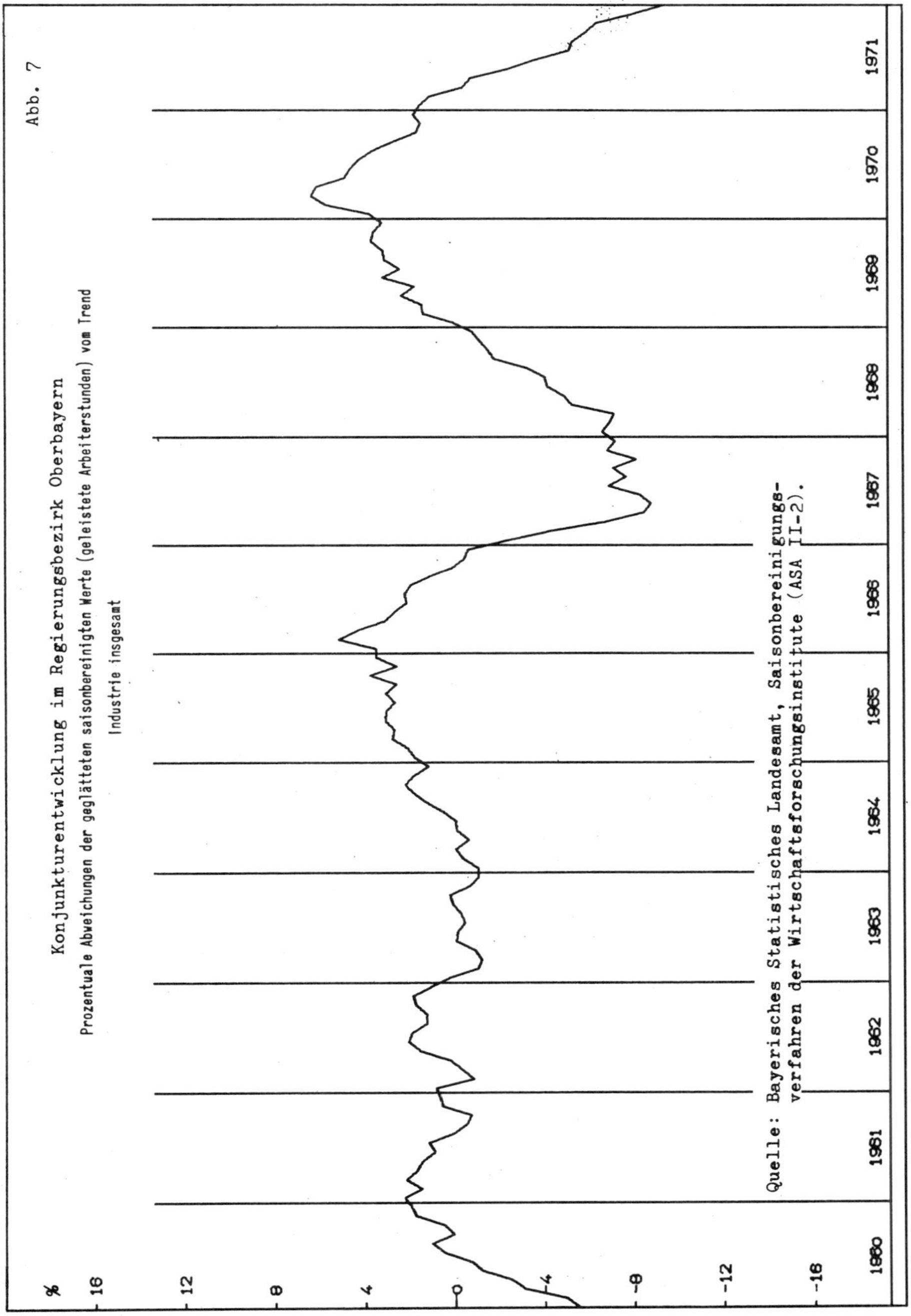
Abb. 7
Konjunkturentwicklung im Regierungsbezirk Oberbayern
Prozentuale Abweichungen der geglätteten saisonbereinigten Werte (geleistete Arbeiterstunden) vom Trend
Industrie insgesamt
%
16
12
8
4
0
-4
-8
-12
-16
1960
1961
1962
1963
1964
1965
1966
1967
1968
1969
1970
1971
Quelle: Bayerisches Statistisches Landesamt, Saisonbereinigungsverfahren der Wirtschaftsforschungsinstitute (ASA II-2).

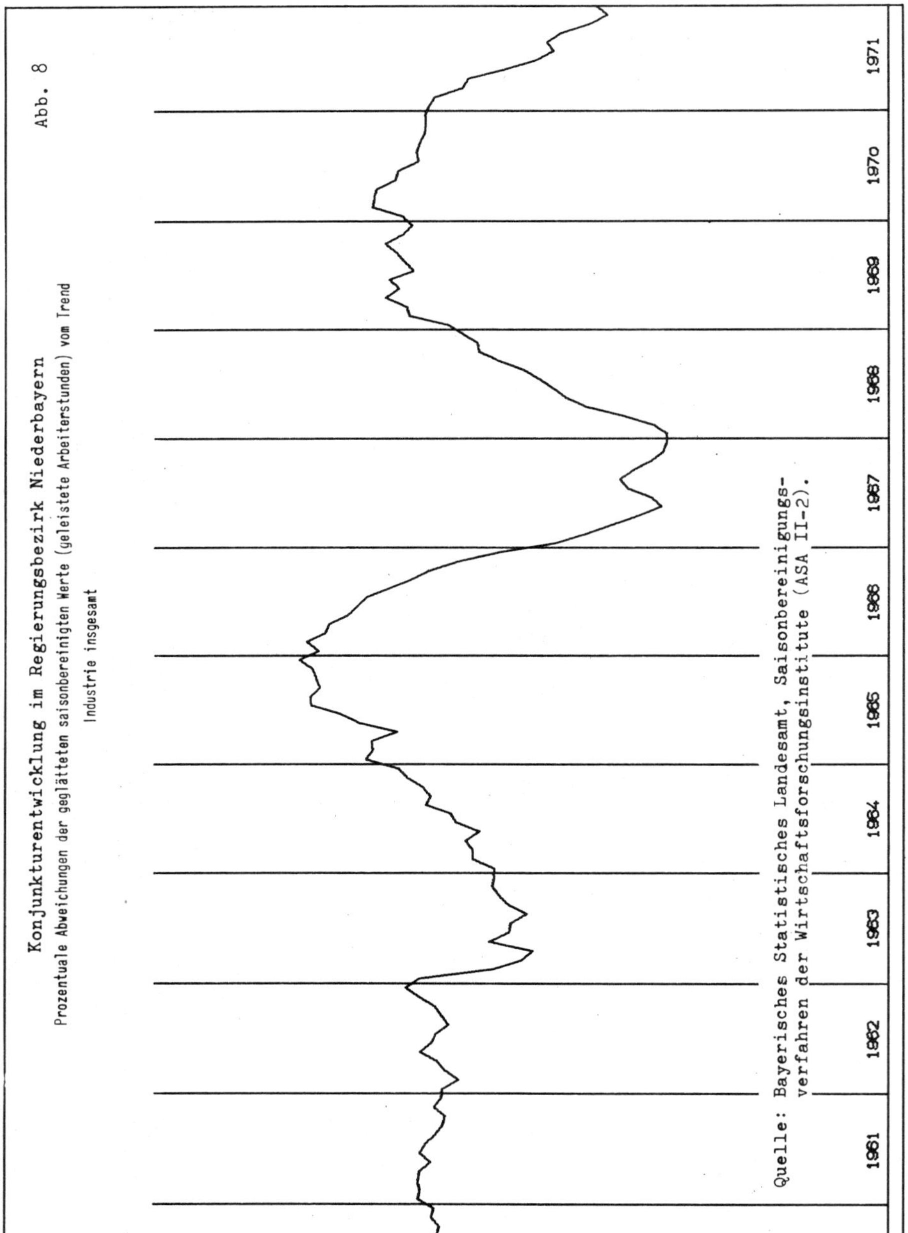
Abb. 8
Konjunkturentwicklung im Regierungsbezirk Niederbayern
Prozentuale Abweichungen der geglätteten saisonbereinigten Werte (geleistete Arbeitsstunden) vom Trend
Industrie insgesamt
%
16
12
8
4
0
-4
-8
-12
-16
1960
1961
1962
1963
1964
1965
1966
1967
1968
1969
1970
1971
Quelle: Bayerisches Statistisches Landesamt, Saisonbereinigungsverfahren der Wirtschaftsforschungsinstitute (ASA II-2).

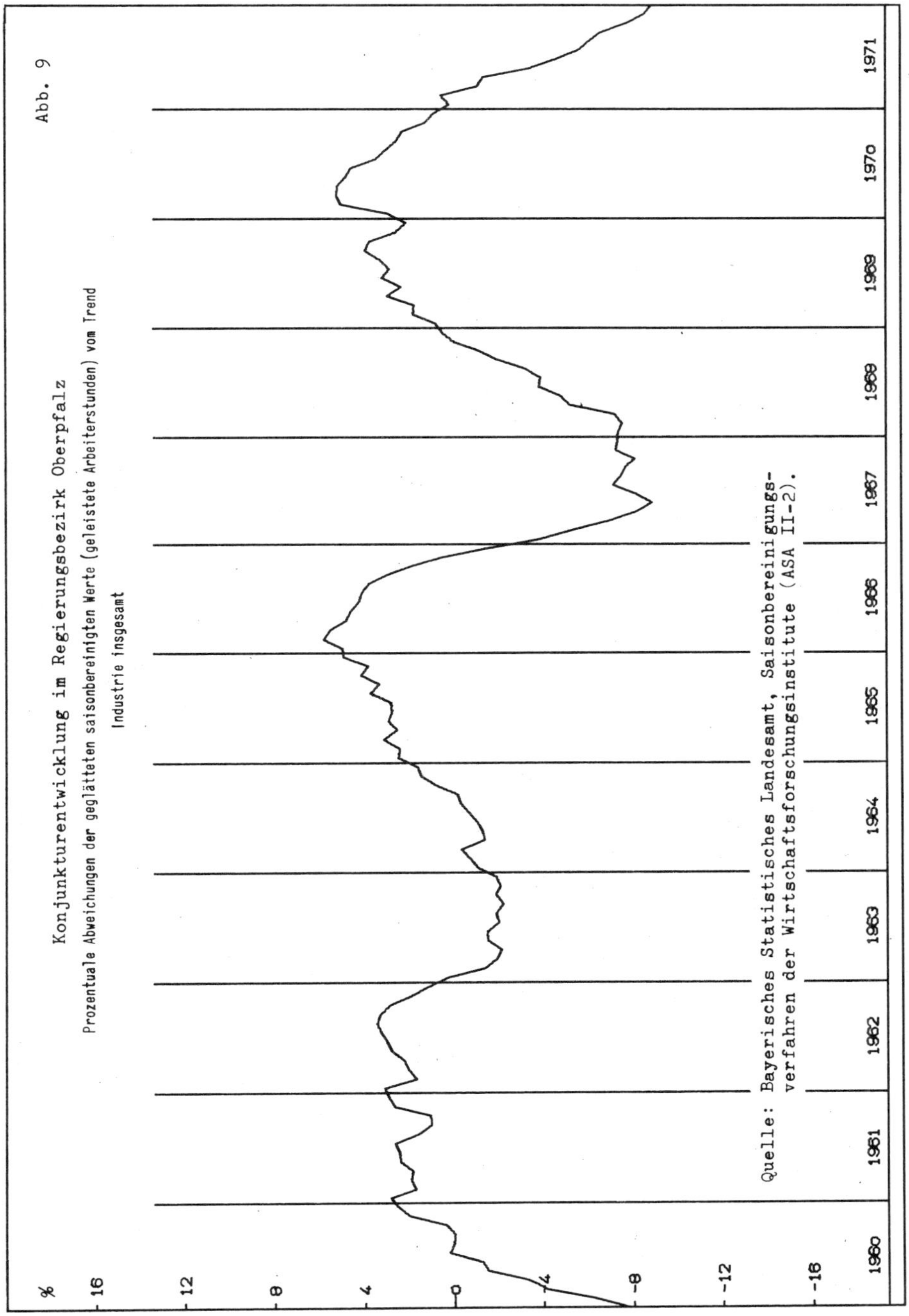
Abb. 9
Konjunkturentwicklung im Regierungsbezirk Oberpfalz
Prozentuale Abweichungen der geglätteten saisonbereinigten Werte (geleistete Arbeiterstunden) vom Trend
Industrie insgesamt
Quelle: Bayerisches Statistisches Landesamt, Saisonbereinigungsverfahren der Wirtschaftsforschungsinstitute (ASA II-2).
%
16
12
8
4
0
-4
-8
-12
-16
1960
1961
1962
1963
1964
1965
1966
1967
1968
1969
1970
1971

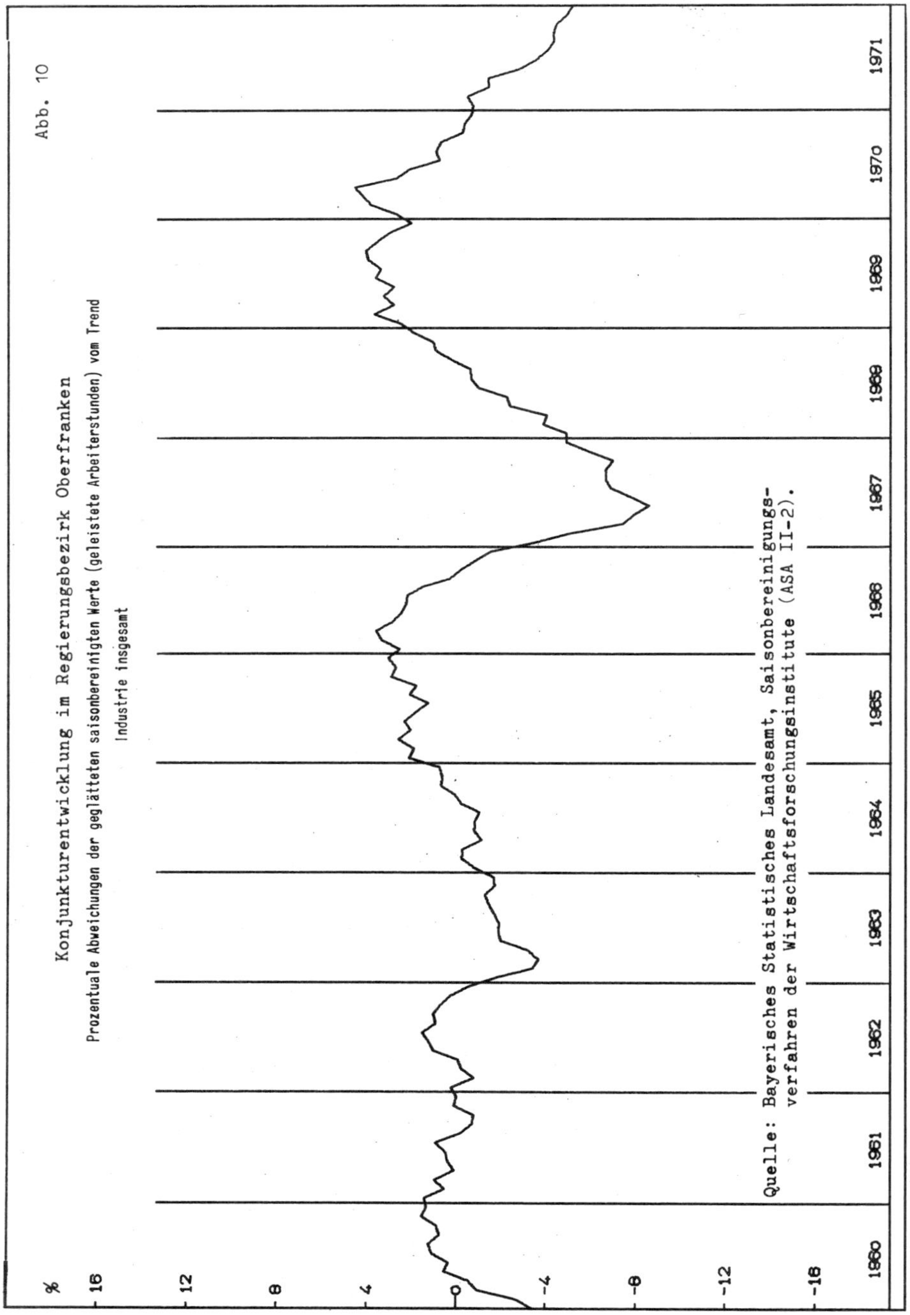
Abb. 10
Konjunkturentwicklung im Regierungsbezirk Oberfranken
Prozentuale Abweichungen der geglätteten saisonbereinigten Werte (geleistete Arbeitsstunden) vom Trend
Industrie insgesamt
%
16
12
8
4
0
-4
-8
-12
-16
1960
1961
1962
1963
1964
1965
1966
1967
1968
1969
1970
1971
Quelle: Bayerisches Statistisches Landesamt, Saisonbereinigungsverfahren der Wirtschaftsforschungsinstitute (ASA II-2).

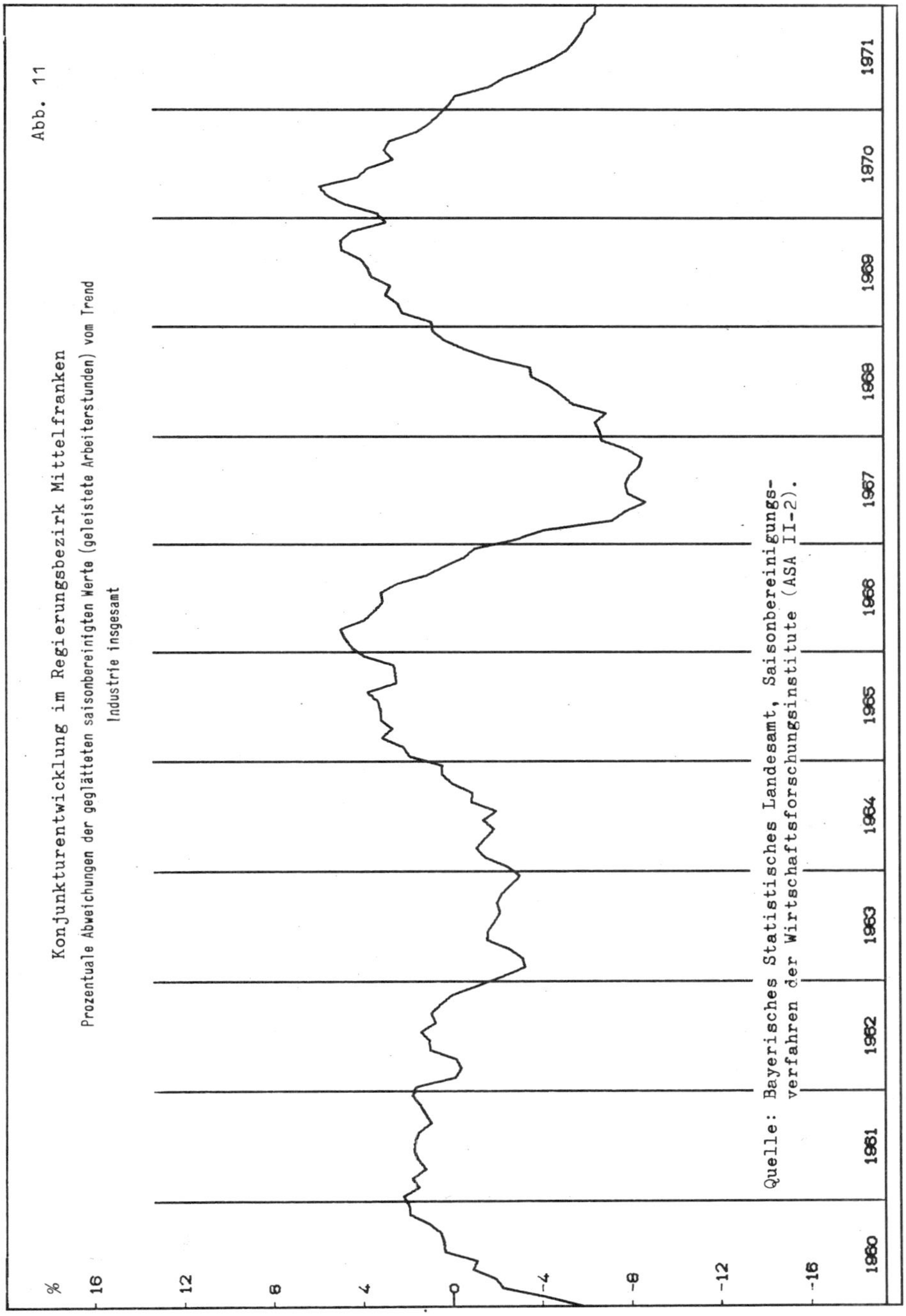
Abb. 11
Konjunkturentwicklung im Regierungsbezirk Mittelfranken
Prozentuale Abweichungen der geglätteten saisonbereinigten Werte (geleistete Arbeiterstunden) vom Trend
Industrie insgesamt
%
16
12
8
4
0
-4
-8
-12
-16
1960
1961
1962
1963
1964
1965
1966
1967
1968
1969
1970
1971
Quelle: Bayerisches Statistisches Landesamt, Saisonbereinigungs-
verfahren der Wirtschaftsforschungsinstitute (ASA II-2).

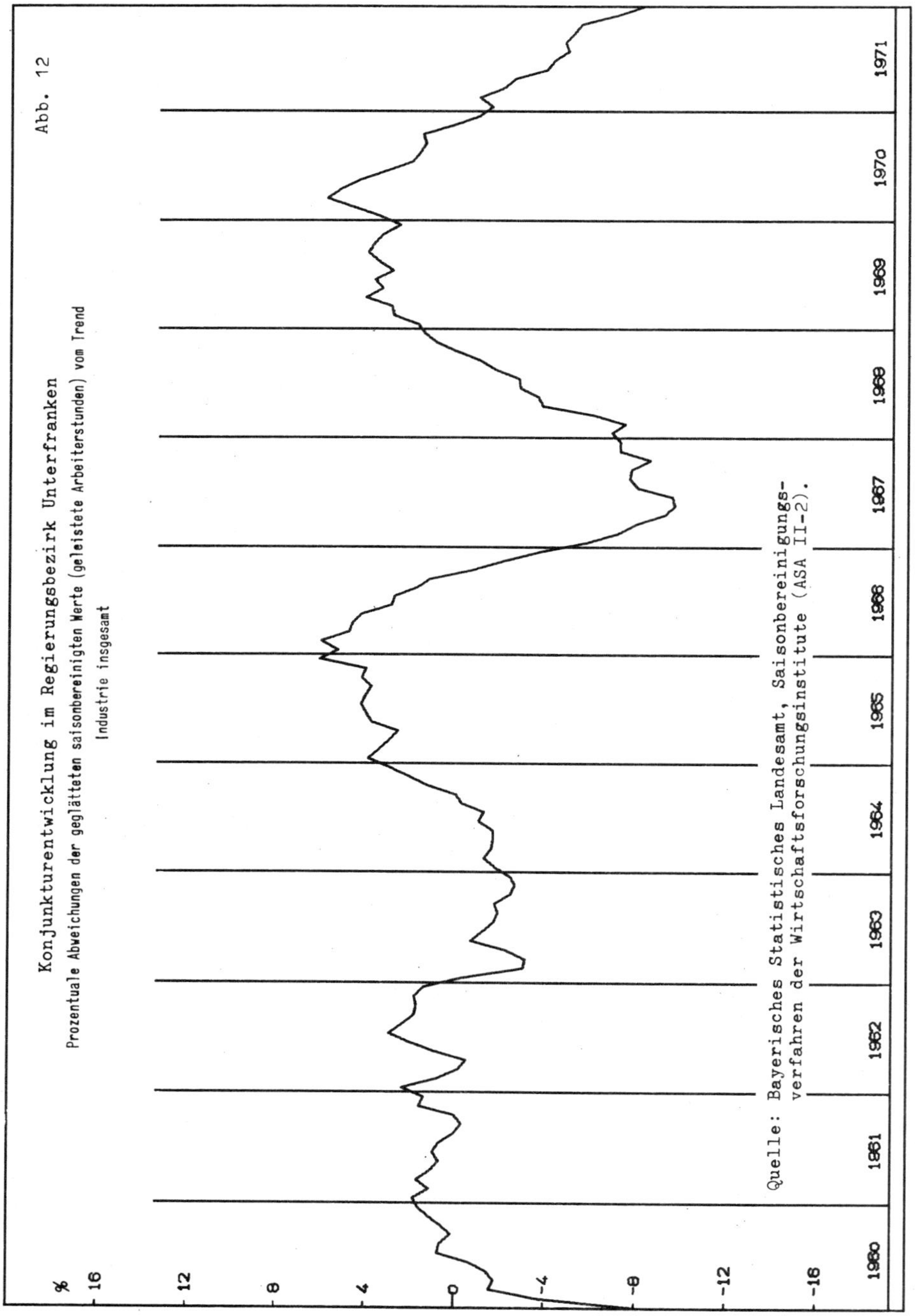

Abb. 12

Konjunkturentwicklung im Regierungsbezirk Unterfranken

Prozentuale Abweichungen der geglätteten saisonbereinigten Werte (geleistete Arbeiterstunden) vom Trend

Industrie insgesamt

Quelle: Bayerisches Statistisches Landesamt, Saisonbereinigungsverfahren der Wirtschaftsforschungsinstitute (ASA II-2).

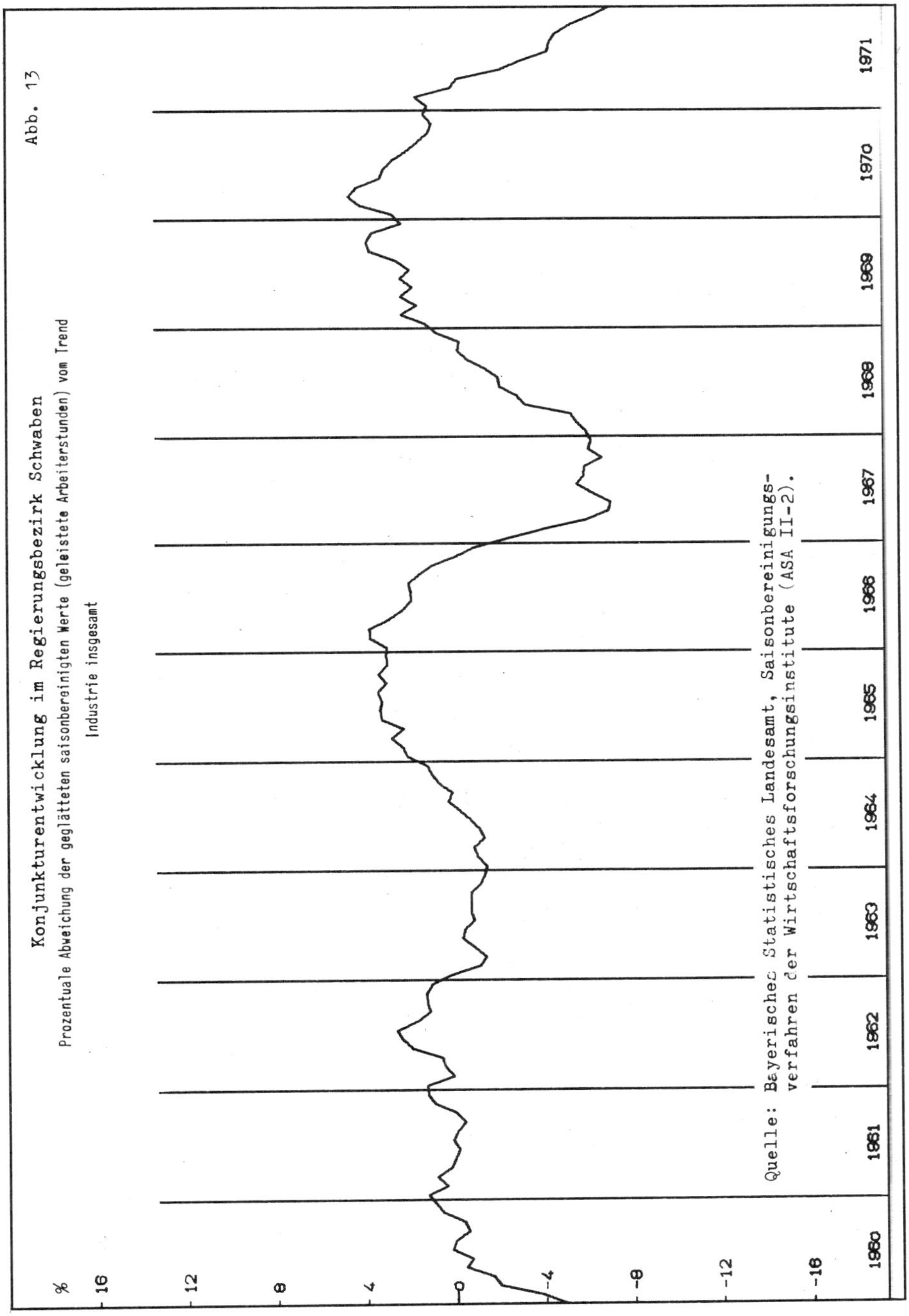

Konjunkturentwicklung im Regierungsbezirk Schwaben

Prozentuale Abweichung der geglätteten saisonbereinigten Werte (geleistete Arbeiterstunden) vom Trend

Industrie insgesamt

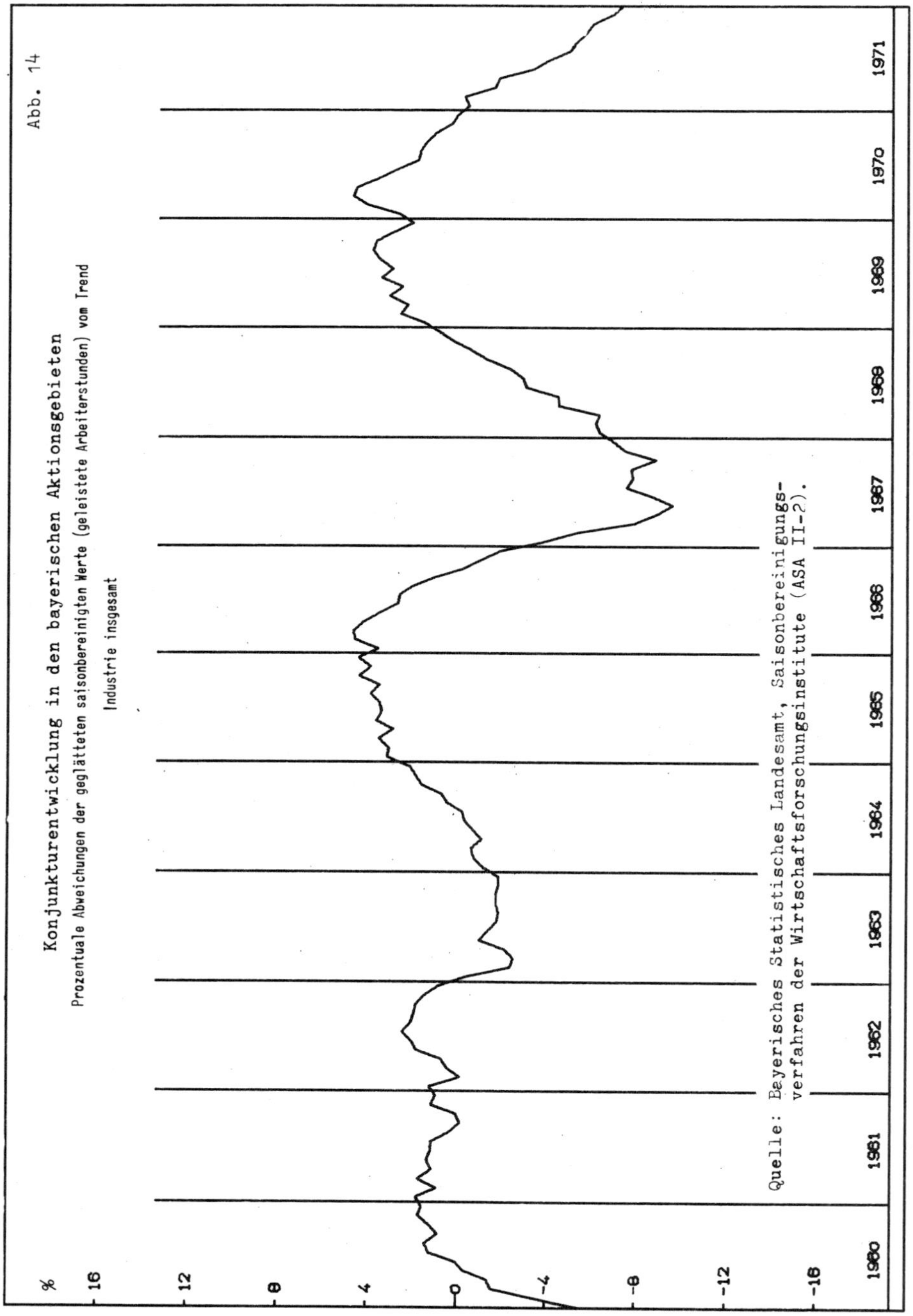
Abb. 14
Konjunkturentwicklung in den bayerischen Aktionsgebieten
Prozentuale Abweichungen der geglätteten saisonbereinigten Werte (geleistete Arbeiterstunden) vom Trend
Industrie insgesamt
Quelle: Bayerisches Statistisches Landesamt, Saisonbereinigungsverfahren der Wirtschaftsforschungsinstitute (ASA II-2).
%
16
12
8
4
0
-4
-8
-12
-16
1960
1961
1962
1963
1964
1965
1966
1967
1968
1969
1970
1971

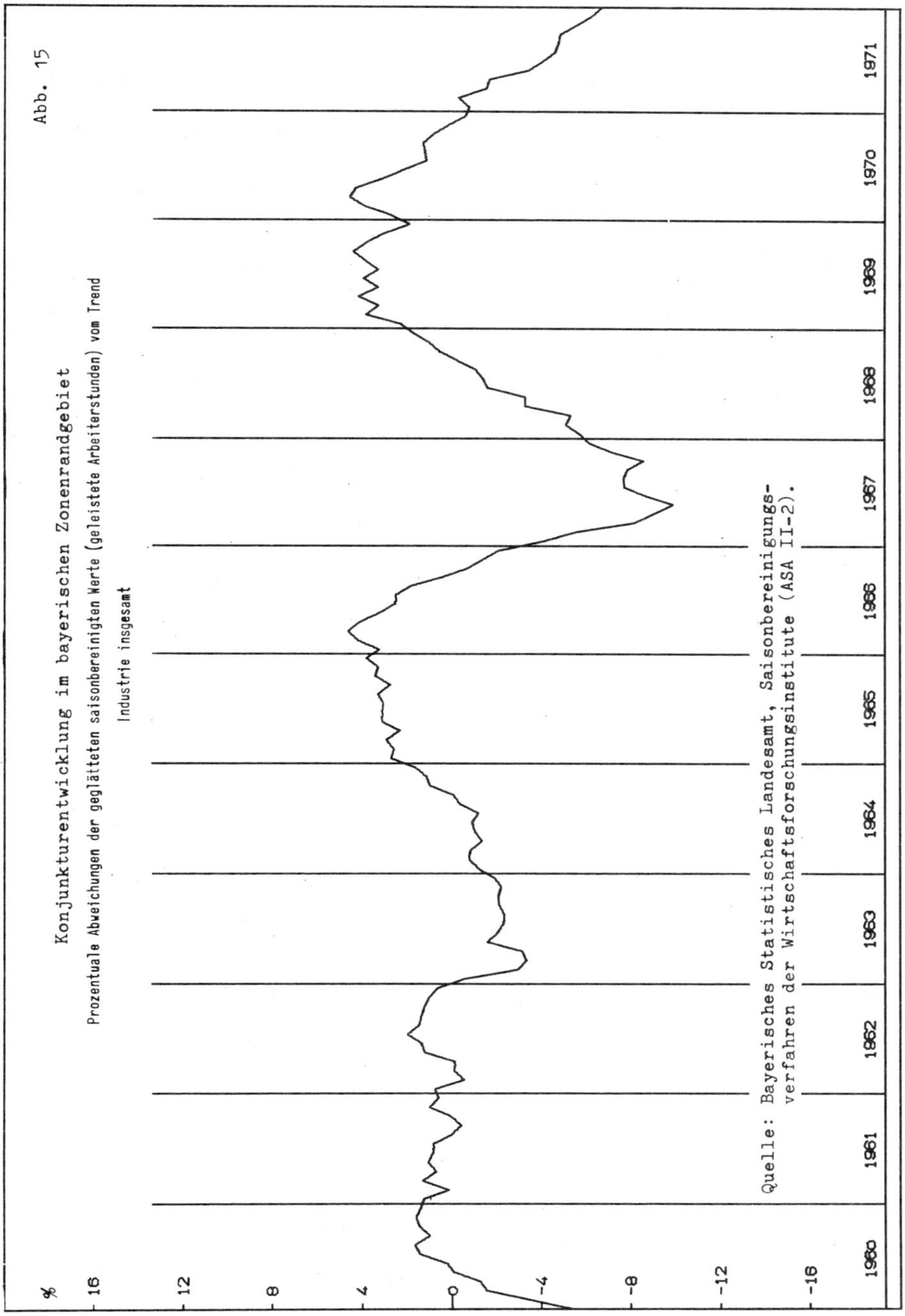
Abb. 15
Konjunkturentwicklung im bayerischen Zonenrandgebiet
Prozentuale Abweichungen der geglätteten saisonbereinigten Werte (geleistete Arbeiterstunden) vom Trend
Industrie insgesamt
%
16
12
8
4
0
-4
-8
-12
-16
1960
1961
1962
1963
1964
1965
1966
1967
1968
1969
1970
1971
Quelle: Bayerisches Statistisches Landesamt, Saisonbereinigungsverfahren der Wirtschaftsforschungsinstitute (ASA II-2).

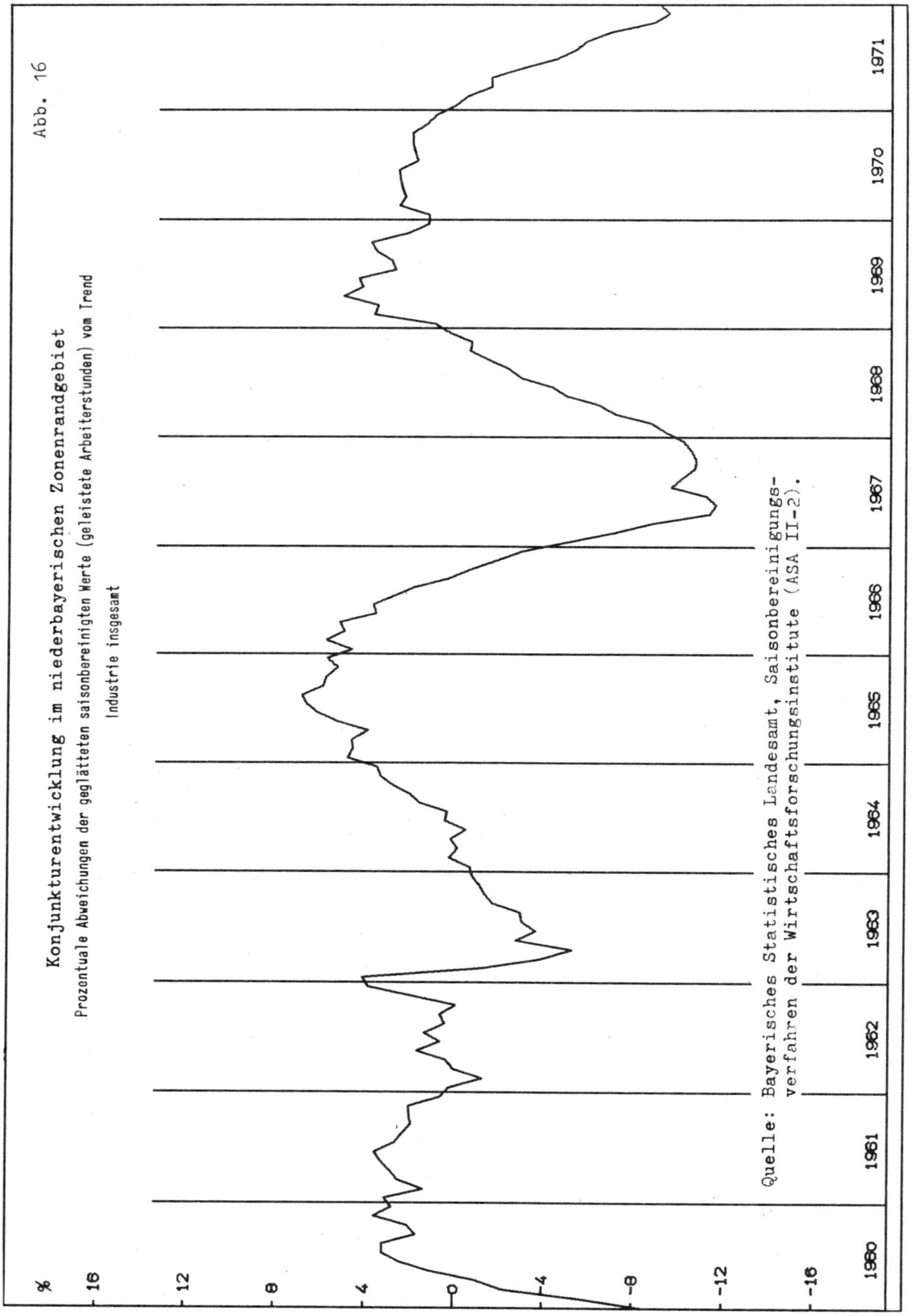
Abb. 16
Konjunkturentwicklung im niederbayerischen Zonenrandgebiet
Prozentuale Abweichungen der geglätteten saisonbereinigten Werte (geleistete Arbeitsstunden) vom Trend
Industrie insgesamt
Quelle: Bayerisches Statistisches Landesamt, Saisonbereinigungsverfahren der Wirtschaftsforschungsinstitute (ASA II-2).
%
16
12
8
4
0
-4
-8
-12
-16
1960
1961
1962
1963
1964
1965
1966
1967
1968
1969
1970
1971

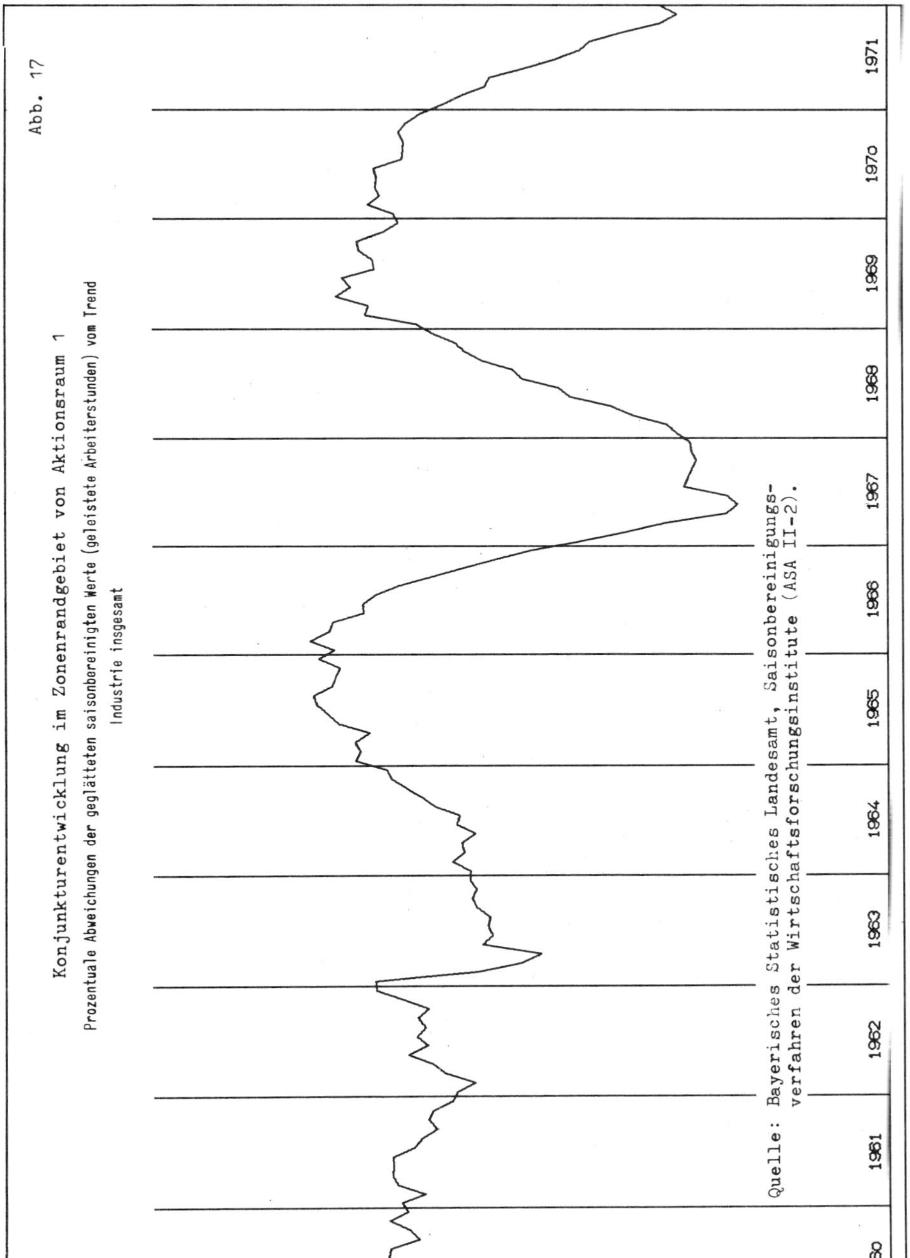
Abb. 17
Konjunkturentwicklung im Zonenrandgebiet von Aktionsraum 1
Prozentuale Abweichungen der geglätteten saisonbereinigten Werte (geleistete Arbeiterstunden) vom Trend
Industrie insgesamt
Quelle: Bayerisches Statistisches Landesamt, Saisonbereinigungsverfahren der Wirtschaftsforschungsinstitute (ASA II-2).
%
16
12
8
4
0
-4
-8
-12
-16
1960
1961
1962
1963
1964
1965
1966
1967
1968
1969
1970
1971

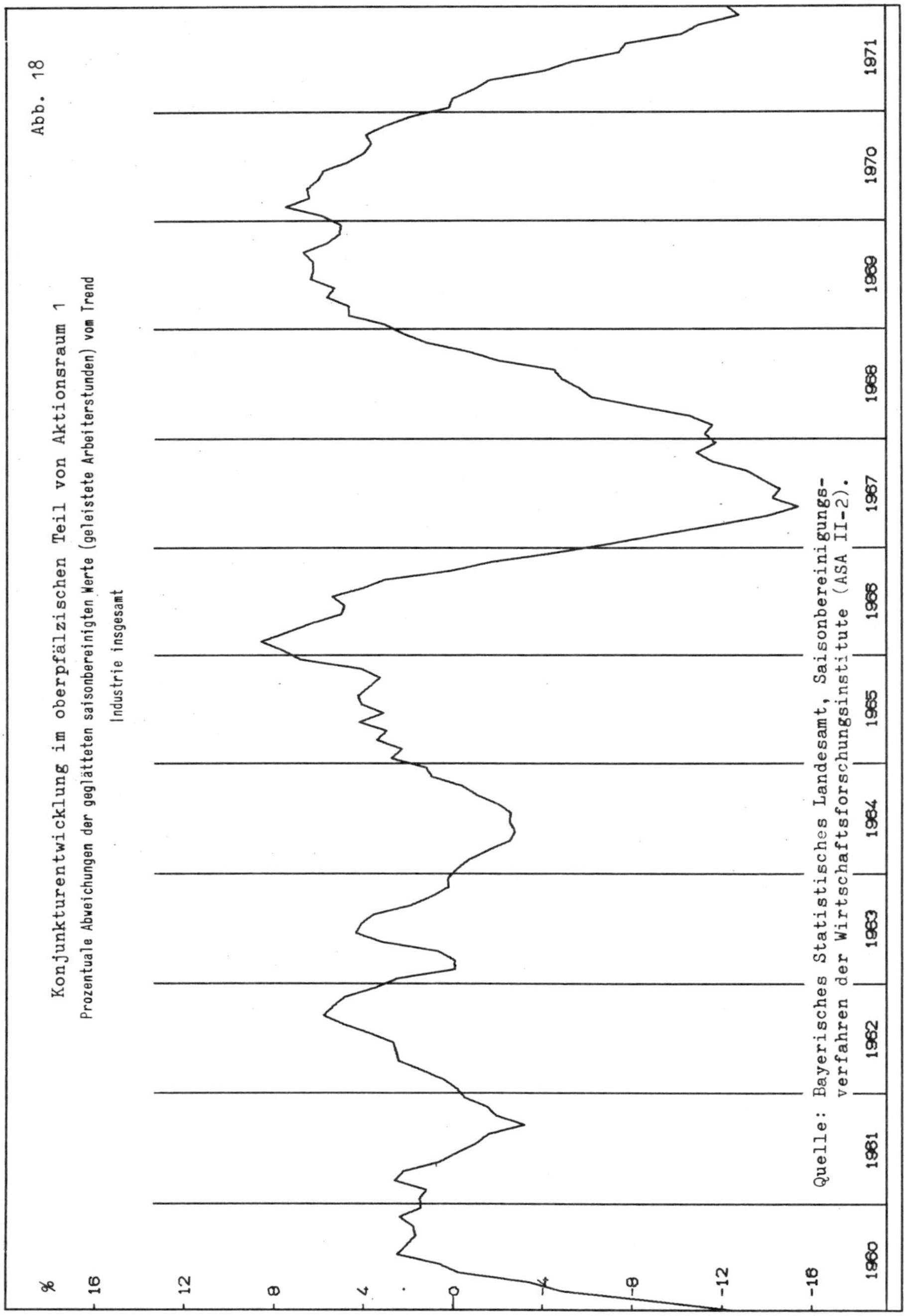
Abb. 18
Konjunkturentwicklung im oberpfälzischen Teil von Aktionsraum 1
Prozentuale Abweichungen der geglätteten saisonbereinigten Werte (geleistete Arbeitsstunden) vom Trend
Industrie insgesamt
%
16
12
8
4
0
-4
-8
-12
-16
1960
1961
1962
1963
1964
1965
1966
1967
1968
1969
1970
1971
Quelle: Bayerisches Statistisches Landesamt, Saisonbereinigungsverfahren der Wirtschaftsforschungsinstitute (ASA II-2).

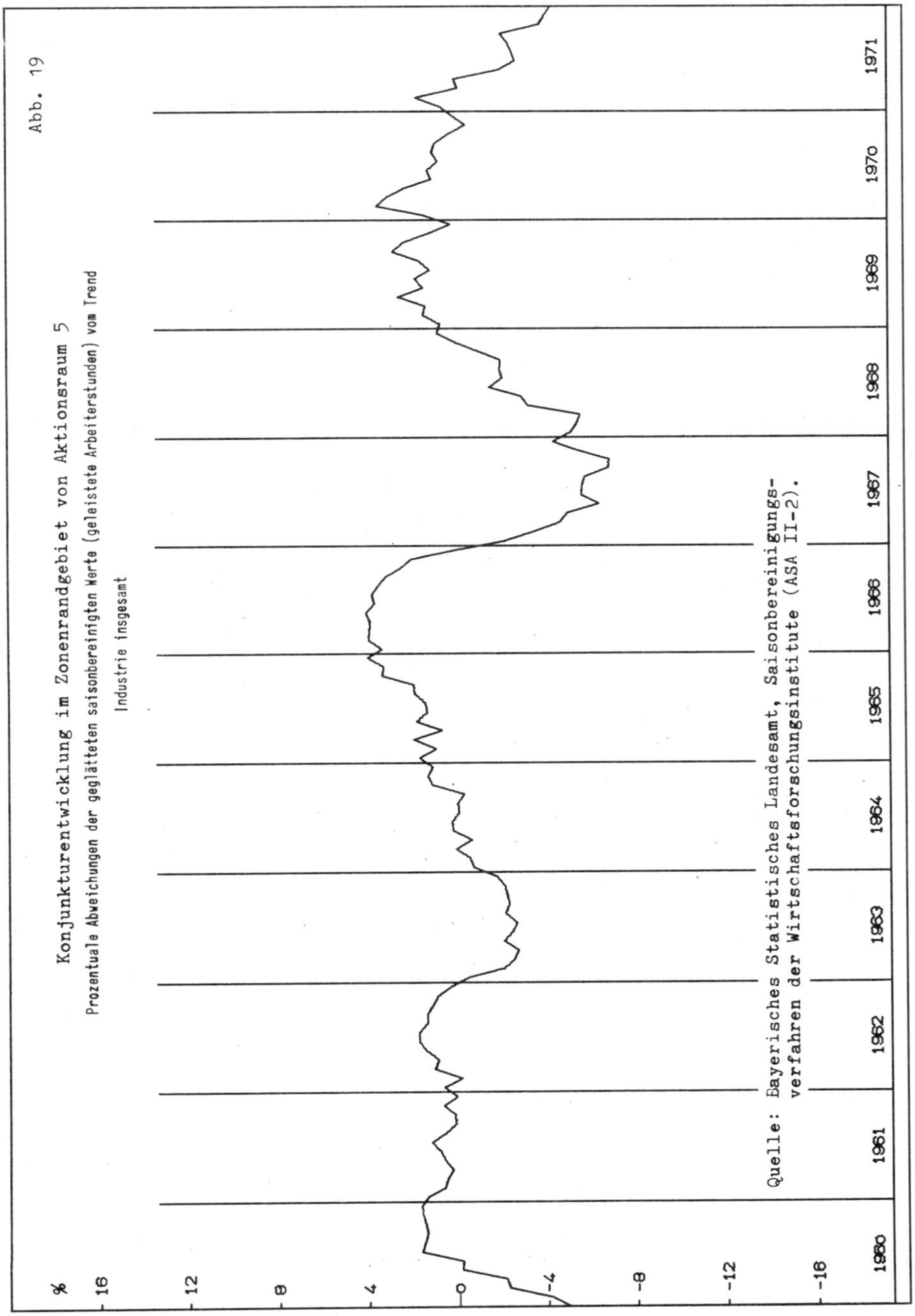
Abb. 19
Konjunkturentwicklung im Zonenrandgebiet von Aktionsraum 5
Prozentuale Abweichungen der geglätteten saisonbereinigten Werte (geleistete Arbeiterstunden) vom Trend
Industrie insgesamt
Quelle: Bayerisches Statistisches Landesamt, Saisonbereinigungs-
verfahren der Wirtschaftsforschungsinstitute (ASA II-2).
%
16
12
8
4
0
-4
-8
-12
-16
1960
1961
1962
1963
1964
1965
1966
1967
1968
1969
1970
1971

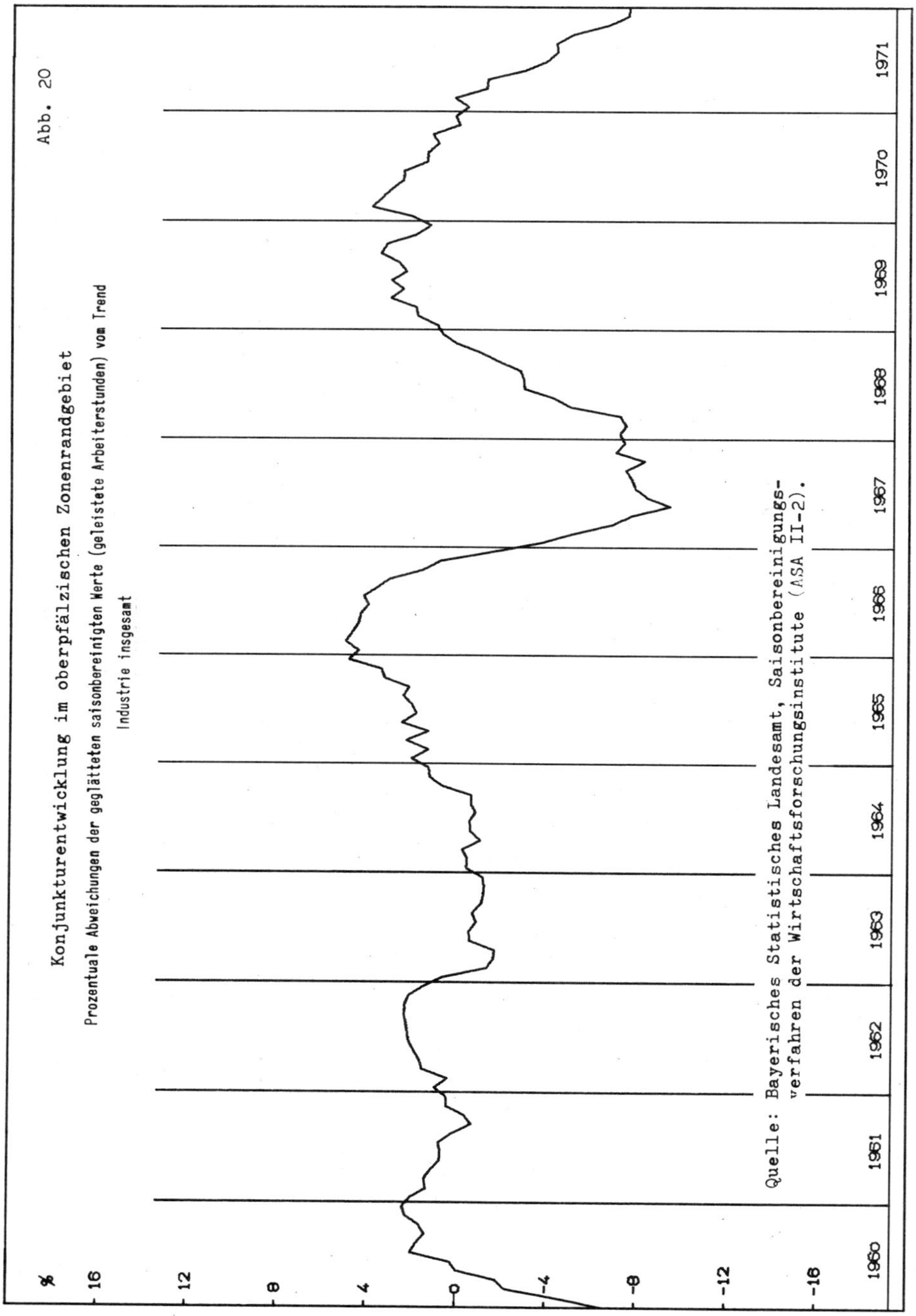
Abb. 20
Konjunkturentwicklung im oberpfälzischen Zonenrandgebiet
Prozentuale Abweichungen der geglätteten saisonbereinigten Werte (geleistete Arbeitsstunden) vom Trend
Industrie insgesamt
Quelle: Bayerisches Statistisches Landesamt, Saisonbereinigungs-
verfahren der Wirtschaftsforschungsinstitute (ASA II-2).
%
16
12
8
4
0
-4
-8
-12
-16
1960
1961
1962
1963
1964
1965
1966
1967
1968
1969
1970
1971

Abb. 21

Konjunkturentwicklung im oberfränkischen Zonenrandgebiet

Prozentuale Abweichungen der geglätteten saisonbereinigten Werte (geleistete Arbeiterstunden) vom Trend

Industrie insgesamt

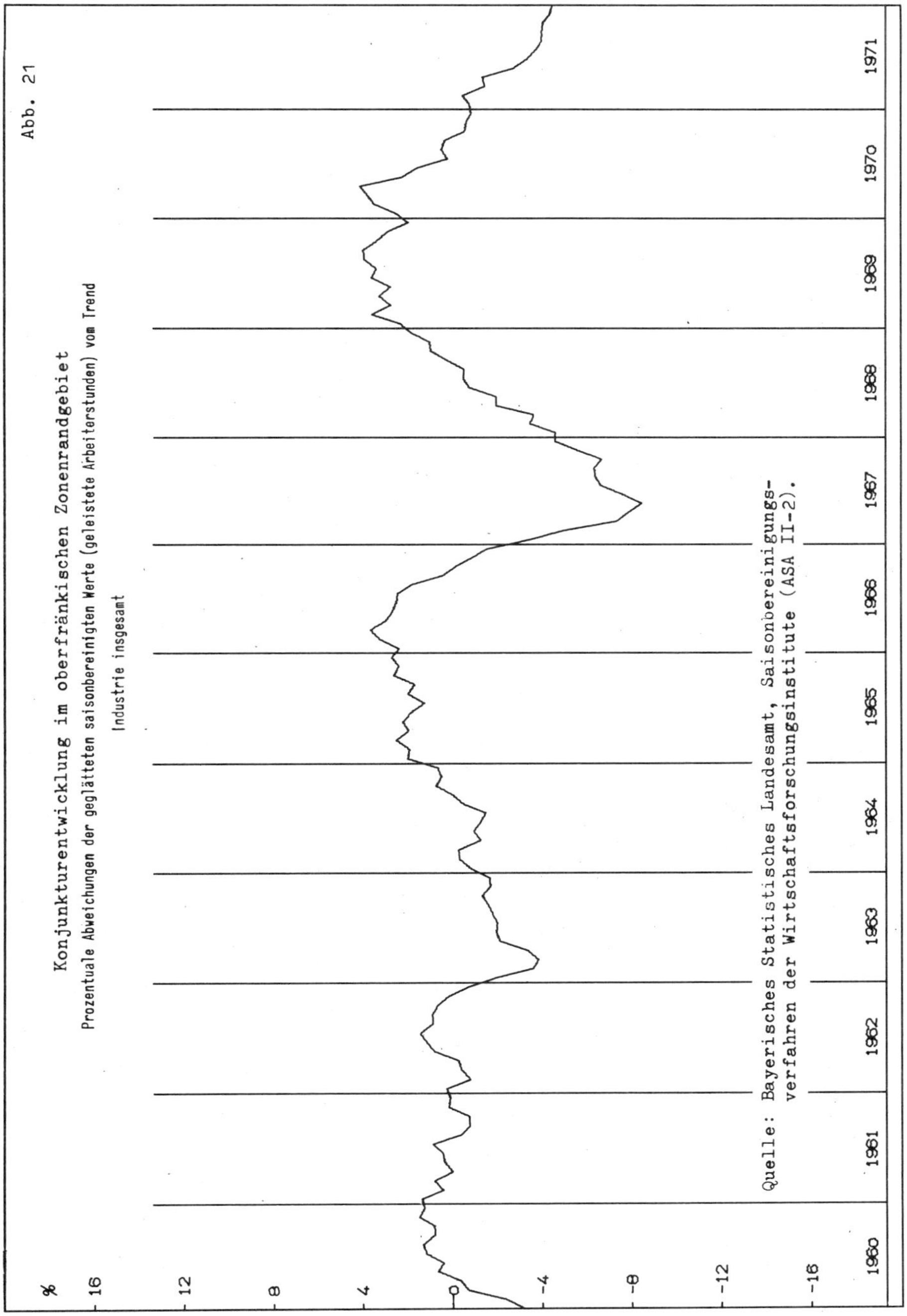

Quelle: Bayerisches Statistisches Landesamt, Saisonbereinigungsverfahren der Wirtschaftsforschungsinstitute (ASA II-2).

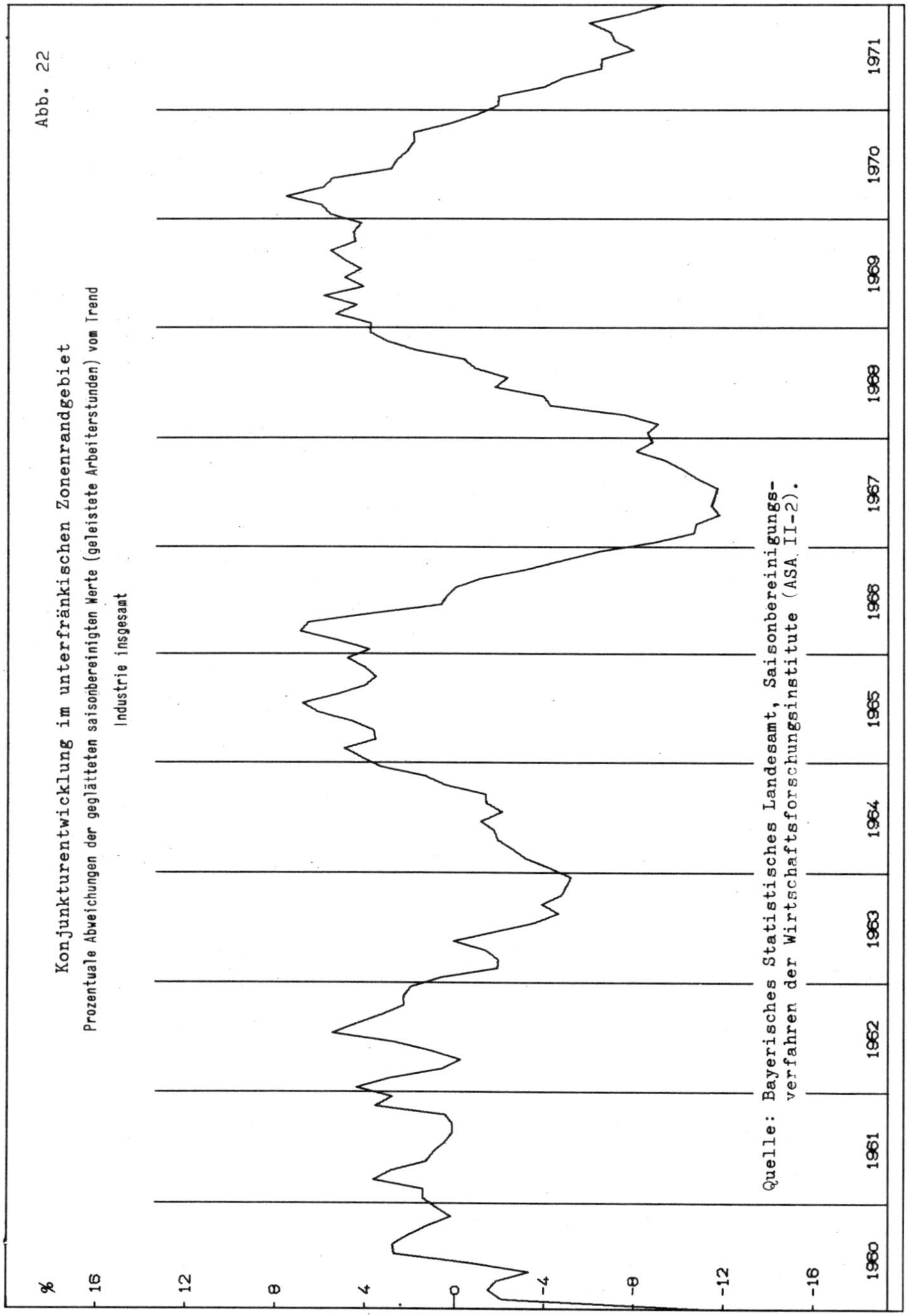
Abb. 22
Konjunkturentwicklung im unterfränkischen Zonenrandgebiet
Prozentuale Abweichungen der geglätteten saisonbereinigten Werte (geleistete Arbeiterstunden) vom Trend
Industrie insgesamt
Quelle: Bayerisches Statistisches Landesamt, Saisonbereinigungsverfahren der Wirtschaftsforschungsinstitute (ASA II-2).
%
16
12
8
4
0
-4
-8
-12
-16
1960
1961
1962
1963
1964
1965
1966
1967
1968
1969
1970
1971

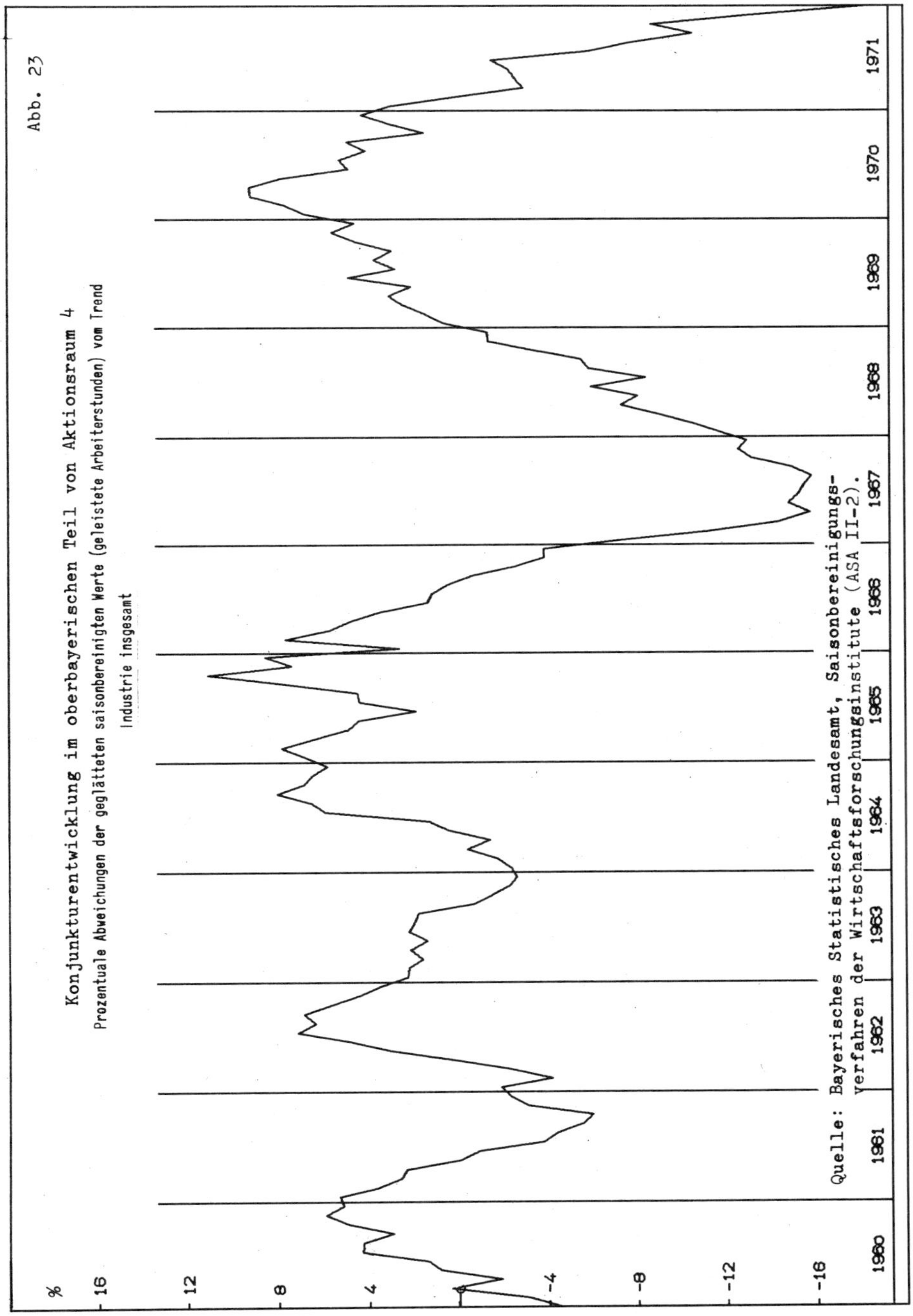
Abb. 23
Konjunkturentwicklung im oberbayerischen Teil von Aktionsraum 4
Prozentuale Abweichungen der geglätteten saisonbereinigten Werte (geleistete Arbeiterstunden) vom Trend
Industrie insgesamt
%
16
12
8
4
0
-4
-8
-12
-16
1960
1961
1962
1963
1964
1965
1966
1967
1968
1969
1970
1971
Quelle: Bayerisches Statistisches Landesamt, Saisonbereinigungsverfahren der Wirtschaftsforschungsinstitute (ASA II-2).

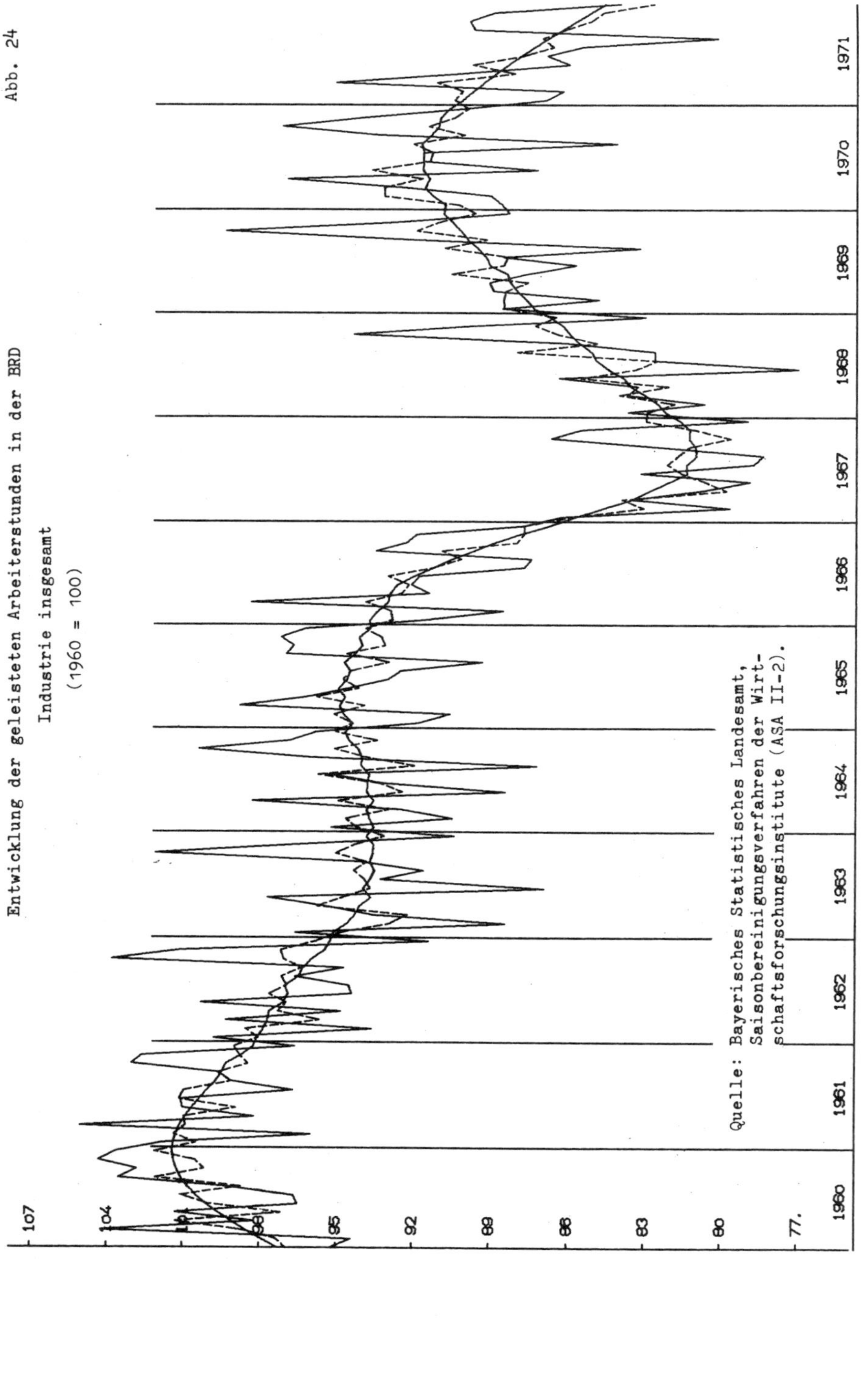
Abb. 24
Entwicklung der geleisteten Arbeiterstunden in der BRD
Industrie insgesamt
(1960 = 100)
Quelle: Bayerisches Statistisches Landesamt, Saisonbereinigungsverfahren der Wirtschaftsforschungsinstitute (ASA II-2).
1o7
1o4
1o1
98
95
92
89
86
83
80
77.
1960
1961
1962
1963
1964
1965
1966
1967
1968
1969
197o
1971

Abb. 25

Entwicklung der geleisteten Arbeiterstunden in Bayern

Industrie insgesamt

(1960 = 100)

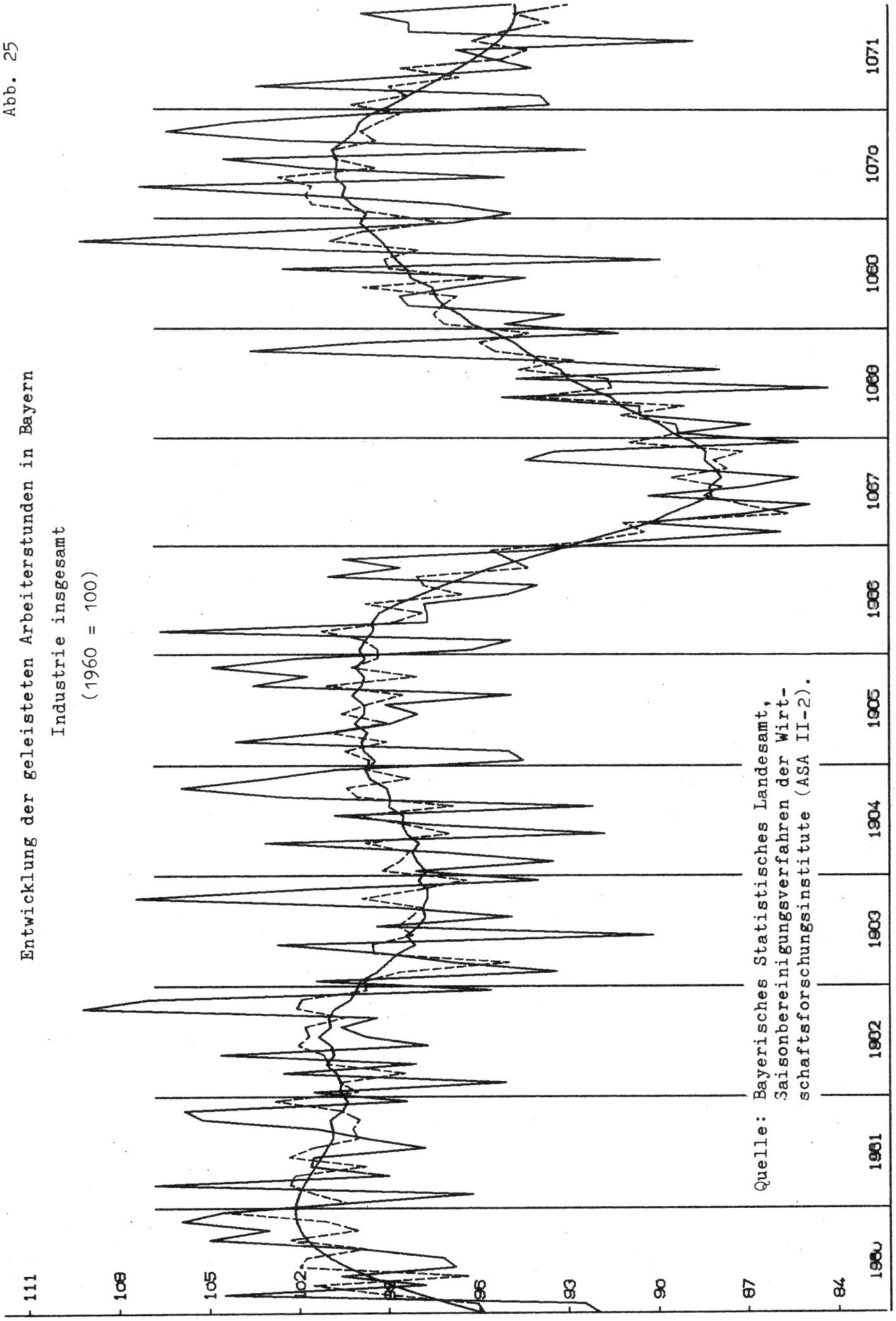

Quelle: Bayerisches Statistisches Landesamt, Saisonbereinigungsverfahren der Wirtschaftsforschungsinstitute (ASA II-2).

Abb. 26

Entwicklung der geleisteten Arbeiterstunden im Regierungsbezirk Oberfranken

Industrie insgesamt

(1960 = 100)

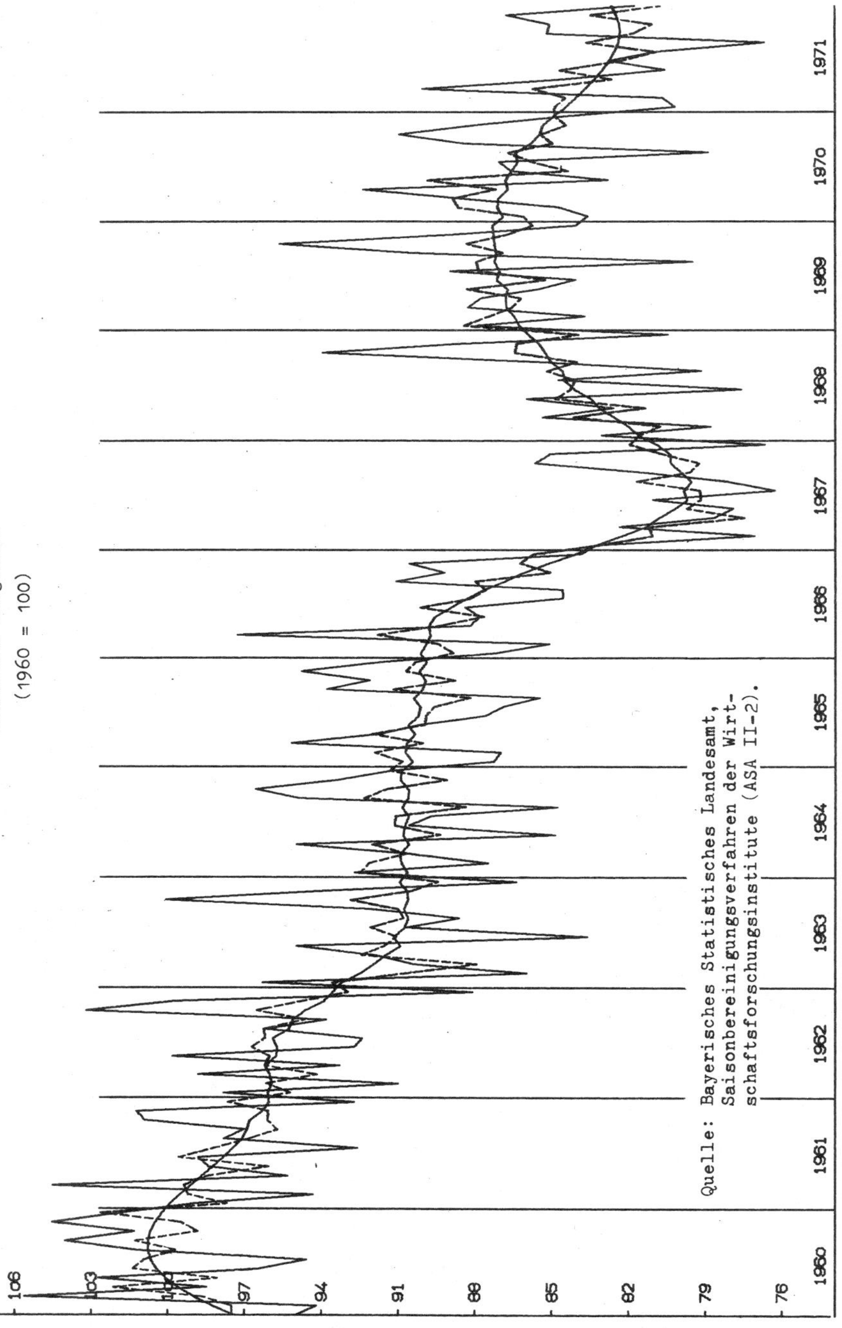

Abb. 27

Entwicklung der geleisteten Arbeiterstunden im oberpfälzischen Teil von Aktionsraum 1

Industrie insgesamt

(1960 = 100)

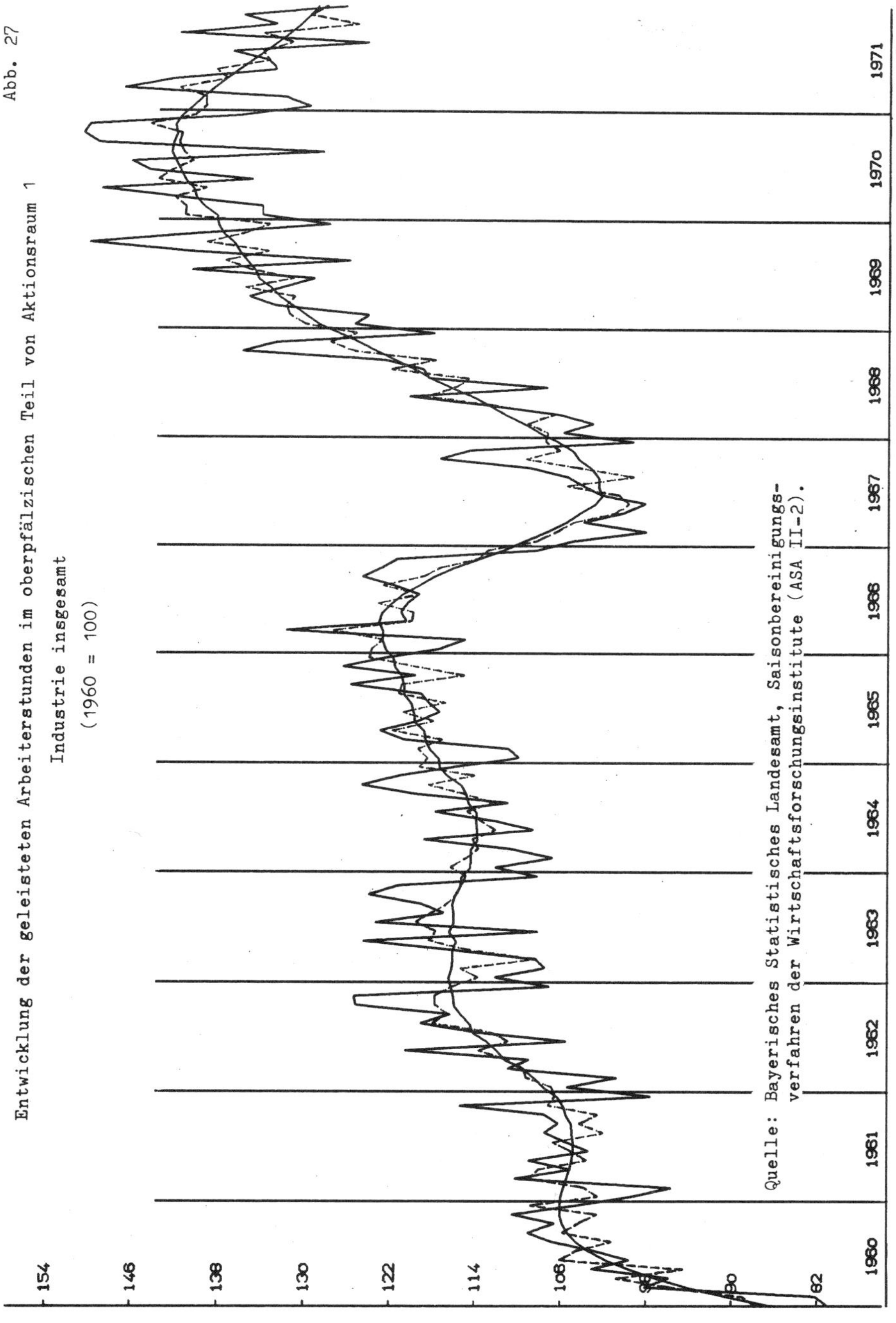

Quelle: Bayerisches Statistisches Landesamt, Saisonbereinigungsverfahren der Wirtschaftsforschungsinstitute (ASA II-2).

Abb. 28

Durchschnittliches Ausmaß der Konjunkturschwankungen in Bayern

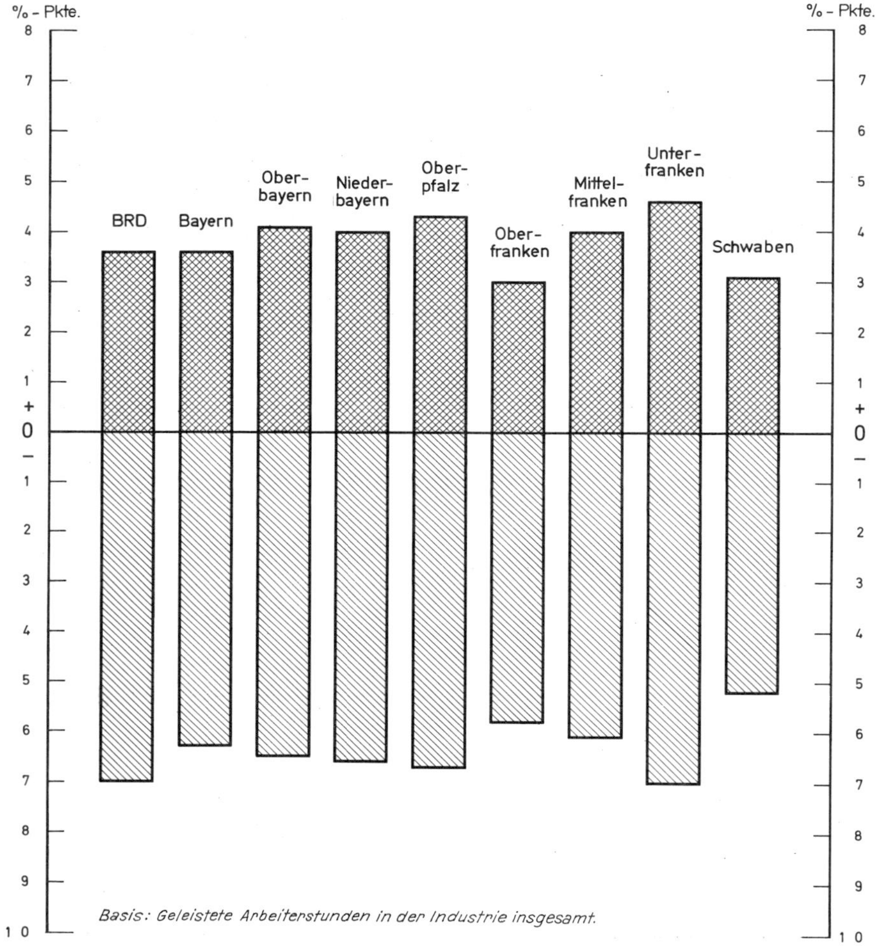

Dargestellt ist das arithmetische Mittel aus den maximalen positiven bzw. negativen monatlichen Trendabweichungen in drei Konjunkturzyklen zwischen 1960 und 1971.

IFO-INSTITUT für Wirtschaftsforschung München 35/74

Abb. 29

Durchschnittliches Ausmaß der Konjunkturschwankungen in Bayern

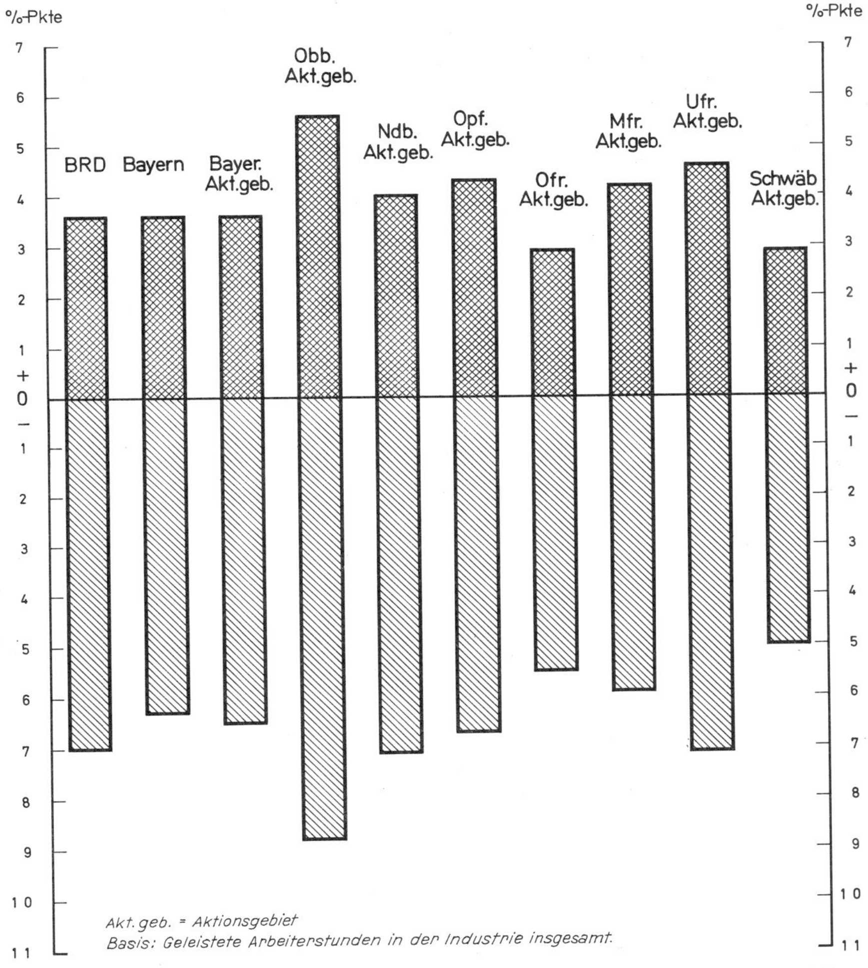

Dargestellt ist das arithmetische Mittel aus den maximalen positiven bzw. negativen monatlichen Trendabweichungen in drei Konjunkturzyklen zwischen 1960 und 1971.

IFO-INSTITUT für Wirtschaftsforschung München 36/74

Abb. 30

Durchschnittliches Ausmaß der Konjunkturschwankungen in Bayern

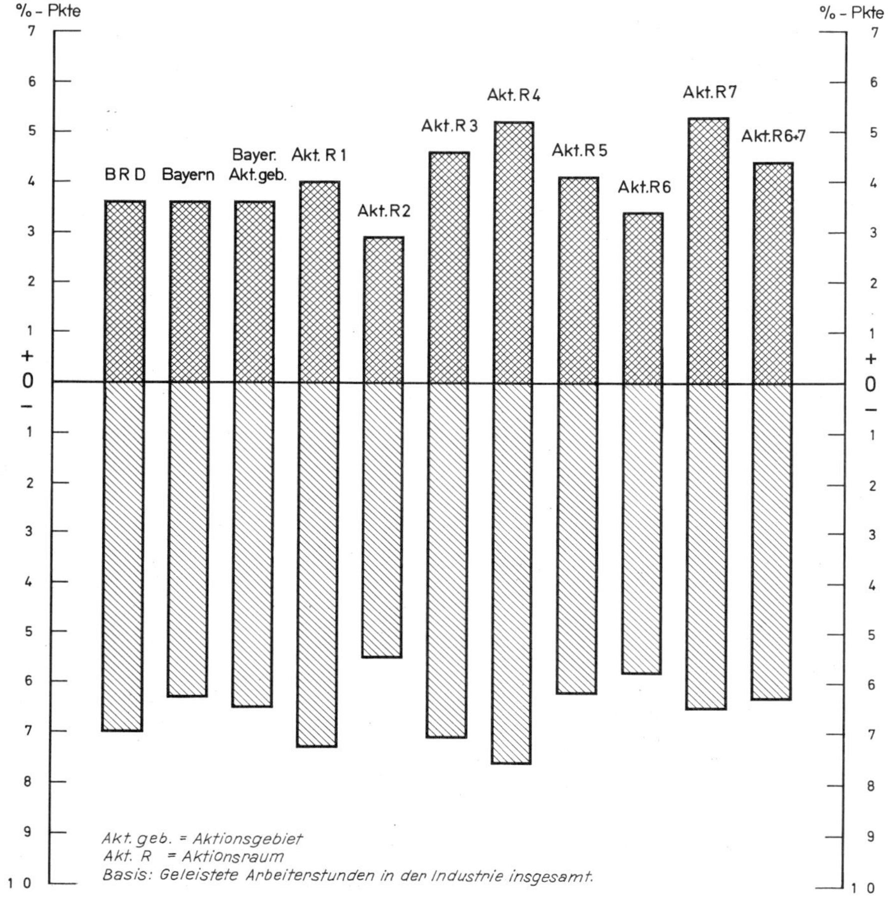

Dargestellt ist das arithmetische Mittel aus den maximalen positiven bzw. negativen monatlichen Trendabweichungen in drei Konjunkturzyklen zwischen 1960 und 1971.

IFO-INSTITUT für Wirtschaftsforschung München 37/74

Abb. 31

Durchschnittliches Ausmaß der Konjunkturschwankungen in Bayern

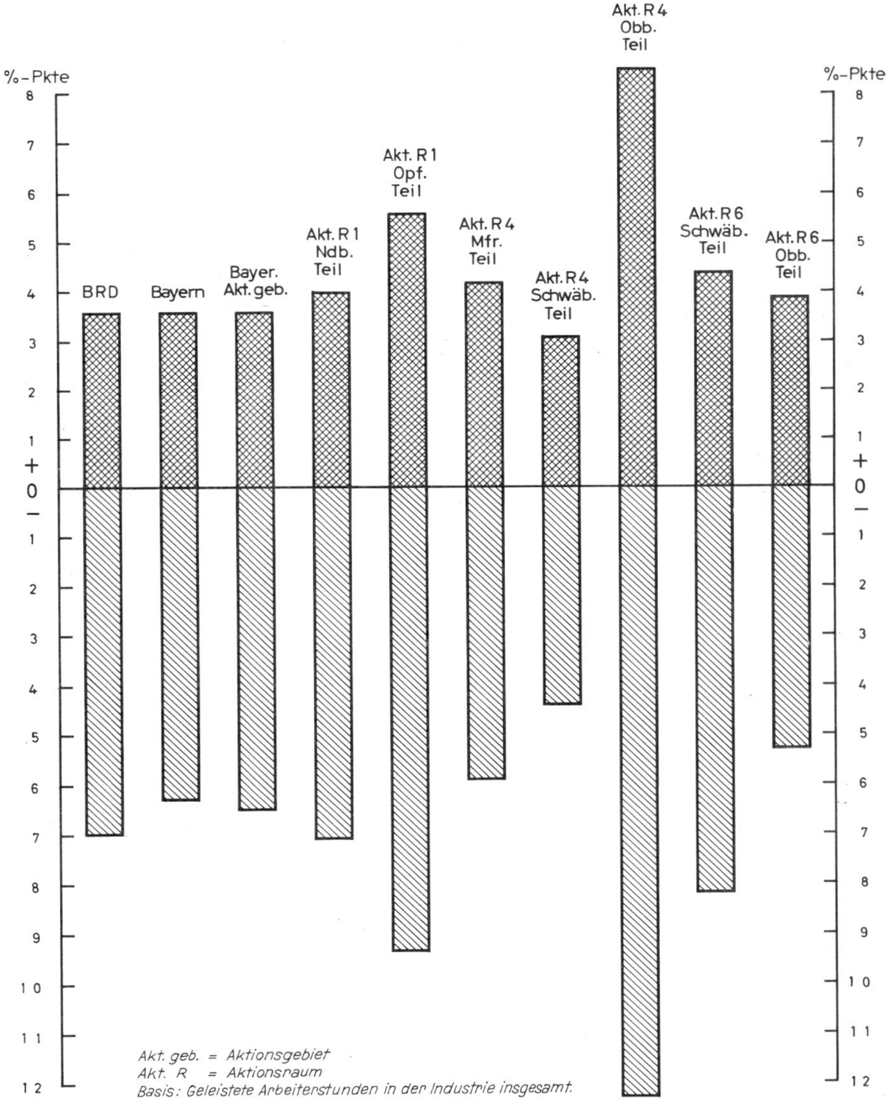

Dargestellt ist das arithmetische Mittel aus den maximalen positiven bzw. negativen monatlichen Trendabweichungen in drei Konjunkturzyklen zwischen 1960 und 1971.

IFO-INSTITUT für Wirtschaftsforschung München 38/'74

Abb. 32

Durchschnittliches Ausmaß der Konjunkturschwankungen in Bayern

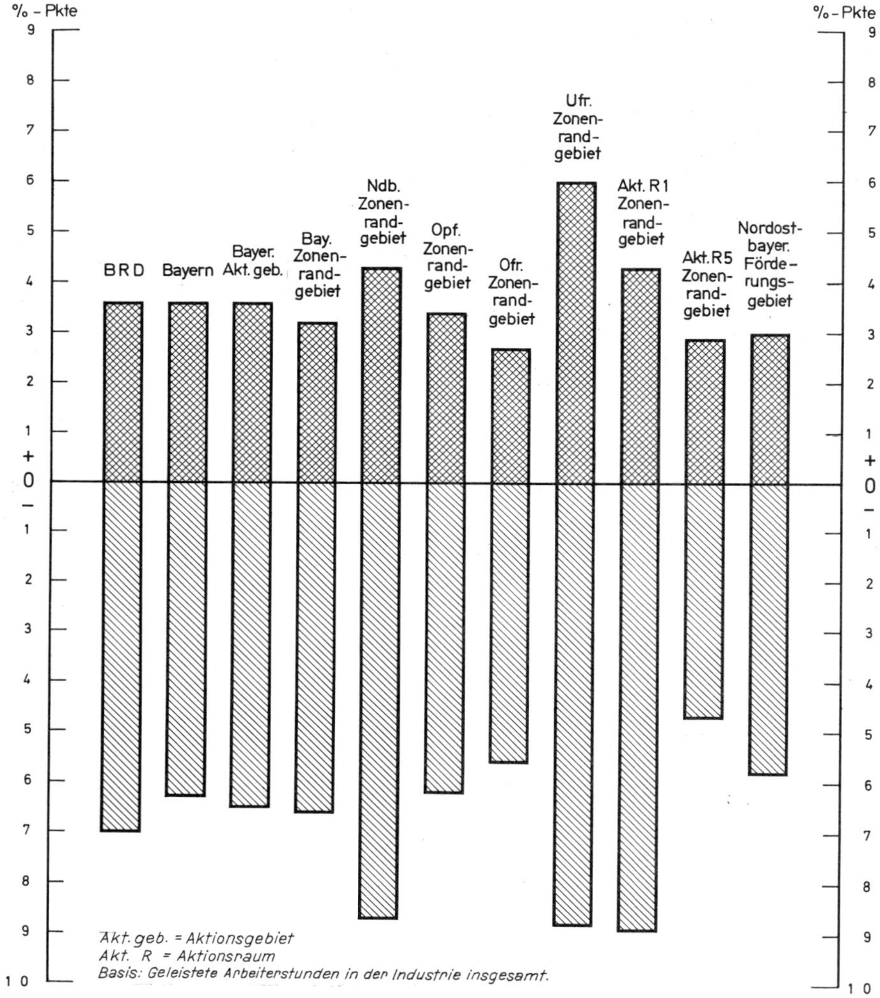

Dargestellt ist das arithmetische Mittel aus den maximalen positiven bzw. negativen monatlichen Trendabweichungen in drei Konjunkturzyklen zwischen 1960 und 1971.

IFO-INSTITUT für Wirtschaftsforschung München 41/74

Abb. 33

Durchschnittliches Ausmaß der Konjunkturschwankungen in Bayern

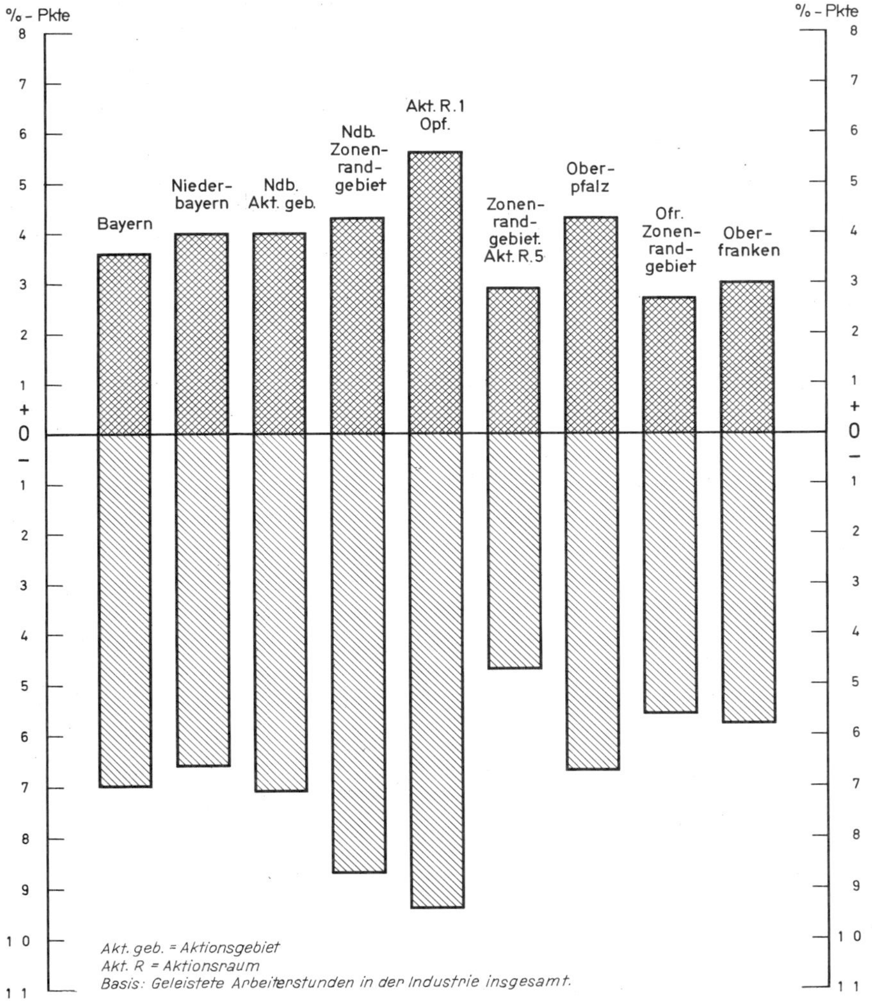

Dargestellt ist das arithmetische Mittel aus den maximalen positiven bzw. negativen monatlichen Trendabweichungen in drei Konjunkturzyklen zwischen 1960 und 1971.

IFO-INSTITUT für Wirtschaftsforschung München 39/74

Abb. 34

Ausmaß der Konjunkturschwankungen in Bayern in einzelnen Zyklen

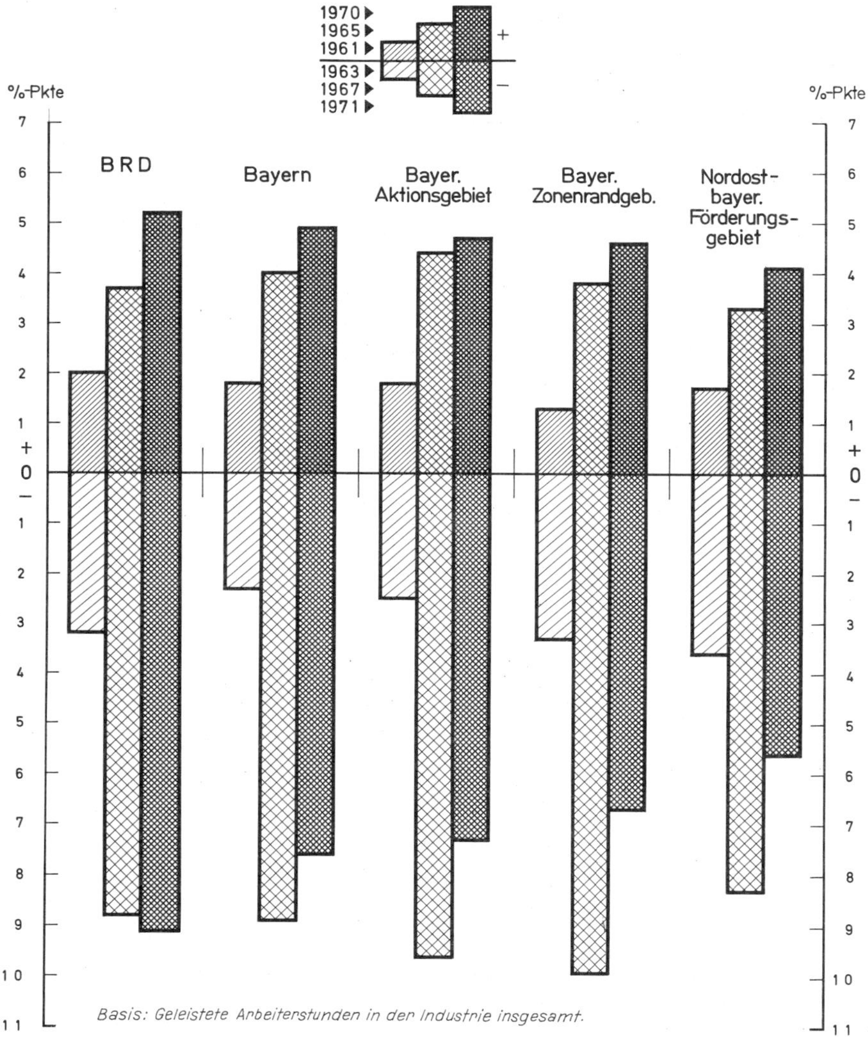

Dargestellt sind die maximalen positiven bzw. negativen Trendabweichungen in drei Konjunkturzyklen zwischen 1960 und 1971.

IFO-INSTITUT für Wirtschaftsforschung München 40/74

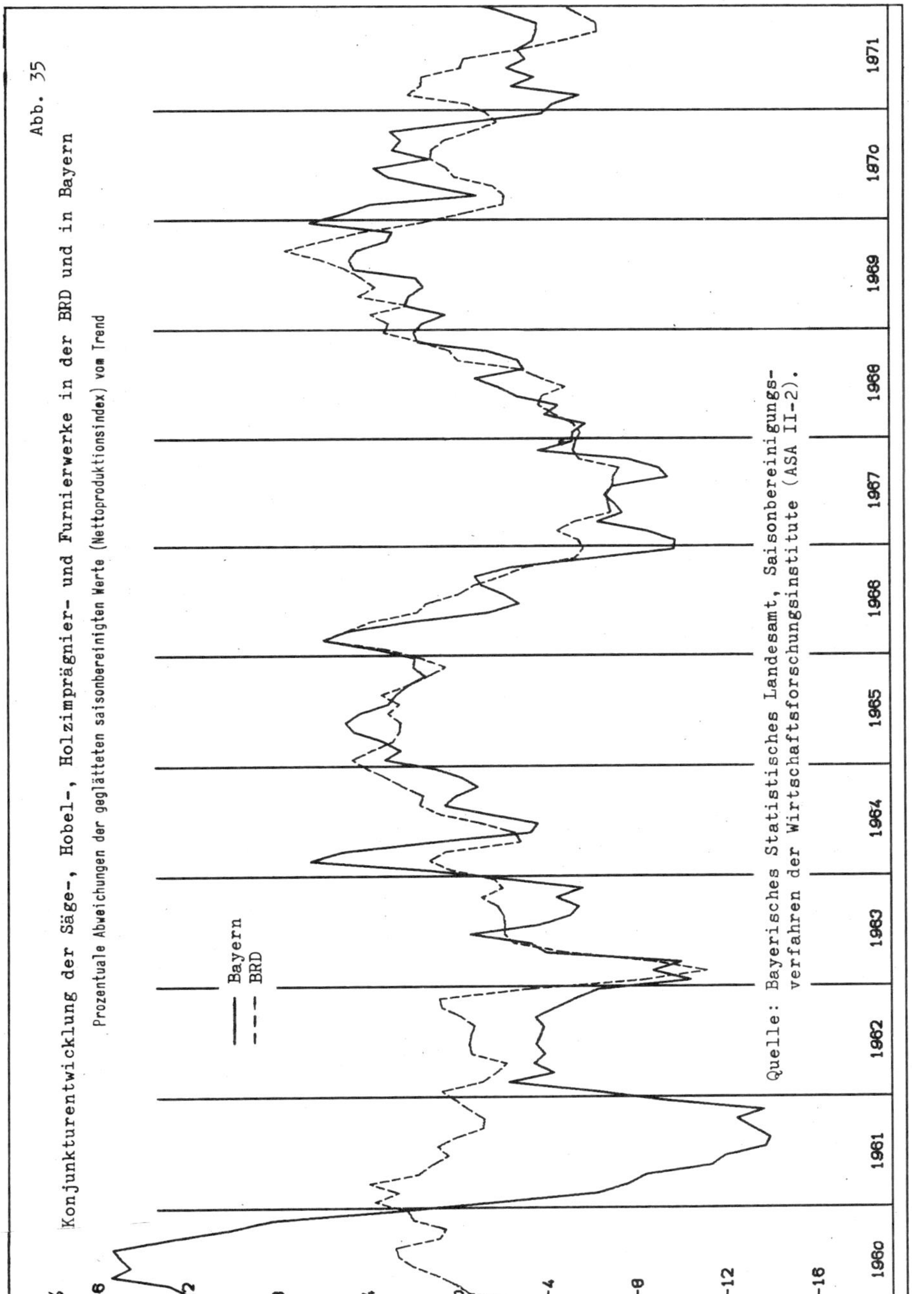
Abb. 35
Konjunkturentwicklung der Säge-, Hobel-, Holzimprägnier- und Furnierwerke in der BRD und in Bayern
Prozentuale Abweichungen der geglätteten saisonbereinigten Werte (Nettoproduktionsindex) vom Trend
%
16
12
8
4
0
-4
-8
-12
-16
Bayern
BRD
1960
1961
1962
1963
1964
1965
1966
1967
1968
1969
1970
1971
Quelle: Bayerisches Statistisches Landesamt, Saisonbereinigungsverfahren der Wirtschaftsforschungsinstitute (ASA II-2).

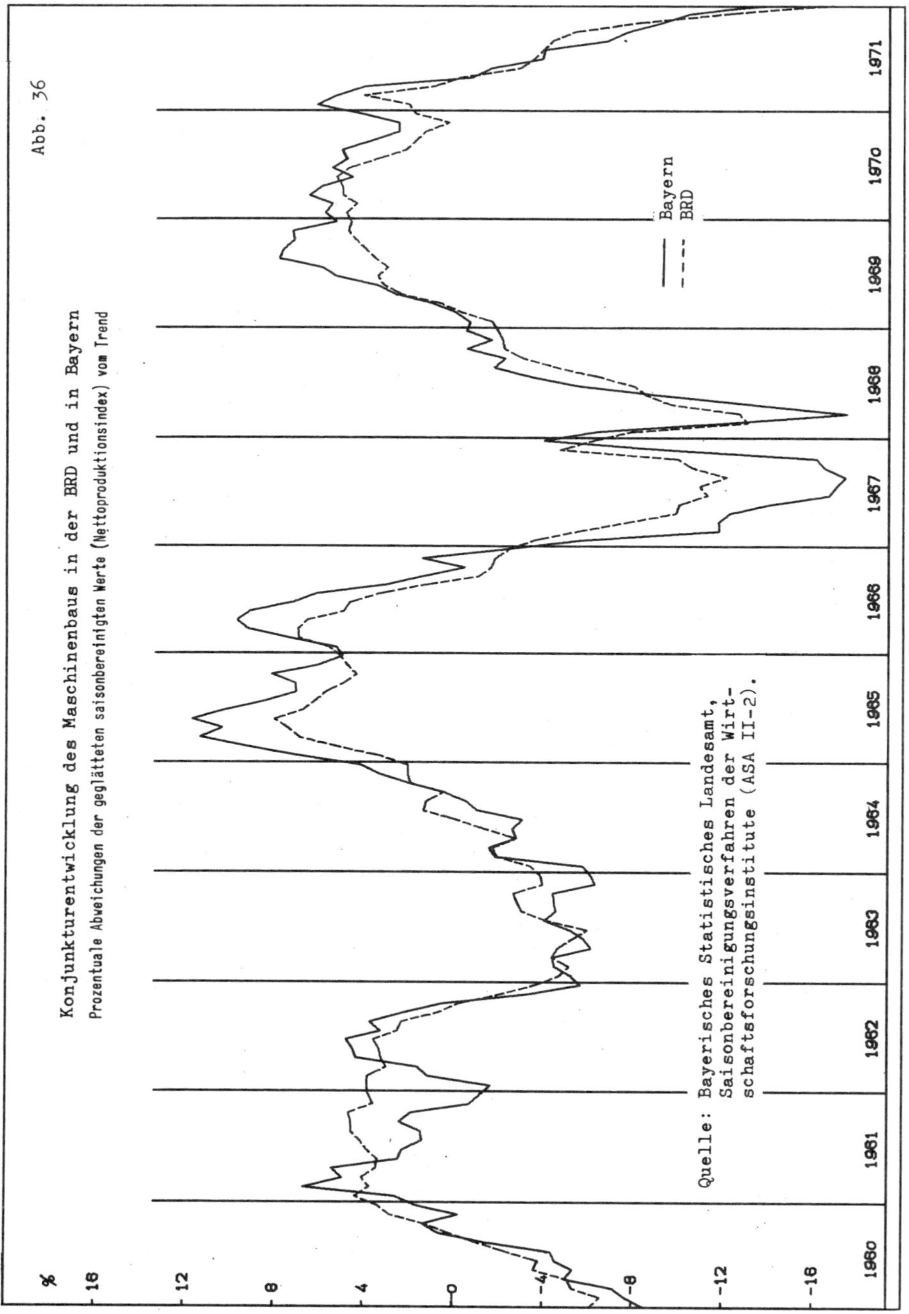

Abb. 36
Konjunkturentwicklung des Maschinenbaus in der BRD und in Bayern
Prozentuale Abweichungen der geglätteten saisonbereinigten Werte (Nettoproduktionsindex) vom Trend
Bayern
BRD
Quelle: Bayerisches Statistisches Landesamt, Saisonbereinigungsverfahren der Wirtschaftsforschungsinstitute (ASA II-2).
%
16
12
8
4
0
-4
-8
-12
-16
1960
1961
1962
1963
1964
1965
1966
1967
1968
1969
1970
1971

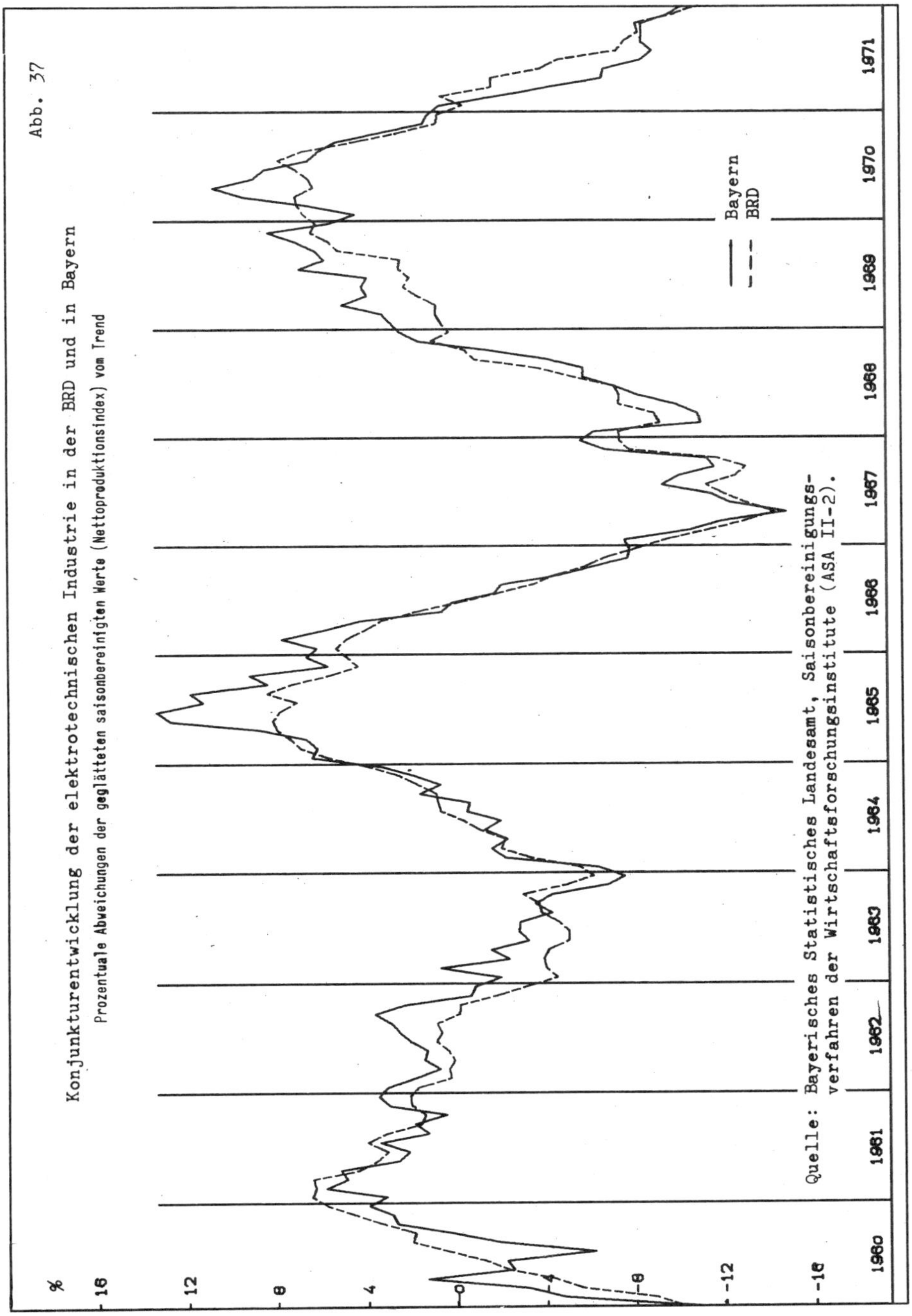

Abb. 37

Konjunkturentwicklung der elektrotechnischen Industrie in der BRD und in Bayern

Prozentuale Abweichungen der geglätteten saisonbereinigten Werte (Nettoproduktionsindex) vom Trend

Quelle: Bayerisches Statistisches Landesamt, Saisonbereinigungsverfahren der Wirtschaftsforschungsinstitute (ASA II-2).

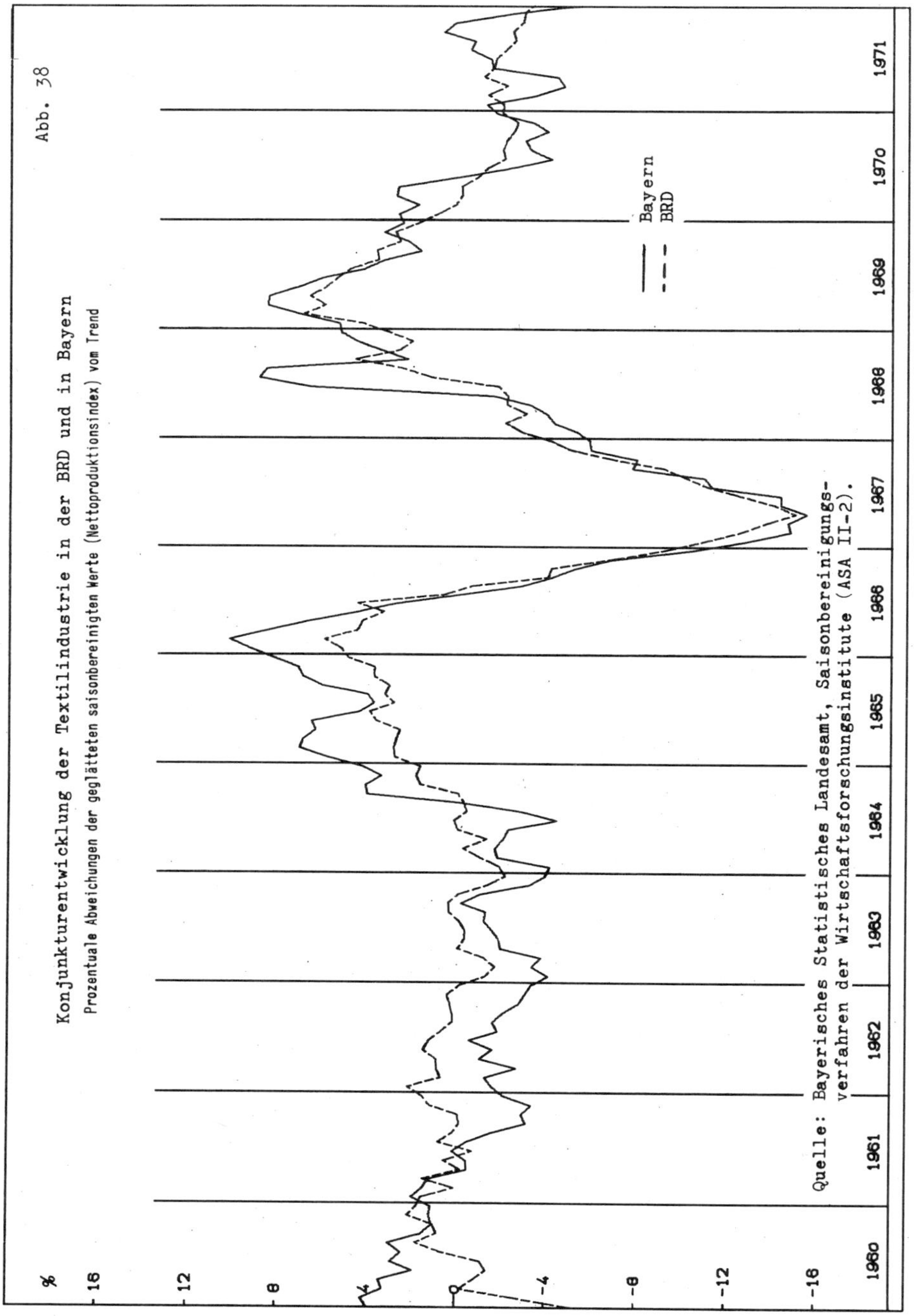
Abb. 38
Konjunkturentwicklung der Textilindustrie in der BRD und in Bayern
Prozentuale Abweichungen der geglätteten saisonbereinigten Werte (Nettoproduktionsindex) vom Trend
%
16
12
8
4
0
-4
-8
-12
-16
1960
1961
1962
1963
1964
1965
1966
1967
1968
1969
1970
1971
Bayern
BRD
Quelle: Bayerisches Statistisches Landesamt, Saisonbereinigungsverfahren der Wirtschaftsforschungsinstitute (ASA II-2).

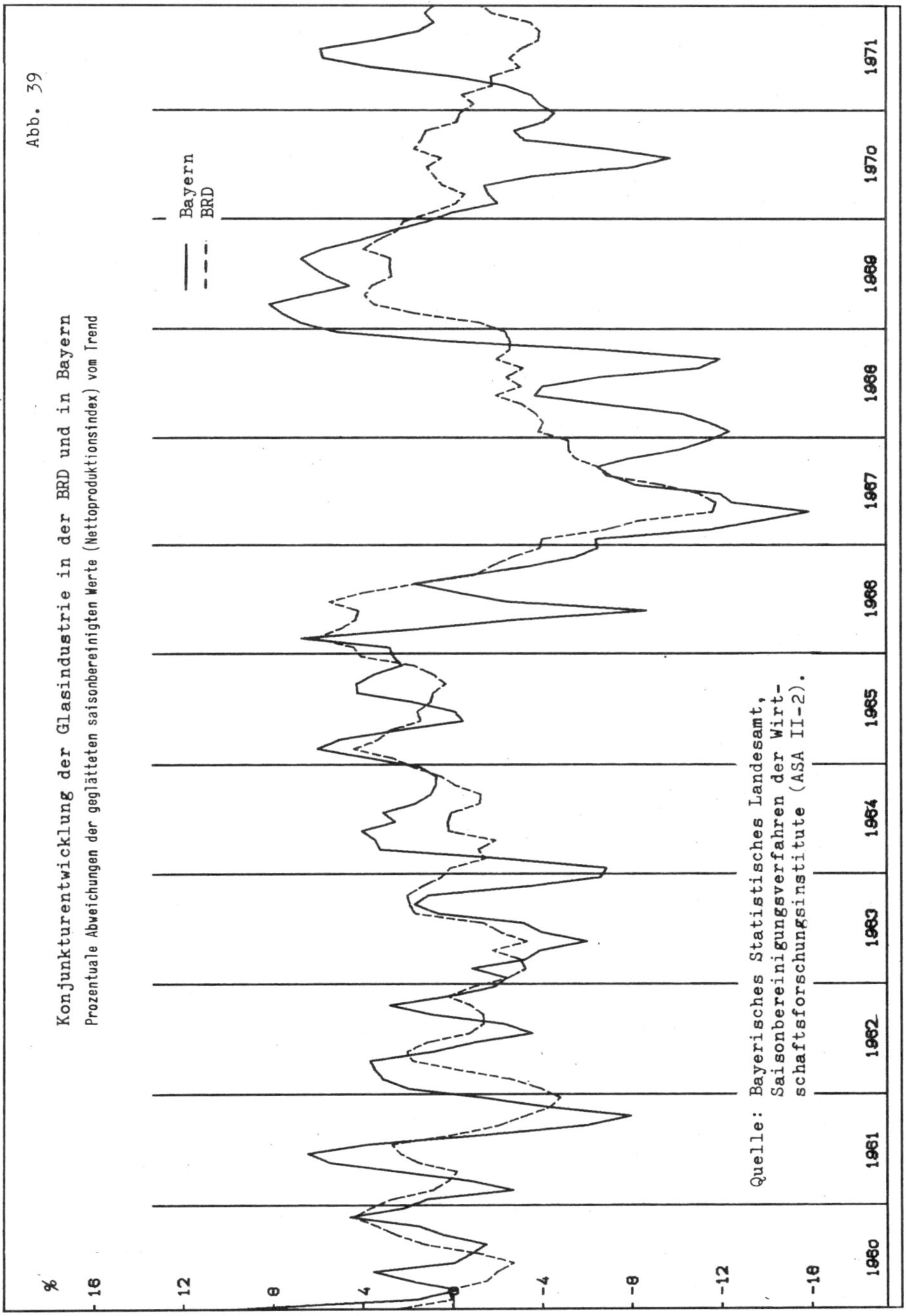
Abb. 39
Konjunkturentwicklung der Glasindustrie in der BRD und in Bayern
Prozentuale Abweichungen der geglätteten saisonbereinigten Werte (Nettoproduktionsindex) vom Trend
Bayern
BRD
Quelle: Bayerisches Statistisches Landesamt,
Saisonbereinigungsverfahren der Wirt-
schaftsforschungsinstitute (ASA II-2).
%
16
12
8
4
0
-4
-8
-12
-16
1960
1961
1962
1963
1964
1965
1966
1967
1968
1969
1970
1971

Abb.40

Vergleich verschiedener Indikatoren für Konjunkturschwankungen in bayerischen Regierungsbezirken

Durchschnittliche Schwankungen der jährlichen Veränderungsraten um ihren Mittelwert

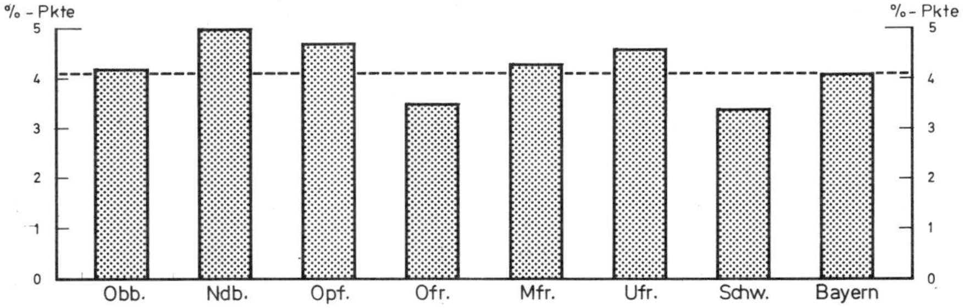

Durchschnittliche positive und negative Abweichungen vom Trend anhand der

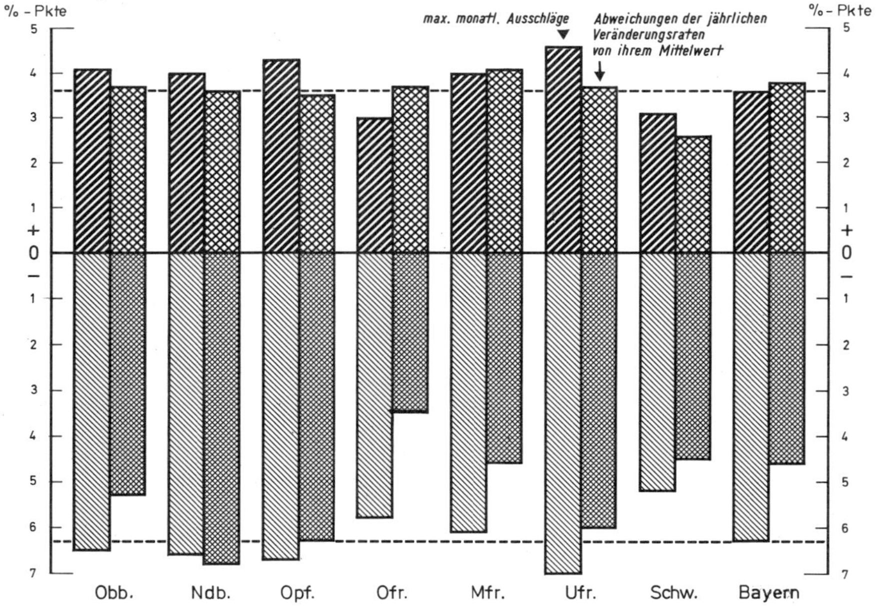

Basis: Geleistete Arbeiterstunden in der Industrie insgesamt; 1960 - 1971.

IFO-INSTITUT für Wirtschaftsforschung München

43/74

Schriftenreihe des Ifo-Instituts für Wirtschaftsforschung

19 **Erfolgsbeteiligung der Arbeitnehmer.** Von W. Huppert. 58 S. 1953. vergr.

20 **Die Holzwirtschaft der Welt.** Von R. Schroeder. 106 S. 1953. DM 15,60

21 **Statistisches Handbuch der Bauwirtschaft.** 3. Aufl. 199 S. 1954. DM 43,60

22 **Kaffee, Tee und Kakao.** Von O. Amonn. 88 S. 1954. DM 11,60

23 **Der Ertrags-/Aufwandsvergleich in der westdeutschen Landwirtschaft.** 136 S. 1954. DM 15,60

24 **Betriebliches Miteigentum der Arbeitnehmer.** Von W. Huppert. 65 S. 1954. DM 8,—

25 **Zur Frage der Verzinsung von Verkehrswegen.** Von W. L. Schneider und J.-P. Petersen. 51 S. 1954. DM 4,60

26 **Internationale Rohstoffregulierungen.** Von J. Schöllhorn. 181 S. 1955. DM 22,60

27 **Zur volkswirtschaftlichen Problematik der dynamischen Sozialrente.** 37 S. 1956. DM 3,60

28 **Güterproduktion und Transportaufkommen.** Von W. L. Schneider und A. Rüthlein. 60 S. 1957. DM 10,60

29 **Zehn Jahre Möbel im Bundesgebiet.** Von R. Schroeder und S. Prokoph. 88 S. 1957. DM 16,80

30 **Die westdeutsche Industrie als Investor und als Käufer von Ausrüstungsgütern auf den Märkten der Investitionsgüterindustrien.** Von W. Schmidt. 59 S. 1958. DM 11,80

31 **Bestimmungsfaktoren des Konsums in der Bundesrepublik.** Von G. Gehrig. 105 S. 1958. DM 21,60

32 **Die Berechnung der kumulierten Umsatzsteuerbelastung von Erzeugnissen.** Von J.-P. Petersen. 76 S. 1958. DM 11,60

33 **Kumulativwirkung und Zusatzsteuer.** Von W. Faber. 102 S. 1958. DM 17,80

34 **Das Handwerk als Konkurrent des Einzelhandels.** Von E. Batzer und H. Laumer. 31 S. 1958. DM 7,60

35 **Der Großhandel in Gegenwart und Vergangenheit.** Von E. Batzer und H. Laumer. 90 S. 1958. DM 17,80

36 **Exporterwartungen im Konjunkturtest.** Von W. Marquardt und D. Brück. 68 S. 1959. DM 15,60

37 **Kapitaleinsatz und Produktivität in Landwirtschaft und Industrie.** Von G. Müller und H. Schmidt. 70 S. 1959. DM 11,80

38 **Der Konjunkturtest.** Von W. Marquardt und W. H. Strigel. 224 S. 1959. DM 38,60

39 **Die deutsche Handelsstatistik.** Von E. Batzer und H. Laumer. 103 S. 1960. DM 19,80

40 **Die Entwicklungstendenzen des Güterverkehrs in der Bundesrepublik Deutschland bis zum Jahre 1970.** 163 S. 1960. DM 31,60

41 **Die Bedeutung des Kapitals für die Einkommensbildung im landwirtschaftlichen Betrieb.** Von H. Schmidt, 144 S. 1960. DM 23,80

42 **Güterproduktion und Transportleistung.** Von R. Streifinger. 51 S. 1961. DM 11,80

43 **Wirtschafts- und finanzpolitische Probleme der Hersteller-Zusatzsteuer.** Von H.-P. Hoffmann. 66 S. 1960. DM 11,60

44 **Analyse unternehmerischer Verhaltensweisen.** Von O. Hatzold und H. Helmschrott. 103 S. 1961. DM 22,60

45 **Aufgaben und Grenzen der gemeindlichen Kreditnahme.** Von E.-G. Winkler. 114 S. 1961. DM 19,80

46 **Die Arbeitsmarktsituation im westdeutschen Großhandel.** Von H. Laumer. 175 S. 1961. DM 39,80

47 **Der Großhandel in der westdeutschen Wirtschaft.** Von E. Batzer. 184 S. 1962. DM 44,—

48 **Zur Bedeutung und Problematik des Funktionsrabattes.** Von E. Batzer. 135 S. 1962. DM 29,60

49 **Probleme industrieller Investitionsentscheidungen.** Von Th. Oursin. 65 S. 1962. DM 12,80

50 **Der Großhandel in den außerdeutschen EWG-Ländern.** Von E. v. Miller. 107 S. 1962. DM 23,80

51 **Soziale Auswirkungen des technischen Fortschritts.** 522 S. 1962. vergr.

52 **Eine ökonometrische Analyse des Konsums von 1925 bis 1938 und 1950 bis 1957.** Von G. Gehrig. 104 S. 1962. DM 27,60

53 **Finanzpolitische Instrumente der Konjunkturpolitik.** Von L. Klein. 118 S. 1963. DM 22,60

54 **Langfristige Branchenprojektionen.** Von F. O. Bonhoeffer. 78 S. 1963. DM 17.60

55 **Die moderne Wachstumstheorie.** Von K. Oppenländer. 2. Aufl. 272 S. 1968. DM 48,60

56 **Ein makroökonomisches Modell für die Bundesrepublik Deutschland.** Von G. Gehrig. 59 S. 1963. DM 18,80

57 **Der spezifische Energieverbrauch der Industrie.** Von B. Schreiber. 155 S. 1964. DM 44,—

58 **Das Problem der Kondratieff-Zyklen.** Von U. Weinstock. 128 S. 1964. DM 33,60

59 **Wirtschaft und Verkehr im Neckarraum** unter dem Einfluß der Neckarkanalisierung. 151 S. 1964. DM 34,60

60 **Die voraussichtliche Entwicklung der Nachfrage nach Gütertransporten in der Bundesrepublik Deutschland bis zum Jahre 1975.** 102 S. 1965. DM 22,60

61 **Die Lagerhaltung des Handels in volkswirtschaftlicher und betriebswirtschaftlicher Sicht.** Von H. Laumer. 166 S. 1965. DM 35,60

62 **Die Zusammenhänge zwischen Wirtschaft und Güterverkehr.** Von E. Gleißner. 130 S. 1966. DM 39,—

63 **Amerikanische Unternehmer- und Verbraucherbefragungen.** Von F. O. Bonhoeffer und W. H. Strigel. 119 S. 1966. DM 27,—

64 **Unternehmenspolitik und Erscheinungsbild des Großhandels in der modernen Wirtschaft.** Von E. Batzer und H. Laumer. 208 S. 1966. DM 52,60

65 **Transportelastizität und wirtschaftliche Entwicklung.** Von E. Gleißner. 137 S. 1967. DM 41,80

66 **Die voraussichtliche Entwicklung der Nachfrage nach Personenverkehrsleistungen in der Bundesrepublik Deutschland bis zum Jahre 1980.** 142 S. 1967. DM 39,80

67 **Die Nachfragekonzentration im Nahrungsmittelhandel.** Von M. Eli. 169 S. 1968.DM 35,60

68 **Wirtschaftliche Auswirkungen der Automatisierung.** Von J. Kruse, D. Kunz und L. Uhlmann. 162 S. 1968. DM 35,60

69 **Konjunktur und Neoklassik.** Von F. J. Clauß. 490 S. 1968. DM 98,—

70 **Konstruktion von Input-Output-Tabellen und -Modellen mit Hilfe elektronischer Datenverarbeitung.** Von G. Gehrig. 137 S. 1969. DM 46,60

71 **Einzel- und gesamtwirtschaftliches Wachstum unter bildungsökonomischen Aspekten.** Von R. Liebenberg. 191 S. 1970. DM 47,80

72 **Der Markenartikelvertrieb in den Ländern der Europäischen Wirtschaftsgemeinschaft und seine Auswirkungen auf den Wettbewerb.** Von H. Laumer unter Mitarbeit von E. Batzer und E. Greipl. 148 S. 1970. DM 46,60

73 **Die Verbreitung neuer Technologien.** 110 S. 1970. DM 44,—

74 **Technischer Fortschritt in den USA.** 157 S. 1971. DM 48,60

75 **Bestimmungsfaktoren industrieller Standorte.** Von H. Brede. 193 S. 1971. DM 48,—

76 **Der deutsche Ein- und Ausfuhrhandel im Entwicklungsländergeschäft.** Von E. Batzer, E. Greipl, H. Laumer. 93 S. 1972. DM 22,60

77 **Die Vergabe von Forschungs- und Entwicklungsaufträgen in der Bundesrepublik Deutschland.** Von K. Ch. Röthlingshöfer. 75 S. 1972. DM 22,60

78 **Bestimmungsgründe für Verkehrsnachfrage und Verkehrswegeplanung.** Von W. L. Schneider. 84 S. 1972. DM 19,60

79 **Einkaufszentren in der Bundesrepublik Deutschland.** Bearbeitet von E. Greipl. 210 S. 1972. DM 49,60.

80 **Bedarf der Unternehmen an technologischen Vorausschätzungen.** Von J. Müller unter Mitarbeit von M. Breitenacher. 174 S. 1973. DM 58,60

81 **Preiskontrollen, Lohnkontrollen und Lohn-Preis-Indexbindung in den europäischen Ländern.** Von O. E. Kuntze. 201 S. 1973. DM 59,80

82 **Der Ausleseprozeß im Groß- und Einzelhandel.** Von E. Batzer, E. Greipl, W. Meyerhöfer und E. Singer. 176 S. 1974. DM 68,60

83 **Der Zusammenhang zwischen Bodenreform und wirtschaftlicher Entwicklung: Der Fall Peru.** Von Ch. C. Roberts. 179 S. 1974. DM 68,—

84 **Marketingperspektiven im Großhandel.** Von E. Batzer und E. Greipl. 99 S. 1975. DM 38,60

85 **Struktur und Entwicklung von Umweltaufwendungen in der Industrie.** Von R.-U. Sprenger. 208 S. 1975. DM 68,60

86 **Konjunkturprognose mit Hilfe von Urteilen und Erwartungen der Konsumenten und Unternehmer.** Von G. Nerb. 266 S. 1975. DM 88,60

87 **Bisherige und zukünftige Entwicklung des Textilverbrauchs in wichtigen Industrieländern.** Von M. Breitenacher. 124 S. 1976. DM 48,—